O BANCO MUNDIAL
E AS POLÍTICAS
EDUCACIONAIS

Vanema,

Esperando que ajude em seu trabalho.

Com saudade,

Selma
12/5/03

Dados Internacionais de Catalogação na Publicação (CIP)
(Câmara Brasileira do Livro, SP, Brasil)

O Banco Mundial e as políticas educacionais / Livia De Tommasi, Mirian Jorge Warde, Sérgio Haddad (organizadores). – 4. ed. – São Paulo : Cortez, 2003.

Vários autores
Bibliografia
ISBN 85-249-0620-0

1. Banco Mundial 2. Política e educação I. De Tommasi, Livia. II. Warde, Mirian Jorge. III. Haddad, Sérgio.

98-2951

CDD-379

Índices para catálogo sistemático:

1. Banco mundial e políticas educacionais 379

Livia De Tommasi
Mirian Jorge Warde
Sérgio Haddad

(Organizadores)

O BANCO MUNDIAL E AS POLÍTICAS EDUCACIONAIS

4ª edição

PUC-SP

Ação Educativa

O BANCO MUNDIAL E AS POLÍTICAS EDUCACIONAIS
Livia De Tommasi, Mirian Jorge Warde, Sérgio Haddad (Orgs.)

Capa: DAC
Revisão: Maria de Lourdes de Almeida e Marise S. Leal
Composição: Dany Editora e Livraria Ltda.

Apoio: The Save the Children Found Christian Aid

Nenhuma parte desta obra pode ser reproduzida ou duplicada sem autorização expressa dos autores e dos editores.

© 1996 by Autores

Direitos para esta edição
CORTEZ EDITORA
Rua Bartira, 317 – Perdizes
05009-000 – São Paulo – SP
Tel.: (11) 3864-0111   Fax: (11) 3864-4290
E-mail: cortez@cortezeditora.com.br
www.cortezeditora.com.br

AÇÃO EDUCATIVA
Rua General Jardim, 660 – Vila Buarque
01223-010 – São Paulo – SP
Telefax: (11) 3151-2333
E-mail: acaoeduca@originet.com.br

PUC-SP
Rua Monte Alegre, 984
05014-001 – São Paulo – SP
Telefax: (11) 3670-8000

Impresso no Brasil – fevereiro de 2003

SUMÁRIO

Apresentação 9

CAPÍTULO I: *Banco Mundial: políticas e reformas* 15
Maria Clara Couto Soares
    Introdução 15
    Evolução das políticas do Banco Mundial 17
    O Banco Mundial no Brasil 31
    O papel da sociedade civil 38
    Referências bibliográficas 38

CAPÍTULO II: *ONGs e o Banco Mundial: é possível colaborar criticamente?* 41
Marcos Arruda
    Introdução 41
    O Banco Mundial e o desenvolvimento 42
    Quem é o Banco Mundial hoje 45
    Como o Banco Mundial vê as ONGs 47
    Possibilidades abertas para a intervenção das ONGs 51
    Estratégias de intervenção das ONGs 54
    O grupo de trabalho das ONGs sobre o Banco Mundial e o comitê ONGs-Banco Mundial 64
    Conclusão 70
    Referências bibliográficas 71

CAPÍTULO III: *Propostas do Banco Mundial para a educação: sentido oculto ou problemas de concepção?* 75
José Luis Coraggio

    Introdução 75

    O contexto das políticas educativas: globalização e sentido da política social 77

    A política educacional do Banco Mundial e seus fundamentos 95

    Referências bibliográficas 121

CAPÍTULO IV: *Melhorar a qualidade da educação básica? As estratégias do Banco Mundial* 125
Rosa María Torres

    Introdução 125

    A urgência da reforma educativa: a perspectiva do Banco Mundial 127

    A "melhoria da qualidade da educação" como paradigma 138

    Referências bibliográficas 186

CAPÍTULO V: *Financiamentos do Banco Mundial no setor educacional brasileiro: os projetos em fase de implementação* .. 195
Livia De Tommasi

    Introdução 195

    Linhas de ação do Banco Mundial no Brasil no setor educacional 197

    Panorama geral dos projetos em andamento ... 202

    Apresentação do projeto "Melhoria da qualidade da educação básica em Minas Gerais" (Pró-Qualidade) 207

    O Projeto Nordeste 215

    Algumas considerações conclusivas 220

    Anexos 223

    Referências bibliográficas 226

CAPÍTULO VI: *O financiamento do Banco Mundial à educação brasileira: vinte anos de cooperação internacional* . 229
Marília Fonseca

    Introdução 229

    A concepção educativa do BIRD: uma proposta integrada ao projeto de desenvolvimento econômico 231

    Condições institucionais para cumprimento das exigências do BIRD 233

    O desempenho dos projetos 235

    Conclusão 245

    Referências bibliográficas 250

ANEXO 253

Apresentação

Os textos reunidos nesta coletânea foram originalmente apresentados no Seminário *O Banco Mundial e as Políticas de Educação no Brasil*, promovido pela Ação Educativa e pelo Programa de Estudos Pós-Graduados em Educação: História e Filosofia da Educação da Pontifícia Universidade Católica de São Paulo, em junho de 1995. Tanto o Seminário quanto esta publicação expressam o nosso intento de aprofundar e ampliar a compreensão das políticas educacionais em curso, particularmente no que tange à presença do Banco Mundial.

Os dados e análises que aqui se apresentam confirmam o acerto de dedicarmos especial atenção ao sentido e ao impacto do Banco Mundial no campo educacional. No Brasil, a "cooperação técnica e financeira" do Banco ao setor educacional não é nova: data da primeira metade dos anos 70. Novas são a natureza e a dimensão da sua influência, tanto pelo volume de recursos aplicados, quanto, e principalmente, pelo impacto das suas orientações nas reformas educacionais.

O artigo de Marília Fonseca nos fornece um quadro detalhado dos vinte anos de intervenção do Banco Mundial na educação brasileira. De forma complementar e aprofundada, o texto de Livia De Tommasi nos informa sobre as atuais "linhas de ação, estratégias, objetivos e prioridades do Banco Mundial no Brasil no setor educacional" e, especialmente, sobre os projetos financiados em nove Estados do Nordeste e em São Paulo, Paraná, Minas Gerais e Espírito Santo. Aí, mais do que confirmar o papel estratégico do Banco Mundial, a autora nos incita à reflexão e à crítica dos resultados negativos da presença do Banco Mundial na definição das nossas políticas educativas. Dois aspectos merecem destaque em suas considerações finais: a) a prevalência da lógica financeira sobre a lógica social e educacional e b) a falácia de políticas que declaram o objetivo de elevação da qualidade do ensino, enquanto implementam a redução dos gastos públicos para a educação e mantêm-se indiferentes à carreira e ao salário do magistério.

Ainda que sua presença na cena nacional não seja recente e nem tenha sido, em qualquer momento, periférica, desde a sua criação, em 1944, o certo é que, hoje, avulta o papel e o peso do Banco Mundial nos rumos do nosso desenvolvimento. "Não apenas", como nos diz Maria Clara Couto Soares, "(pelo volume) de empréstimos e (pela) abrangência de suas áreas de atuação, mas também (pelo) caráter estratégico que vêm desempenhando no processo de reestruturação neoliberal dos países em desenvolvimento, através das políticas de ajuste estrutural".

O caráter estratégico do Banco Mundial, bem como o alcance estrutural das políticas educacionais em curso, devem ocupar nossas atenções e alimentar nossas preocupações. Já não desconhecemos o fato de que o Brasil, nos últimos anos, tem sido forçado a se alinhar ao chamado processo de globalização, e, por conseqüência, vem sofrendo as seqüelas sociais do ajuste do Estado aos interesses do pequeno mundo dos donos do capital. Uma vez estabilizada a moeda, empenham-se os governantes nas reformas que visam produzir as condições necessárias à nova fase de reprodução do capital monopolista, dentre as quais sobrelevam-se as que afetam as funções reguladoras do Estado sobre o mercado ao mesmo tempo que são reduzidas ou anuladas as suas obrigações sociais, confirmando a tendência cada vez mais nítida de esvaziamento dos estados nacionais nos processos de desenvolvimento.

Não há como minimizar os perversos efeitos sociais provocados pelas reformas impostas pelos agentes financeiros internacionais; enormes contingentes populacionais estão sendo excluídos do mercado como produtores e consumidores, ao mesmo tempo que perdem o direito a benefícios sociais essenciais como saúde, alimentação e moradia. Ainda que centrais, esses efeitos não podem obscurecer a outra face dos ajustes e desregulamentações que têm sido impostos às economias do Terceiro Mundo: sofremos, hoje, um assalto às consciências. A nova ordem desejada pelo capital, a construção de uma nova hegemonia, a produção dos consensos em torno das reformas em curso só podem ser feitas à custa de um violento processo de amoldamento subjetivo: estamos perdendo os nossos direitos sociais à cidadania, mas temos que nos convencer de que, no horizonte, nos aguarda um mundo tecnologicamente mais desenvolvido.

O texto de José Luis Coraggio exige essas reflexões. Dominado pelo pensamento econômico, o campo das políticas sociais foi deixado de lado nos roteiros de desenvolvimento. Trata-se de uma dominância que reduz a lógica dos direitos sociais à racionalidade e à cultura do universo econômico, como bem demonstra Coraggio. Nesse sentido, os "direitos universais" de cidadania são questionados e reduzidos aos "direitos possíveis" em uma sociedade marcada pelo ajuste fiscal e por sua lógica de alinhamento econômico. Por outro lado, os "direitos universais" são substituídos por políticas assistenciais e compensatórias, com vistas à redução das conseqüências sociais "naturais" da intervenção econômica. Por orientação dos organismos financeiros internacionais, primeiro deve vir o ajuste, para que os países se preparem para a integração econômica, depois as reformas de estado, para que a integração seja de longo prazo; ao termo do processo, os direitos sociais (se ainda houver a quem destiná-los!). Nas duas primeiras fases, quando sobrevêm as conseqüências sociais dos impactos econômicos, as políticas devem ser assistenciais e compensatórias.

No contexto dessas orientações gerais, inscrevem-se as reformas educativas, de modo a produzir um ordenamento no campo educacional necessário a: a) adequar as políticas educacionais ao movimento de esvaziamento das políticas de bem-estar social; b) estabelecer prioridades, cortar custos, racionalizar o sistema, enfim, embeber o campo educativo da lógica do campo econômico e c) subjugar os estudos, diagnósticos e projetos educacionais a essa mesma lógica. Quanto a este último aspecto, merecem toda a nossa atenção as considerações de José Luis Coraggio, bem como as de Maria Clara Couto Soares e Livia De Tommasi, sobre os mecanismos adotados pelo Banco Mundial para atrair acadêmicos para os seus quadros e realizar as pesquisas que sustentam suas orientações básicas, garantindo certa "legitimidade científica" às suas diretivas e ampliando o seu raio de convencimento.

Assim é que vamos assistindo à "naturalização" dos significados dessas reformas para vários países do Terceiro Mundo: descentralização, capacitação dos professores em serviço, livros didáticos, guias curriculares, educação a distância, prioridade ao ensino primário, assistencialismo ou privatização para os demais níveis de ensino. Suas orientações vão sendo universalizadas, com receituário único, independentes da história, cultura e condições de infra-estrutura de cada um desses países, como bem nos demonstra Rosa María Torres. São os economistas que pesquisam a educação e são eles que estão dando o enquadre conceitual e metodológico para essas reformas.

Qual é a margem de ação e intervenção crítica nessa lógica global? As respostas não parecem fáceis. Marcos Arruda examina as potencialidades das ONGs no acompanhamento, no debate e na articulação de mecanismos de intervenção. Outras perspectivas, que se apresentam na cena social e política, foram expressas nas discussões ensejadas pelo Seminário, cujos resultados trazemos agora a público, com o objetivo de fomentá-las.

***

Alguns esclarecimentos adicionais:

A organização deste volume procurou seguir a lógica que presidiu o Seminário, análises mais globais, seguidas de análises contextuais e de informações específicas sobre os projetos.

Deixamos de publicar a exposição do Sr. Pedro Serra, do Ministério da Educação do Chile, por não ter podido preparar um texto, uma vez que compareceu ao Seminário convidado em substituição a outro colega do Ministério que se viu impossibilitado de viajar na última hora. Lamentamos a não inclusão de um artigo sobre a reforma chilena, pois ela tem sido referida, pelo Banco Mundial, como modelar aos demais países. Entretanto, como os leitores poderão verificar, o Sr. Serra se faz presente nos debates transcritos ao término desta coletânea.

O artigo da Profa. Marília Fonseca, com algumas alterações, foi publicado em duas outras oportunidades após a sua apresentação no Seminário. Decidimos pela sua inclusão no conjunto dos artigos, pois ele se inclui na lógica que presidiu à organização do Seminário e que procuramos aqui preservar.

Por fim, optamos por incluir os debates que sucederam às exposições, na seqüência em que se deram, pela riqueza das informações e a qualidade do seu conteúdo.

Mirian Jorge Warde
Coordenadora do Programa de Estudos Pós-graduados em Educação: História e Filosofia da Educação da PUC-SP

Sérgio Haddad
Secretário executivo da Ação Educativa – Assessoria, Pesquisa e Informação

Sobre os autores

MARIA CLARA COUTO SOARES: Graduada em sociologia e ciência política pela PUC-RJ e mestra em economia pelo Instituto de Economia Industrial da UFRJ. É pesquisadora do IBASE (Instituto Brasileiro de Análises Sociais e Econômicas) na área de economia internacional. Faz parte da coordenação da Rede Brasil de ONGs sobre Instituições Financeiras Multilaterais e da Rede Latino-Americana e do Caribe de ONGs sobre Bancos Multilaterais.

MARCOS ARRUDA: Economista e educador, coordenador do PACS-Instituto de Políticas Alternativas para o Cone Sul (Rio de Janeiro), presidente da Comissão Sustentável do Conselho Internacional de Agências Voluntárias (Genebra) e membro do Instituto Transnacional (Amsterdã). Ex-coordenador do Grupo Internacional de ONGs sobre o Banco Mundial. Participa do Movimento Fé e Política.

JOSÉ LUIS CORAGGIO: Economista argentino, pesquisador docente titular de Sistemas Econômicos Urbanos e Diretor do "Instituto del Conurbano" da Universidade Nacional de General Sarmiento, em Buenos Aires. Foi professor de universidades da América Latina e dirigiu vários centros de pesquisa. É autor de numerosos artigos e livros, entre os quais: *Ciudades sin rumbo: investigación urbana y proyecto popular*, Quito, Ciudad/SIAP, 1991; e *Desenvolvimento humano, economia popular e educação*, São Paulo, Cortez (no prelo).

ROSA MARÍA TORRES: Pedagoga, lingüista e jornalista educativa. É assessora educativa da UNICEF em Nova York. Trabalhou como especialista em educação básica em programas de vários países e foi consultora de diversos organismos nacionais e internacionais. Foi também diretora pedagógica da Campanha Nacional de Alfabetização "Monsenhor Leonidas Proano" do Equador. É autora de numerosos artigos e livros sobre o tema educativo, publicados em diversos países. No Brasil, publicou: *Educação popular: um encontro com Paulo Freire*, São Paulo, Loyola, 1986; *Discurso e prática em educação popular*, Ijuí, Unijuí, 1988; *Que (e como) é necessário aprender?*, Campinas, Papirus, 1994; e *De críticos a construtores: educação popular, escola e "Educação para Todos"*, São Paulo, Cortez (no prelo).

LÍVIA DE TOMMASI: Pedagoga, doutoranda em Sociologia na Universidade de Paris I. Foi funcionária do UNICEF no Brasil. É pesquisadora da Ação Educativa. Coordenou as publicações: *Refletindo a menina*, Recife, 1993; e *Todos pela educação no município: um desafio para cidadãos*, Brasília, UNICEF, 1993.

MARÍLIA FONSECA: Doutora em Ciências da Educação na Universidade de Paris V. Docente do Departamento de Administração Escolar e Planejamento Educacional, da Faculdade de Educação da Universidade de Brasília. Autora de vários artigos sobre o tema do financiamento da educação.

Capítulo I

Banco Mundial: políticas e reformas

Maria Clara Couto Soares

Introdução

O Banco Mundial exerce profunda influência nos rumos do desenvolvimento mundial. Sua importância hoje deve-se não apenas ao volume de seus empréstimos e à abrangência de suas áreas de atuação, mas também ao caráter estratégico que vem desempenhando no processo de reestruturação neoliberal dos países em desenvolvimento, por meio de políticas de ajuste estrutural.

Ao longo de seus cinqüenta anos de atividade, o Banco Mundial passou por muitas transformações, seja em termos de ênfase de políticas, alocação setorial de recursos ou prioridades em termos de países e importância política. Transformou-se, ainda, em escala e número de países-membros. Hoje, conta com 176 países-membros, incluindo países do Leste europeu e China, e seus empréstimos passaram de um patamar de 500 milhões de dólares (1947) para cerca de 24 bilhões (1993). Atualmente, é o maior captador mundial não-soberano de recursos financeiros, exercendo profunda influência no mercado internacional. É também o principal financiador de projetos de desenvolvimento no âmbito internacional, acumulando um total de 250 bilhões de dólares de empréstimos desde a sua fundação até o ano fiscal de 1994, envolvendo 3.660 projetos.

O Banco Mundial é composto atualmente por um conjunto de instituições lideradas pelo BIRD (Banco Internacional para Reconstrução e Desenvolvimento), que abrange quatro outras agências: a IDA (Associação Internacional de Desenvolvimento), a IFC (Corporação Financeira Internacional), a ICSID (Centro Internacional para Resolução de Disputas sobre Investimentos) e a MIGA (Agência de Garantia de Investimentos Multilaterais). Em 1992, o Banco Mundial assumiu ainda a administração do GEF (Fundo Mundial para o Meio Ambiente), aprovado pela Eco 92 como principal fundo para gerenciamento do meio ambiente, tornando-se o principal gestor de recursos para o meio ambiente no âmbito global.

Desde a sua criação, os Estados Unidos sempre tiveram enorme peso na gestão do Banco Mundial, que, por sua vez, vem desempenhando importante papel como instrumento auxiliar do governo norte-americano na execução de sua política externa. Os estatutos do Banco Mundial estabelecem que a influência nas decisões e votações é proporcional à participação no aporte de capital, o que tem assegurado aos EUA a presidência do Banco desde a sua fundação, e hegemonia absoluta entre as cinco nações líderes na definição de suas políticas e prioridades.

QUADRO 1
Participação no capital votante — 1994

Países	Poder de voto (%)
EUA	17,1
Japão	6,5
Alemanha	5,0
França	4,8
Reino Unido	4,8
Subtotal	**38,2**
Índia	3,1
Itália	3,1
Canadá	3,1
China	3,1
Holanda	2,5
Bélgica	2,0
Brasil	1,7
Subtotal	**18,6**
Total	**56,8**

Fonte: World Bank Report (1994).

Após cinqüenta anos de operação e empréstimos de mais de 250 bilhões de dólares, a avaliação da performance do Banco Mundial é extremamente negativa. Esta financiou um tipo de desenvolvimento econômico desigual e perverso socialmente, que ampliou a pobreza mundial, concentrou renda, aprofundou a exclusão e destruiu o meio ambiente. Talvez a mais triste imagem desse fracasso seja a existência hoje de mais de 1,3 bilhão de pessoas vivendo em estado de pobreza absoluta.

Também no Brasil o Banco Mundial vem exercendo profunda influência no processo de desenvolvimento. Durante o período de expansão da economia, que perdurou até o final dos anos 70, o Banco Mundial promoveu a "modernização" do campo e financiou um conjunto de grandes projetos industriais e de infra-estrutura no país, que contribuíram para o fortalecimento de um modelo de desenvolvimento concentrador de renda e danoso ao meio ambiente.

Nos anos 80, com a emergência da crise de endividamento, o Banco Mundial e o FMI começaram a impor programas de estabilização e ajuste da economia brasileira. Não só passaram a intervir diretamente na formulação da política econômica interna, como a influenciar crescentemente a própria legislação brasileira. As políticas recessivas acordadas com o FMI e os programas de liberalização e desregulamentação da economia brasileira estimulados pelo Banco Mundial levaram o país a apresentar, no início dos anos 90, um quadro de agravamento da miséria e da exclusão social sem precedentes neste século, com cerca de 40% de sua população vivendo abaixo da linha da pobreza.

Dada a crescente influência que o Banco Mundial vem exercendo na sociedade brasileira, bem como na gestão das relações internacionais, cabe analisar a trajetória da instituição ao longo de seus cinqüenta anos de existência, apontar o sentido de suas transformações, bem como refletir sobre as mudanças necessárias para torná-la, efetivamente, uma organização voltada para a promoção do desenvolvimento humano no Brasil e no mundo.

Evolução das políticas do Banco Mundial

Financiando o crescimento — 1944-1979

O Banco Mundial tem hoje muito pouco em comum com a organização que foi criada em 1944 na Conferência de Bretton Woods. Esta teve sua fundação vinculada à do FMI, sendo ambas as instituições resultado da preocupação dos países centrais com o estabelecimento de uma nova ordem internacional no pós-guerra. Sob forte hegemonia norte-americana, os 44 países que se reuniram em Bretton Woods para discutir os rumos do pós-guerra buscaram criar instituições capazes de conferir maior estabilidade à economia mundial de forma a impulsionar o crescimento e evitar a emergência de novas crises internacionais. Inicialmente, o interesse das nações líderes concentrava-se no FMI, cabendo ao Banco Mundial um papel secundário voltado para a ajuda à reconstrução das economias destruídas pela guerra e para a concessão de empréstimos de longo prazo para o setor privado.

Transformações profundas modificaram o cenário internacional desde então, trazendo consigo alterações no papel desempenhado pelo Banco Mundial, bem como nas políticas implementadas.

Apenas alguns anos depois do acordo de Bretton Woods, a emergência da Guerra Fria trouxe para o centro das atenções a assistência econômica, política e militar aos países do Terceiro Mundo, em face da necessidade de rapidamente "integrar" esse bloco de países independentes ao mundo ocidental, fortalecendo a aliança não-comunista. Ou seja, a bipolaridade passou a influenciar e a conformar políticas de desenvolvimento no âmbito internacional, e o Banco Mundial se envolveu progressivamente nesse processo de estabilização e expansão do sistema capitalista mundial, mediante programas de ajuda e concessão de empréstimos crescentes aos países do Sul a partir do início dos anos 50.

Assim, pode-se dizer que foi apenas ao longo dos anos 50 que o Banco Mundial foi adquirindo o perfil de um banco voltado para o financiamento dos países em desenvolvimento, tal como é hoje. Até 1956, 65% das operações do Banco Mundial concentraram-se nos países europeus. A partir de então a participação dos países em desenvolvimento se elevou progressivamente. De 1956 a 1968, os recursos do Banco voltaram-se principalmente para o financiamento da infra-estrutura necessária para alavancar o processo de industrialização a que se lançavam diversos países do Sul. Nesse período, cerca de 70% dos empréstimos destinaram-se aos setores de energia, telecomunicações e transportes.

Outro acontecimento significativo no período foi a criação, em 1960, da IDA (Associação de Desenvolvimento Internacional). A IDA é um fundo administrado pelo Banco Mundial que oferece condições privilegiadas de financiamento, em termos de prazo (prazo de cinqüenta anos com dez de carência), e pagamento restrito a comissões, sem nenhum juro. Sua criação deveu-se à constatação de que os Estados nacionais recentemente independentes não teriam condições de se tornarem mutuários do Banco segundo suas normas usuais, o que restringiria a sua influência em áreas geopolíticas importantes. Por suas condições favoráveis, são recursos extremamente disputados, em que o principal critério de habilitação é dado pelo nível de renda *per capita* do país, o que desqualifica quase toda a América Latina e parte da Ásia e da África. Na verdade, os recursos da IDA destinam-se predominantemente a países grandes de baixa renda *per capita*, onde os EUA depositam interesses políticos importantes, como Índia, Bangladesh, Paquistão e, mais recentemente, China.

A partir de 1968, inicia-se no Banco a gestão McNamara. Na época em que ele assumiu já se erodia o pensamento até então dominante de que a pobreza desapareceria como conseqüência inexorável do crescimento econômico. Apesar de duas décadas de intenso crescimento da economia mundial, a pobreza se mantinha. Além disso, com o alargamento do *gap* entre países ricos e pobres, crescia a desilusão acerca dos rumos do desenvolvimento. Assim, a administração McNamara marcou o surgimento de uma preocupação específica com a pobreza e motivou também uma nova distribuição setorial dos empréstimos, com crescente ênfase na agricultura. Se, no decênio 58-68, 70% dos empréstimos destinaram-se à infra-estrutura, no decênio seguinte esse percentual caiu para cerca de 37%, a agricultura passou para 27%, a indústria, para 18%, e os setores sociais, para 12,8%.

Durante os anos 70, apesar do volume crescente de empréstimos, o Banco Mundial perdeu importância relativa como fonte de recursos externos para os países em desenvolvimento ante o rápido crescimento do crédito bancário privado ao longo de toda a década. A crise que se iniciou nos países centrais e a abundância de recursos no mercado financeiro internacional proveniente dos petrodólares levaram os bancos privados a começar a operar com créditos em condições facilitadas para os países em desenvolvimento. Em pouco tempo, o fluxo de empréstimos privados para os países em desenvolvimento superou os oferecidos pelo Banco Mundial e demais organismos multilaterais de financiamento.

QUADRO 2
Distribuição setorial de empréstimos do Banco Mundial — 1947-1979

Anos Setores	1947-1957 (%)	1958-1968 (%)	1969-1979 (%)
infra-estrutura	48,2	67,9	36,6
agricultura	5,0	8,8	27,4
indústria	11,2	18,3	17,7
sociais	0,4	3,7	12,8
programas	35,1	1,4	5,6

Fonte: Araújo (1991).

O esgotamento, nos anos 70, do longo ciclo de acumulação iniciado no pós-guerra, caracterizado pelo declínio das taxas de crescimento e posterior crise estrutural das economias centrais, deslanchou um profundo processo de reestruturação tecnológica e produtiva nos países industrializados e a emergência do processo de globalização, que se intensificaria nas décadas seguintes. Pela primeira vez na história, todas as formas de capital atingiram uma escala global no seu processo de circulação, o que causou uma deterioração do controle dos Estados nacionais e instituições multilaterais sobre variáveis econômicas importantes, como os fluxos de capitais financeiros e produtivos e sobre o próprio mercado. Essas mudanças no sistema capitalista mundial foram acompanhadas pelo progressivo declínio da influência das concepções keynesianas que haviam dominado as políticas macroeconômicas desde o pós-guerra. Assim, já nos anos 70, era marcante a crescente influência das teorias monetaristas neoliberais. Estas iriam ganhar hegemonia nas décadas seguintes na condução das políticas globais, constituindo-se no alicerce ideológico que vem fundamentando a atuação do Banco Mundial e do FMI desde então.

Implementando o ajuste — 1980-1995

Nos anos 80, a eclosão da crise de endividamento abriu espaço para uma ampla transformação do papel até então desempenhado pelo Banco Mundial e pelo conjunto dos organismos multilaterais de financiamento. Estes passaram a figurar como agentes centrais do gerenciamento das precárias relações de crédito internacional, e o Banco Mundial ganhou importância estratégica na reestruturação econômica dos países em desenvolvimento por meio dos programas de ajuste estrutural. De um banco de desenvolvimento, indutor de investimentos, o Banco Mundial tornou-se o guardião dos interesses dos grandes credores internacionais, responsável por assegurar o pagamento da dívida externa e por empreender a reestruturação e abertura dessas economias, adequando-as aos novos requisitos do capital globalizado.

Dada a situação de crise e extrema vulnerabilidade dos países endividados — que passaram a depender quase que exclusivamente dos bancos multilaterais para receber recursos externos, já que os bancos privados interromperam seus empréstimos para esses países após a moratória mexicana —, o Banco Mundial passou a impor uma série de condicionalidades para a concessão de novos empréstimos. Mediante essas condicionalidades, o Banco Mundial (tal como o FMI) passou a intervir diretamente na formulação da política interna e a influenciar a própria legislação dos países. Assim, a partir dos anos 80, mudou profundamente o caráter da relação entre o Banco Mundial e os países em desenvolvimento tomadores de empréstimos. Superando a tradicional influência que já exercia sobre as políticas setoriais dos países em desenvolvimento, o Banco Mundial passou a exercer amplo controle sobre o conjunto das políticas domésticas, sendo peça-chave no processo de reestruturação desses países ao longo dos últimos quinze anos.

É importante compreender que essa influência se dá menos em função do volume de recursos emprestados, embora este seja importante para grande número de países, do que pelo fato de os grandes capitais internacionais e o Grupo dos Sete terem transformado o Banco Mundial e o FMI nos organismos responsáveis não só pela gestão da crise de endividamento como também pela reestruturação neoliberal dos países em desenvolvimento. Assim, esse novo papel do Banco reforçou a sua capacidade de impor políticas, dado que, sem o seu aval e o do FMI, todas as fontes de crédito internacional são fechadas, o que torna muito difícil a resistência de governos eventualmente insatisfeitos com a nova ordem.

É nesse contexto que surgem os programas de ajuste estrutural (SAPs) — nova modalidade de empréstimo não vinculada a projetos mas sujeita a condicionalidades amplas e severas de cunho macroeconômico e setorial —, que passaram a ser geridos pelo Banco Mundial a partir do início dos anos 80. Até então, diferentemente do FMI, o Banco Mundial não aplicava condicionalidades *stricto sensu*, restringindo suas exigências a aspectos específicos dos projetos que poderiam afetar sua rentabilidade. Além disso, o empréstimo de ajuste estrutural requer acordo prévio com o FMI, o que caracteriza, embora formalmente negado por ambas as instituições, a existência de "condicionalidade cruzada".[1] É importante lembrar, contudo, que não foram simplesmente os SAPs que passaram a ser vinculados a condicionalidades. Mesmo os projetos setoriais passaram a envolver uma multiplicidade de exigências sem qualquer relação direta com o setor em questão, marcando um crescente intervencionismo calcado na expansão dos instrumentos de pressão exercidos pelo Banco para impor suas políticas.

Desde o início dos anos 80, os SAPs tiveram participação crescente em relação aos setores tradicionais de financiamento do Banco Mundial.

QUADRO 3
Distribuição setorial dos empréstimos do Banco Mundial – 1983-1994

Setores \ Anos	1983-1986		1987-1990		1991-1994	
	Valor (US$ milhões)	%	Valor (US$ milhões)	%	Valor (US$ milhões)	%
agricultura	15.697,90	26%	14.570,40	18%	14.735,40	17%
infra-estrutura	21.526,30	35%	24.455,10	31%	25.128,00	28%
indústria e finanças	6.877,00	11%	13.651,90	17%	9.530,90	11%
desenv. urbano	5.393,70	9%	8.033,10	10%	10.156,00	11%
recursos humanos	3.970,60	7%	5.596,50	7%	13.586,80	15%
ajuste e ref. setor públ.	4.762,80	8%	10.460,20	13%	13.800,20	16%
outros	2.476,10	4%	2.285,90	3%	1.945,80	2%
TOTAL	60.704,40	100%	79.053,10	100%	88.883,10	100%

Fonte: Relatórios do Banco Mundial (vários anos).

QUADRO 4
Participação dos projetos de ajuste estrutural nos empréstimos totais do Banco Mundial — 1980-1994

Anos	Projetos de ajuste (US$ milhões)	Total (US$ milhões)	Participação dos projetos de ajuste (%)
1980-1982	1.937,7	36.788,6	5,3%
1983-1986	4.762,8	60.704,4	7,8%
1987-1990	10.460,2	79.053,1	13,2%
1991-1994	13.800,2	88.883,1	15,5%

Fonte: Relatórios do Banco Central (vários anos).

---

1. Desde 1989, as condicionalidades cruzadas passaram a vigorar também para o BID, já que este passou a só aprovar projetos setoriais em co-financiamento com o BIRD.

O objetivo dos programas de ajuste é assegurar o pagamento da dívida e transformar a estrutura econômica dos países de forma a fazer desaparecer características julgadas indesejáveis e inconvenientes ao novo padrão de desenvolvimento (neoliberal): protecionismo, excesso de regulação, intervencionismo, elevado grau de introversão, entre outras. A idéia central que passou a vigorar é que a maior parte das dificuldades desses países se encontra neles próprios, sobretudo na rigidez de suas economias. Conseqüentemente, reformas profundas em suas instituições e políticas passaram a ser consideradas mais importantes do que o alívio da dívida.

Por meio das condicionalidades, o Banco Mundial começou a implementar um amplo conjunto de reformas estruturais nos países endividados, pautadas em uma concepção "mais adequada de crescimento": liberal, privatista, de abertura ao comércio exterior e ortodoxa do ponto de vista monetário. Essas políticas, que atendem em termos gerais às necessidades do capital internacional em rápido processo de globalização, foram batizadas no final dos anos 80 de "Consenso de Washington". Embora alguns componentes desses programas tenham variado ao longo do tempo, são cinco os seus eixos principais:

1. equilíbrio orçamentário, sobretudo mediante a redução dos gastos públicos;

2. abertura comercial, pela redução das tarifas de importação e eliminação das barreiras não-tarifárias;

3. liberalização financeira, por meio da reformulação das normas que restringem o ingresso de capital estrangeiro;

4. desregulamentação dos mercados domésticos, pela eliminação dos instrumentos de intervenção do Estado, como controle de preços, incentivos etc.;

5. privatização das empresas e dos serviços públicos.

De acordo com o Banco Mundial, essas medidas seriam capazes de colocar os países no caminho do desenvolvimento sustentável, permitindo o retorno da estabilidade econômica, dos investimentos externos e do próprio crescimento, mesmo que numa primeira fase implicassem recessão e aumento da pobreza (*trickle down effect*).

Infelizmente, quinze anos após o início de sua implantação, a realidade é bem diferente.

Em primeiro lugar, contrastando com o enorme impacto que os programas de ajuste vêm causando nos países em desenvolvimento, estes não foram capazes de resolver o problema da dívida. Dado o acúmulo de condicionalidades impostas pelo Banco Mundial, os empréstimos de ajuste estrutural, em vez de proporcionar um maior influxo de divisas para os países estrangulados pela crise de endividamento, tornaram-se um obstáculo à superação da própria crise. Por meio das condicionalidades o Banco Mundial inviabilizou créditos indispensáveis para os países altamente endividados durante os anos 80.

GRÁFICO 1

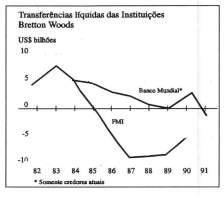

Fonte: PNUD, Human Development Report (1992)

Em relação à América Latina, que esteve no centro da crise de endividamento, durante os anos 80 houve decréscimo nas transferências líquidas de recursos para a região. Assim, justamente quando essa região sofria a maior escassez de divisas desde o pós-guerra, o BIRD não apenas reduziu o fluxo líquido de desembolsos na primeira metade da década, como a partir de 1986 passou a receber recursos líquidos da mesma, como resultado do pagamento do serviço da dívida.

QUADRO 5
Transferências de Recursos do Banco Mundial para América Latina e Caribe

Banco Mundial (BIRD/AID)	1994		1988-1993	
	Brasil	AL e C	Brasil	AL e C
	(US$ milhões)		(US$ milhões)	
empréstimos aprovados	1.137	4.747	6.208	34.138
desembolsos brutos	437	2.769	4.825	28.133
reembolsos	1.292	4.489	6.716	19.527
desembolsos líquidos	(855)	(1.720)	(1.922)	7.043
interesses e encargos	544	2.657	4.050	15.346
transferência líquida	(1.339)	(4.377)	(5.972)	(8.353)

Fonte: Relatórios do Banco Mundial (vários anos).

Em dez anos — de 1983 a 1992 — os credores receberam 500 bilhões de dólares apenas da América Latina. Apesar dessa transferência de recursos, a dívida externa da região nesse período aumentou de 360 bilhões para 450 bilhões de dólares e continua a se constituir num sério obstáculo para o desenvolvimento dos países da região. Na realidade, a dívida só foi resolvida para os credores, já que o ajuste possibilitou que eles saneassem suas finanças e voltassem a se expandir.

Em segundo lugar, os programas neoliberais de ajuste geraram a década perdida dos anos 80 e vêm se revelando, cada vez mais, um conjunto extremamente contraditório de políticas e instrumentos econômicos, não apenas incapaz de construir as bases para o desenvolvimento sustentável, como ainda responsável pela desestruturação da sociedade e da economia de diversos países onde vem sendo aplicado. Como afirma Altvater (1994), na melhor das hipóteses, o que acontece é uma forma perversa de segregação econômica: inclusão dos setores econômicos competitivos e de uma parcela restrita da sociedade no mercado mundial *vis-à-vis* o agravamento da exclusão e da deterioração de importantes segmentos da economia nacional.

Mesmo nos casos de ajustes alardeados como bem-sucedidos — como no México e na Argentina —, a pobreza continuou se alastrando e, em função exatamente desses programas, as economias nacionais tornaram-se extremamente vulneráveis. O México seguiu fielmente a cartilha de ajuste do Banco Mundial. Cortou gastos públicos, promoveu um profundo processo de privatização, abriu sua economia às importações e ao capital estrangeiro, tendo como resultado um fluxo intenso de recursos externos e o retorno de taxas de crescimento positivas que pareciam confirmar o sucesso das políticas, apesar da intensificação da pobreza. Mas a vulnerabilidade do modelo se mostrou rapidamente com o crescimento acelerado dos déficits comerciais, a redução das reservas e a brusca fuga de capitais do país no final de 1994.

As crescentes evidências das conseqüências muitas vezes desastrosas das políticas implementadas pelo Banco Mundial têm feito emergir críticas e pressões para a implementação de reformas. Estas partem não apenas de ONGs (Organizações Não-Governamentais) e movimentos sociais, como também de segmentos dos próprios governos e de parlamentos dos países desenvolvidos, sobretudo do Congresso norte-americano. Diante dessas pressões, que vêm comprometendo a própria reposição de capital do Banco Mundial, este vem modificando progressivamente o seu discurso e anunciando algumas mudanças.

As reformas recentes

As reformas que vêm sendo implementadas desde 1987 incluem a definição de novas políticas e procedimentos relativos ao meio ambiente, recursos florestais, reassentamento de populações, energia, acesso à informação e participação das populações afetadas nos projetos, bem como a constituição de um painel independente de apelação.

Essas mudanças, conjugadas com a abertura de uma nova linha de financiamento voltada para programas de alívio à pobreza, são indicadores da tentativa do Banco de construir novas bases de legitimidade, atenuando as críticas aos programas de ajuste estrutural e protegendo-se das evidências da degradação ambiental e dos efeitos de suas políticas no crescimento internacional da pobreza e da exclusão.

Entretanto, apesar do sentido positivo dessas reformas, não apenas seu escopo é limitado como também a distância entre a retórica e a prática dessas mudanças ainda é gritante. Na verdade, o Banco Mundial continua a resistir a transformações substanciais em sua estrutura e em suas políticas. As novas políticas e procedimentos são constantemente violados, e o Banco Mundial continua a não assumir qualquer responsabilidade pelos projetos e programas fracassados. Mais grave ainda, o Banco permanece estrutural e operacionalmente uma organização antidemocrática, não-transparente e avessa à participação popular, evitando o acesso dos cidadãos à informação e a sua participação em decisões que afetam profundamente suas vidas e sociedades.

Auditorias recentes contratadas pelo Banco Mundial para fazer uma avaliação de seu desempenho nos últimos anos deixaram claro que muito pouco mudou até agora. A auditoria sobre a barragem de Narmada (Índia) comprovou impactos ambientais e sociais desastrosos causados pelo projeto, sugerindo a suspensão de seu financiamento pelo Banco. O relatório Cernea (1993) sobre reassentamento de populações em projetos financiados pelo Banco concluiu que em nenhum dos casos a população transferida teve suas condições de vida sequer mantidas. O relatório Wapenhans (Banco Mundial, 1992) mostrou que 37,5% dos 1.300 projetos analisados fracassaram e que em 78% não foram seguidas as diretrizes internas definidas pelo próprio Banco. Este último definiu algumas recomendações, dentre as quais destacam-se:

- que se realize uma avaliação das conseqüências reais dos projetos financiados após a sua conclusão;

- que se garanta uma participação adequada dos tomadores de empréstimo e da população afetada em todas as fases de preparação e realização dos projetos:
- que se melhore a qualidade dos empréstimos realizados, evitando-se a aprovação de projetos simplesmente pelas "pressões para emprestar", característica do Banco;
- que se mude a cultura da instituição, onde só contam critérios econômicos e financeiros; pontua-se, nesse caso, para uma questão central a ser considerada: a contradição entre a instituição financeira que hoje é o Banco e a agência de desenvolvimento que deveria ser.

Em relação ao GEF, a avaliação realizada em 1993 sobre a fase piloto do programa fez críticas severas ao Banco Mundial, denunciando a falta de uma estratégia consistente de financiamento, a imposição de projetos pelo Banco Mundial desconsiderando as propostas dos governos e organizações locais e a total desarticulação dos projetos ambientais financiados com as políticas sociais e econômicas, gerando inúmeras incoerências. A recomendação final foi a criação de um secretariado independente para a gestão do GEF, retirando-o do controle do Banco Mundial.

Mais preocupante ainda é a constatação de que as reformas recentes não mudaram o eixo central das políticas macroeconômicas do Banco. Apesar da ênfase dada, sobretudo a partir de 1992, ao combate à pobreza, o Banco não questiona o caráter excludente das políticas de ajuste, e suas propostas se restringem ao financiamento de programas sociais compensatórios voltados para as camadas mais pobres da população, destinados a atenuar as tensões sociais geradas pelo ajuste.

Como afirmou a vice-presidência do Banco para a América Latina, os programas sociais ganham importância na medida em que

> abordar las necesidades de los más pobres no es sólo una cuestión social, sino también política. En Mexico la tensión social [...] contribuyó al desencadenamiento de la crisis. [...] Es importante tener en cuenta, las reformas estructurales sólo serán sostenibles si se reduce la pobreza y la distribución del ingreso se vuelve más equitativa. (Burki e Edwards, 1995a)

Ou seja, a recente ênfase no combate à pobreza tem um caráter instrumental onde os programas sociais visam garantir o suporte político e a funcionalidade econômica necessários ao novo padrão de crescimento baseado no liberalismo econômico.

Esta concepção é recorrente nos documentos mais recentes do Banco. No diagnóstico do Banco Mundial para a América Latina nos anos 90, por exemplo, a avaliação é de que houve avanços significativos nas reformas econômicas empreendidas na região desde meados dos anos 80. Dado que os índices de pobreza continuam crescentes, entretanto, o Banco reconhece que o simples retorno a taxas de crescimento positivas na região não tem sido suficiente para reverter a pobreza generalizada e os índices extremamente elevados de desigualdade na região.

Por outro lado, o Banco tem relativizado a importância da crise mexicana do final de 1994[2], enfatizando que não se tratou de problema estrutural do novo paradigma de reformas neoliberais, mas sim de um problema conjuntural ligado à má administração da economia pelo governo Salinas. Frisa, pelo contrário, que é necessário consolidar as reformas, "expandiendo la coalición política que respalda el processo de modernización". Considera, ainda, que o aprofundamento das reformas em curso "és la única forma de contrarrestar el escepticismo que emergió entre los analistas financeros internacionales" e que "la crisis mexicana ratificó la urgencia de comenzar la segunda fase de reformas" (Burki e Edwards, 1995b).

Assim, o Banco Mundial não apenas reafirma a correção das políticas de ajuste estrutural em curso, como propõe seu aprofundamento. Para continuidade dessas reformas vem sendo proposto um novo pacote de medidas.

A era "pós-ajuste"

O Banco Mundial vem denominando o período a partir da crise mexicana de 1994 da era pós-ajuste. Contraditoriamente, as políticas propostas para a América Latina, denominadas de "reformas de segunda geração", são calcadas no aprofundamento do processo de desregulamentação e abertura econômica iniciadas nos anos 80, aliadas à execução de programas sociais focalizados na população mais pobre.

Esse novo pacote de reformas envolve principalmente:
- aprofundamento dos processos de abertura comercial, desregulamentação e privatização;

---

2. A operação de salvamento do México articulada pelo governo norte-americano, que envolveu um pacote de empréstimos de mais de 50 bilhões de dólares (superior ao Plano Marshall), mostrou o temor dos gestores da ordem internacional. Como confessou o secretário do Tesouro norte-americano, "se deixássemos o México quebrar, toda a proposta da economia liberal estaria enterrada".

- aumento da poupança interna, por meio de reforma fiscal (redução do gasto público, reforma tributária) e estímulo à poupança privada;
- reforma (privatização) do sistema de previdência;
- estímulo ao investimento privado em infra-estrutura;
- flexibilização do mercado de trabalho (redução dos encargos previdenciários e alteração da legislação trabalhista);
- reforma no sistema educacional;
- implementação de programas sociais focalizados na oferta de serviços públicos para os grupos mais pobres;
- reforma institucional e reestruturação do Estado.[3]

Na área econômica, as medidas propostas visam sobretudo:

- expandir o processo de abertura e privatização para novos setores, como serviços e investimentos, que em alguns países permanecem alvo de instrumentos de proteção ou sob controle estatal;
- estimular a competitividade e as exportações, mediante a redução de custos de produção (entre outros, via flexibilização da legislação trabalhista com introdução da livre negociação e redução dos encargos sociais) e da melhoria da infra-estrutura, de forma a evitar problemas de balanço de pagamentos; e
- aumentar a poupança interna de forma a reduzir a dependência a recursos externos para o financiamento da economia doméstica, em face do cenário de déficits comerciais crescentes e redução da liquidez internacional.

As demais medidas, inclusive as de política social, continuam, apesar da nova retórica, subordinadas à lógica econômica, tendo como principal objetivo apoiar as políticas macroeconômicas de ajustamento. Assim, apesar de o aumento da alocação de recursos do Banco Mundial para os setores sociais ser inegável nos últimos anos, o destino dos recursos e a eficácia das políticas são extremamente questionáveis.

---

3. O objetivo é criar instituições capazes de desempenhar as novas tarefas do Estado — manter a ordem pública, prestar serviços sociais básicos para os pobres, fornecer infra-estrutura e garantir sistemas legais e normas reguladoras fortes, bem como reformar o sistema político e jurídico no sentido de facilitar a implementação das reformas.

QUADRO 6
Participação da área social nos empréstimos do Banco Mundial

Setores \ Anos	1992	1993	1994
educação	8,6%	5,7%	9,9%
desenvolvimento urbano	5,7%	6,7%	5,9%
água e esgoto	3,5%	4,5%	6,1%
população, saúde e nutrição	2,0%	4,2%	3,5%
Subtotal/área social	**19,8%**	**21,1%**	**25,4%**
ajuste e reforma setor públ.	13,0%	17,6%	4,3%
outros	67,2%	61,3%	70,4%
Total	**100,0%**	**100,0%**	**100,0%**

Fonte: Relatórios do Banco Mundial (vários anos).

No setor social, o Banco Mundial vem dando ênfase especial à educação, vista não apenas como instrumento de redução da pobreza, mas principalmente como fator essencial para a formação de "capital humano" adequado aos requisitos do novo padrão de acumulação. Apesar do aumento significativo dos recursos para educação, como mostra o gráfico 2, a ausência de uma política consistente para a área tem gerado críticas crescentes.

Também as políticas de alívio da pobreza têm caráter instrumental, subordinando-se, como já foi ressaltado, ao objetivo de evitar a emergência de tensões sociais que possam comprometer a continuidade das reformas econômicas, e o próprio Banco Mundial admite o seu baixo desempenho no combate à pobreza. Por outro lado, a retórica do social convive lado a lado com as propostas de flexibilização do mercado de trabalho (com impacto direto na redução dos salários e dos direitos trabalhistas), de privatização do sistema previdenciário (que exclui parte significativa da população dos benefícios, já precários, oferecidos) e do ajuste.

Em síntese, apesar das críticas e pressões para mudanças no Banco, as reformas propostas não alteram o eixo central de suas políticas, responsável pela promoção do atual padrão de crescimento desigual e excludente.

GRÁFICO 2
Participação do setor educação nos empréstimos do Banco Mundial – 1983-1994

Períodos	Valor Educação	Valor Total	% no Total
1983/1986	2.998,70	60.702,30	4,9%
1987/1990	3.681,10	78.963,80	4,7%
1991/1994	8.209,60	88.923,10	9,2%
Total	14.889,40	228.589,20	6,5%

Fonte: Relatórios do Banco Mundial (vários anos).

O Banco Mundial no Brasil

Considerando os financiamentos acumulados até 1994, o Brasil efetuou empréstimos no Banco Mundial de cerca de US$ 22 bilhões, valor só superado pelo México e pela Índia, representando 8,7% do total. Assim, o Brasil é um importante captador de recursos, embora nos últimos anos sua participação venha declinando (no período 1990-1993 foi de apenas 4%). Apesar disso, contrastando com o título da publicação "O Brasil e o Banco Mundial: a quinta década de cooperação" (Banco Mundial, 1993), na verdade as relações entre o Banco e o governo brasileiro ao longo de seus cinqüenta anos de funcionamento têm sido mais acidentadas do que pacíficas.

O período de crescimento — 1949-1979

Em 1949, o Brasil recebeu seu primeiro empréstimo do Banco Mundial no valor de 75 milhões de dólares. Entre 1949 e 1954, foram financiados no país projetos no montante de 194 milhões de dólares — 14% dos empréstimos totais aprovados pelo Banco no período. Na fase seguinte, o Banco Mundial passou oito anos sem aprovar empréstimos para o Brasil, tanto por discordâncias associadas à política econômica quanto por motivos estritamente políticos, como ocorreu nos períodos 1955-1957 e 1960-1964. No primeiro caso, ao viés crescentemente nacionalista do governo Vargas somavam-se desentendimentos quanto à política econômica adotada e aos fortes desequilíbrios no balanço de pagamentos. No segundo, foi decisivo o rompimento do governo JK com o FMI, agravado posteriormente pela linha política do governo de João Goulart.

Com o início do regime militar, o Banco Mundial foi progressivamente ampliando seus empréstimos para o país, e o Brasil tornou-se, nos anos 70, o maior tomador de recursos do BIRD. Foi também a época de melhores relações entre o governo brasileiro e o Banco. Nesse sentido, contribuíram, além dos fatores políticos, o dinamismo da economia brasileira nos anos 70 e o enorme aumento da liquidez internacional, que obrigou uma postura mais agressiva de empréstimos por parte do BIRD.

Em termos setoriais, pode-se dizer que o Brasil acompanhou em linhas gerais as prioridades setoriais estabelecidas pelo Banco.

QUADRO 7
Distribuição setorial dos empréstimos do Banco Mundial ao Brasil

Setor / Períodos	1947-1965	1966-1975	1976-1983
agricultura	—	9,2%	22,1%
energia	92,5%	32,6%	18,7%
transportes	7,5%	33,0%	12,6%
indústria	—	19,7%	13,0%
desenvolvimento urbano	—	—	9,0%
água e esgoto	—	3,0%	13,1%
educação	—	1,6%	1,6%
outros	—	0,8%	9,8%

Fonte: Araújo (1991).

Entre 1947 e 1965, a totalidade dos empréstimos destinou-se aos setores de energia (92,5%) e transportes (7,5%), seguindo a tendência no período de financiamento prioritário ao setor de infra-estrutura. No período 1966-1975, ocorre uma diversificação setorial, embora não apareçam no Brasil financiamentos relevantes nos setores sociais, que surgiriam a partir da administração McNamara (apenas 1,6% dos empréstimos no período destinaram-se à educação e 3,0% a água e esgoto). Os setores de energia (32,6%) e transportes (33,0%) continuam dominantes, seguidos pela indústria (19,7%), que recebe financiamento do Banco pela primeira vez. No período 1976-1983, a ênfase no setor agrícola se acentua e este passa a canalizar a maior parte dos empréstimos (22,1%), seguido pelos setores de energia (18,7%), indústria (13,0%), transportes (12,6%) e água e esgoto (13,1%), prosseguindo a tendência à maior diversificação setorial.

O período da estabilização e do ajuste

Nos anos 80, o Brasil teve uma relação difícil com o Banco Mundial, cedendo e recuando parcialmente às suas pressões e às do FMI para adotar as políticas de ajuste. Na verdade, o modelo de ajuste dos organismos multilaterais se revelou incompatível com a complexa estrutura da economia brasileira.

No início da década, o Brasil assinou o primeiro acordo de estabilização com o FMI e se enquadrou nas exigências do Banco Mundial, adotando uma política recessiva voltada para o ajustamento às necessidades de pagamento da dívida externa. Na segunda metade da década, entretanto, foram implementados diversos programas heterodoxos de estabilização, que muitas vezes contrariaram as orientações desses organismos multilaterais. No final da década, inclusive, o governo brasileiro decretou moratória parcial da dívida externa, o que motivou reação imediata do Banco Mundial e do FMI.

A partir de 1989, a participação do Brasil nos empréstimos do BIRD caiu acentuadamente. De uma participação média anual de 10% no valor total dos empréstimos do Banco no decênio 1980-1988, o Brasil passou para apenas 4,9% no período 1989-1994, equivalentes a cerca de 1 bilhão de dólares por ano. Para isso, têm contribuído, não apenas as divergências de política econômica e a opção do Banco Mundial de investir prioritariamente fora da América Latina, mas também os crescentes problemas de gerenciamento de projetos pelas entidades executoras brasileiras. Os atrasos nos cronogramas, as dificuldades no adiantamento de contrapartidas e o mau gerenciamento dos projetos vêm prejudicando substancialmente a contratação e a implementação de projetos no Brasil.

O quadro 8 mostra a distribuição setorial dos empréstimos do Banco Mundial para o Brasil no período recente (1987-1994).

QUADRO 8
Participação setorial dos empréstimos aprovados pelo Banco Mundial para o Brasil — 1987-1994

	1987-1990 (US$ milhões)	%	1991-1994 (US$ milhões)	%
agricultura	2.279	47%	372	10%
energia	479	10%	260	7%
transporte	604	12%	308	8%
finanças	0	0%	350	9%
desenv. urbano	575	12%	404	11%
água e esgoto	410	8%	794	21%
pop., saúde e nut.	475	10%	160	4%
educação	74	2%	1.059	29%
Total Brasil	**4.896**	**100%**	**3.707**	**100%**

Fonte: Relatórios do Banco Mundial (vários anos).

É interessante notar a queda acentuada da participação do setor de agricultura nos financiamentos efetuados no último período — os únicos projetos aprovados foram o Planafloro e o Prodeagro, em 1992 — embora este setor ainda tenha predominância na carteira de projetos em andamento no país. Nota-se, também, o fortalecimento do apoio a créditos ao setor privado (finanças), bem como o crescimento dos setores ligados à área social. Neste último destaca-se o crescimento da participação da educação de 2% para 29% do total (gráfico 3).

Finalmente, é importante ressaltar que o Brasil é um dos países de mais alta taxa de insucesso dos projetos financiados pelo BIRD — 44%, superior à taxa média de 37,5% constatada pelo Relatório Wapenhans. Projetos como Carajás, Polonoroeste, Itaparica, PAPP e tantos outros se somam às políticas macroeconômicas estimuladas pelo Banco na conformação de um quadro de progressivo aprofundamento da degradação ambiental e social no país.

GRÁFICO 3
Evolução da participação da educação nos
empréstimos do Banco Mundial — Brasil

1987-1990

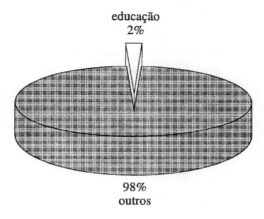

educação
2%

98%
outros

1991-1994

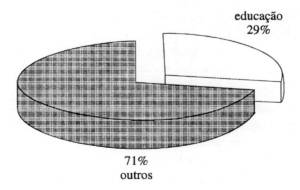

educação
29%

71%
outros

Fonte: Relatórios do Banco Mundial (vários anos).

Em termos do endividamento, o Banco Mundial, tal como no restante da América Latina, ao invés de contribuir para o alívio da dívida externa brasileira, tem sido responsável por seu agravamento nos últimos oito anos. Desde 1987, o Brasil tem realizado transferências líquidas de recursos para o Banco. No período 1988-1993 essas transferências alcançaram mais de 6 bilhões de dólares, como mostra o quadro 9.

QUADRO 9
Brasil: estimativa de fluxos financeiros para organismos multilaterais

	1988	1989	1990	1991	1992	1993	1988/1993 (US$ milhões)
BIRD	(565)	(881)	(1.090)	(886)	(1.380)	(1.395)	(6.197)
BID	(67)	(137)	(212)	(243)	(117)	(132)	(908)
FMI	(705)	(1.122)	(1.010)	(738)	(523)	(551)	(4.649)

Fonte: Relatório do Banco Central (1993).

O aprofundamento das reformas

Apesar de o país ser considerado rebelde às políticas do Consenso de Washington, a verdade é que o Brasil vem adotando uma série de reformas propostas pelo modelo liberal, sobretudo a partir do governo Collor. Implementou diversos programas de estabilização, cortou gastos públicos, renegociou a dívida externa, promoveu abertura comercial, flexibilizou e estimulou o ingresso de capitais estrangeiros, deu início ao programa de privatização, eliminou diversos programas de incentivo e controle de preços, aumentou exportações, além de ter desmantelado os serviços e as políticas públicas.

As conseqüências dessas políticas não fogem à regra das demais experiências latino-americanas. O quadro recessivo que o ajuste impôs gerou queda da renda *per capita*, aumento da concentração de renda, alastramento da pobreza e da exclusão social no país.

Alguns indicadores socioeconômicos para o período recente:
- a taxa de crescimento do PIB caiu de 8,6% nos anos 70 para 1,7% nos anos 80 e se tornou negativa no início dos anos 90;
- o PIB *per capita* em 1990 foi inferior ao de 1979; entre 1981 e 1990 caiu 5,3%;

- a taxa de investimento real em 1989 era inferior em 5,3% à taxa de 1980, implicando a redução no potencial de crescimento do país;
- a dívida externa, a despeito da maciça transferência de recursos para o exterior, subiu de 64 para 145 bilhões entre 1980 e 1993;
- aumentou a concentração de renda no país: os 10% mais pobres, que em 1981 detinham 0,9% da renda nacional, chegaram a 1989 com apenas 0,7%; a participação dos 50% mais pobres reduziu-se de 14,5% para 11,2%;
- a percentagem de brasileiros vivendo abaixo da linha de pobreza passou de 29% em 1980 para 39% em 1990;
- o salário mínimo real caiu 45,4% entre 1979 e 1992;
- os salários, que se apropriavam de mais de 50% da renda nacional no fim da década de 70, passaram a deter, no início dos anos 90, apenas 35%.

O governo Fernando Henrique vem dando continuidade às reformas liberalizantes, ampliando o processo de abertura econômica, intensificando o processo de privatizações e aprovando uma série de mudanças constitucionais que abrem caminho para o aprofundamento das reformas. Muitas das mudanças em curso coincidem com as propostas do Banco, como a reforma do sistema previdenciário, a revisão do sistema tributário, a flexibilização dos monopólios, a concentração dos recursos para educação no ensino básico, entre outras.

Essas reformas vêm motivando uma nova reaproximação do Banco Mundial em relação ao Brasil, após o período recente de queda acentuada da participação do país nos empréstimos do Banco. De acordo com declaração de representante da SEAIN (Secretaria de Assuntos Internacionais), responsável pela administração dos empréstimos externos realizados pelo Brasil, a política do governo Fernando Henrique vem apresentando sintonia com as políticas dos organismos multilaterais de financiamento.

Entretanto, tal como em outros países da América Latina, os sinais de vulnerabilidade externa já começam a aparecer. A crescente abertura econômica, juntamente com a política cambial definida pelo plano de estabilização, vêm gerando sucessivos déficits comerciais. Considerando que apenas em 1995 o Brasil terá de pagar cerca de 20 bilhões de dólares a título de serviço e amortização da dívida externa e que o ingresso de recursos externos no país vêm oscilando de acordo com as flutuações do mercado internacional, a situação torna-se realmente preocupante.

O papel da sociedade civil

Em face desse cenário, torna-se importante que a sociedade civil brasileira coloque em sua agenda política o debate sobre as políticas e projetos do Banco Mundial, exigindo não apenas a democratização do Banco, a maior transparência de suas políticas e projetos e a mudança nas políticas macroeconômicas em curso, como também buscando maior abertura do governo brasileiro para o debate sobre os empréstimos.

Dado o novo quadro de relacionamento entre o governo brasileiro e a sociedade civil, um passo importante nesse sentido é a abertura de um canal formal de diálogo com o governo sobre os projetos com os bancos multilaterais, de forma a tornar mais transparentes as decisões do governo e ampliar nossa capacidade de monitoramento e influência sobre as políticas públicas. Cabe, ainda, exigir maior comprometimento político e capacidade gerencial do governo brasileiro na gestão dos projetos.

Finalmente, os recursos do Banco Mundial para o país deveriam se dirigir predominantemente para a promoção de políticas que erradiquem a pobreza, reduzam a desigualdade social e promovam o desenvolvimento sustentável no país.

Referências bibliográficas

ALTVATER, E. (1994). *Can the bretton woods institutions Be Reformed?*. In: International Symposium "IMF and World Bank in the 21st Century". Wuppertal, 17-18 jun.,

ARAÚJO, A. (1991). *O governo brasileiro, o BIRD e o BID:* cooperação e confronto. BrasíliIa (IPEA/131).

BANCO MUNDIAL. (1993). *O Brasil e o Banco Mundial:* a quinta década de cooperação.

_____. (1992). *Effective implementation: key to development impact:* report of the World Bank's portfolio management task force (Relatório Wapenhans).

_____. (de 1968 a 1994). *Relatório Anual.* Washington O. I.

BURKI, S. e EDWARDS, S. (1995a). América Latina e Caribe: consolidação das reformas econômicas. *Revista Finanças e Desenvolvimento*, FMI, vol. 15, n. 1, mar.

BURKI, S. e EDWARDS, S. (1995b). *América Latina y la Crisis Mexicana:* Nuevos Desafíos. Washington, Banco Mundial.

RELATÓRIO DO BANCO CENTRAL DO BRASIL. Brasília.

SOARES, M. Clara (1994). 50 anos de Bretton Woods. *Revista Democracia*, IBASE, v. 10, n. 106, set.-out.

_____. (1993). Quem ganha e quem sofre os danos das políticas do Banco Mundial/FMI. *Cadernos do IBASE*, n. 16, jul.

ANEXO

Participação setorial dos empréstimos do Banco Mundial – 1983/1994

SETORES/ANOS	1983		1984		1985		1986		1987		1988	
	Valor	%	Valor	%	Valor	%	Valor	%	Valor	%	Valor	%
agricultura	3.698,30	26%	3.472,90	22%	3.749,30	26%	4.777,40	29%	2.930,30	16%	4.493,90	23%
infra-estrutura	4.840,40	33%	6.277,20	40%	5.842,10	41%	4.566,60	28%	6.819,90	37%	5.073,50	26%
indústria e finanças	1.888,30	13%	1.509,10	10%	1.209,30	8%	2.270,30	14%	2.716,30	15%	4.007,10	21%
desenv. urbano	1.365,20	9%	1.140,80	7%	1.165,40	8%	1.722,30	11%	2.438,50	13%	2.278,60	12%
recursos humanos	666,30	5%	936,80	6%	1.118,80	8%	1.248,70	8%	493,90	3%	1.168,90	6%
ajuste e ref. setor públ.	1.434,70	10%	1.377,90	9%	629,20	4%	1.321,00	8%	2.437,10	13%	1.590,00	8%
outros	583,80	4%	807,60	5%	672,30	5%	412,40	3%	525,40	3%	608,70	3%
Total	14.477,00	100%	15.522,30	100%	14.386,40	100%	16.318,70	100%	18.361,40	100%	19.220,70	100%

1989		1990		1991		1992		1993		1994	
Valor	%	Valor	%	Valor	%	Valor	%	Valor	%	Valor	%
3.490,10	17%	3.656,10	18%	3.707,30	16%	3.894,10	18%	3.226,70	14%	3.907,30	19%
5.855,40	28%	6.706,30	32%	4.971,00	22%	6.576,00	30%	7.107,90	30%	6.473,10	31%
4.861,20	23%	2.067,30	10%	3.834,80	17%	1.814,00	8%	1.668,60	7%	2.213,50	11%
1.382,10	7%	1.933,90	9%	2.480,80	11%	2.288,00	11%	3.132,60	13%	2.254,60	11%
1.513,70	7%	2.420,00	12%	3.819,30	17%	2.845,40	13%	3.817,80	16%	3.104,30	15%
2.863,50	14%	3.569,60	17%	3.463,60	15%	4.031,80	19%	4.189,40	18%	2.115,40	10%
803,30	4%	348,50	2%	408,70	2%	256,40	1%	512,90	2%	767,80	4%
20.769,30	100%	20.701,70	100%	22.685,50	100%	21.705,70	100%	23.655,90	100%	20.836,00	100%

Participação setorial dos empréstimos aprovados pelo Banco Mundial para o Brasil —1987/1994

SETORES/ANOS	1987		1988		1989		1990		1991		1992		1993		1994	
	Valor	%	Valor	%	Valor	%	Valor	%	Valor	%	Valor	%	Valor	%	Valor	%
agricultura	663	53%	975	72%	134	19%	507	32%	0	0%	372	47%	0	0%	0	0%
energia	0	0%	0	0%	94	13%	385	25%	260	27%	0	0%	0	0%	0	0%
transporte	274	22%	20	1%	0	0%	310	20%	0	0%	0	0%	88	11%	220	19%
finanças	0	0%	0	0%	0	0%	0	0%	300	31%	50	6%	0	0%	0	0%
desenv. urbano	200	16%	175	13%	100	14%	100	6%	0	0%	126	16%	128	16%	150	13%
água e esgoto	50	4%	80	6%	280	39%	0	0%	0	0%	250	31%	390	48%	154	14%
pop., saúde e nut.	0	0%	109	8%	99	14%	267	17%	0	0%	0	0%	0	0%	160	14%
educação	74	6%	0	0%	0	0%	0	0%	395	41%	0	0%	212	26%	452	40%
Total Brasil	1.261	100%	1.359	100%	707	100%	1.569	100%	955	100%	798	100%	818	100%	1.136	100%

Fonte: Relatórios do Banco Mundial.

Capítulo II

ONGs e o Banco Mundial: é possível colaborar criticamente?

Marcos Arruda

Introdução

Meu principal objetivo no presente capítulo é apontar a natureza paradoxal da relação entre as ONGs (Organizações Não-Governamentais) e o Banco Mundial. Por um lado, é importante que atores sociais voltados para os interesses das maiorias interajam com uma instituição de caráter global como é o Banco Mundial, cujas ações e intervenções têm conseqüências diretas e indiretas sobre a vida dessas maiorias. Esta interação tem tomado uma variedade de formas, desde a colaboração no contexto de projetos, sobretudo de cunho social, até o debate crítico sobre programas setoriais e recomendações de políticas macroeconômicas do Banco aos governos nacionais.

Por outro lado, grande número de ONGs tem uma postura profundamente crítica ante as instituições financeiras multilaterais em geral, e o Banco Mundial em particular, com base em diversos argumentos, que vão desde a profunda distância entre o discurso e a prática do Banco, até a obsolescência do sistema institucional erigido em Bretton Woods há cinqüenta anos, em face de um sistema financeiro globalizado e sob a influência de uma infinidade de agentes especulativos.

Cabe, portanto, perguntarmo-nos se é possível que as ONGs colaborem com o Banco Mundial mantendo sua postura crítica, e se é possível ao Banco tolerar críticas das ONGs com as quais colabora. Esta questão é tanto mais importante quanto é maior o número de ONGs que tem obtido recursos do Banco Mundial (ou do BID - Banco Interamericano de Desenvolvimento) para financiar projetos de interesse comum. No entanto, é fundamental lidar também com o outro agente desta relação, o Estado. A relação privilegiada do Banco é com seus membros ou acionistas, no caso os governos dos países-membros. A ação das ONGs pelas causas da justiça, participação e sustentabilidade do desenvolvimento só pode ser efetiva se for multidirecional, abrangendo tanto os Estados nacionais quanto as instituições financeiras multilaterais.

O Banco Mundial e o desenvolvimento

Durante as décadas do pós-Segunda Guerra Mundial, o mundo passou por etapas que modificaram profundamente a própria concepção do que significa desenvolvimento e, portanto, do papel atribuído ao Banco Mundial como banco de desenvolvimento. Do fim dos anos 40 até os 60, o Banco ajudou a financiar os Estados na reconstrução da base produtiva dos países afetados pela guerra. A economia mundial ainda era marcada pela relação entre Estados e por atividades empresariais centradas principalmente no espaço socioeconômico nacional.

Nos anos 60 e 70, a transnacionalização das atividades dos grandes grupos econômicos, sobretudo os que têm base nos países altamente industrializados, transferiu gradualmente a força motriz do crescimento econômico dos Estados para as empresas, especialmente as transnacionais. Os Estados, entretanto, continuaram desempenhando um papel importante em dois campos: primeiro, no financiamento do setor privado (por via direta, via subsídios e incentivos, ou indireta, como no caso dos contratos armamentistas e das concessões de serviços públicos) e, segundo, nos investimentos para fins sociais — estes, de caráter fundamentalmente compensatório e orientados para problemas sociais gerados pelo sistema de mercado ou para as necessidades que o mercado se mostrava incapaz de responder. A presença do Estado nos países ricos ocorreu em ambos os campos, embora mais acentuadamente no segundo em países de opção "social-democrata". Nesse período, o Banco Mundial estendeu financiamentos sobretudo aos Estados e empresas privadas dos países "em desenvolvimento". Serviu também como instrumento político das economias de mercado contra as tendências reformistas ou estatizantes.

Os anos 80 foram um período de profunda reorientação do papel do Banco Mundial em relação ao desenvolvimento dos países menos industrializados. Por um lado, no contexto da crise do endividamento externo desencadeada a partir de 1982, o Banco atuou tanto como credor inflexível quanto como instrumento dos outros credores para influir no ajustamento das economias dos países devedores impondo-lhes a prioridade de pagamento da dívida externa. O Banco, assim como o FMI, fizeram isto acoplando condicionalidades aos avais dados aos planos de estabilização e ajuste macroeconômico e aos novos empréstimos a serem concedidos aos devedores. Por esta via, ocorreu uma efetiva transferência do poder de planejar e definir as políticas de estabilização, de crescimento e de desenvolvimento socioeconômico do Estado para as instituições financeiras multilaterais. Existe amplo consenso entre as ONGs de que o Banco, longe de cumprir o mandato de não intervir na política dos países-membros — imposto pelo Acordo que o constituiu —, tornou-se mentor dos governos do hemisfério Sul, tendo uma influência preponderante, tanto direta quanto indiretamente, na política interna da maioria dos países em desenvolvimento. E esta influência ocorre predominantemente em benefício dos governos e economias dos países industrializados (seus principais acionistas) e das empresas transnacionais que operam a partir desses.

Na etapa atual, principalmente desde o colapso do estatismo na Europa central e oriental, o mundo está sendo varrido pelos ventos da globalização econômico-financeira, acompanhado de desregulamentação e liberalização dos mercados e alta especulação financeira, ao lado do acelerado progresso técnico no campo da robótica, da informatização e das telecomunicações. Desenvolvimento hoje tem sido sinônimo de crescimento econômico com crescente desemprego e crescentes desigualdades entre hemisférios e no interior das nações, inclusive as mais ricas.

Apesar de promover doutrinariamente a ideologia do livre mercado, o Banco Mundial continua sendo uma instituição intervencionista por natureza. Em conseqüência, opera de forma contraditória, por um lado, como banco comercial visando primeiramente a ampliação dos seus investimentos e a maximização do lucro deles proveniente e, por outro, intervindo continuamente no espaço dos mercados, seja em benefício do setor privado, seja na promoção de políticas de seguridade social, de alívio da fome e redução da pobreza.

Decerto o Banco Mundial tem o potencial de atuar mais eficazmente junto aos governos e às forças do mercado para responder às necessidades humanas do desenvolvimento. Para isto, as ONGs advogam que o Banco precisa promover mudanças profundas na sua estrutura e dinâmica institucional, inclusive no sistema de decisões e de prestação de contas. Precisa também promover muito mais ativamente a noção de que a participação dos setores empobrecidos na socioeconomia das suas comunidades e dos seus países é condição indispensável para um desenvolvimento justo, eficaz e sustentável.

A qualificação do Banco Mundial como banco de desenvolvimento está ligada à noção de que os países desenvolvidos são o marco de referência, e que os países chamados "em desenvolvimento" precisam de ajuda para alcançar os padrões de produção e consumo dos primeiros. Grande número de ONGs, apoiadas em instituições da família da ONU, questionam este pressuposto, argumentando que:

- desenvolvimento não deve ser confundido com crescimento econômico;
- os países ricos não devem ser tomados como modelo ou padrão de desenvolvimento, ainda que tenham muito a contribuir para o desenvolvimento dos países e populações pobres;
- crescimento econômico não resulta automaticamente em distribuição eqüitativa de renda ou de riqueza, nem em desenvolvimento social e ambientalmente sustentável;
- as remessas líquidas somadas às perdas dos países pobres nos mercados mundiais, devido a proteções, disparidades, subsídios, bloqueios de todo tipo por parte do hemisfério mais rico, somaram em 1990 uma cifra dez vezes maior do que a que correspondeu aos recursos transferidos para os países do Sul como "ajuda econômica" (PNUD, 1992);
- portanto, as IFMs (Instituições Financeiras Multilaterais), sobretudo o Banco Mundial, que define o combate à pobreza como seu objetivo mais abrangente, deveriam orientar-se no sentido de contribuir para a rápida e efetiva superação dos fatores de descapitalização e empobrecimento dos países "em desenvolvimento"; simultaneamente, realizar a transferência de recursos, em condições facilitadas, para estimular o desenvolvimento social e humano, e o crescimento econômico autocentrado desses países.

O ano de 1994 marcou o 50° aniversário da concepção das organizações de Bretton Woods — Banco Mundial e FMI. Foi um ano de reavaliação para estas entidades, mas de intenso trabalho crítico e propositivo por parte das ONGs, das agências especializadas das Nações Unidas e de alguns organismos independentes dedicados às questões internacionais. Existe um amplo movimento em favor de profundas reformas nas organizações de Bretton Woods, e as ONGs fazem parte preponderante dele. Para um número crescente, entre os quais nos situamos, essas reformas só serão eficazes se inseridas num processo mais amplo de reorganização estrutural, institucional e relacional do próprio sistema econômico e financeiro global. Para elas, o problema que está na raiz do empobrecimento das maiorias no Sul e também no Norte não é a globalização nem o desenvolvimento em abstrato, mas *esta* globalização e *este* desenvolvimento, liderado por *estes* agentes político-econômicos. Há evidência suficiente para comprovar que o mercado, entregue a si próprio, transforma em mercadorias a natureza, o trabalho e o ser humano, terminando por destruir a própria sociedade (Polanyi, 1963). "Paradoxalmente, se queremos proteger um mercado que presta tantos serviços, é preciso controlá-lo, impedi-lo de se destruir e nos destruir ao mesmo tempo" (George, 1995).

Portanto, o esforço das organizações sociais de ambos os hemisférios em busca de definir e trabalhar pela edificação de um outro paradigma de desenvolvimento e de globalização, fundado numa lógica e num sistema de relações sociais diversos dos que hoje predominam, é meritório e urgente. Entre os elementos da estratégia de ação para viabilizar esse outro desenvolvimento está o reconhecimento de que, mesmo reformadas, as instituições de Bretton Woods não teriam condições para cumprir plena e eficazmente o papel regulador, controlador e sancionador que se faz necessário para ordenar o caos da economia e das finanças internacionais, reger a supressão dos atentados ao meio ambiente e a superação dos conflitos e da violência. É em função de um outro projeto de desenvolvimento que têm emergido da sociedade civil propostas de reformas ao sistema e às instituições de Bretton Woods: criação de uma nova organização, que já nasça de um processo democrático, detenha seu próprio poder de taxação (sobre os grupos transnacionais, os bancos comerciais e as transações de divisas) e seja investida da autoridade necessária para essas intervenções e estabelecimento de um Conselho de Segurança Econômica e Ambiental.

Quem é o Banco Mundial hoje

O nome inteiro do Banco Mundial é Banco Internacional para a Reconstrução e o Desenvolvimento. Ele foi concebido na Conferência de Bretton Woods, em julho de 1944, como instrumento para financiar a reconstrução dos países destruídos pela Segunda Guerra Mundial, sobretudo os da Europa. À medida que os países europeus se restabeleceram e os do Sul foram se descolonizando sem lograr superar seus fatores de empobrecimento, o BIRD passou a orientar seus empréstimos para os países do Sul. Hoje o BIRD é a agência que concede empréstimos comerciais, manejando um volume de empréstimos que caiu de US$ 16,9 bilhões no ano fiscal de 1993 para US$ 14,2 bilhões em 1994. O Banco Mundial também inclui a Associação para o Desenvolvimento Internacional (ADI), que concede empréstimos facilitados aos países de mais elevados índices de pobreza. O volume destes caiu de US$ 6,7 bilhões em 1993 para US$ 6,5 bilhões em 1994. O BIRD e a ADI só emprestam a governos. O Banco Mundial provê também aconselhamento econômico e assistência técnica e serve como catalisador de investimentos ao setor privado.

Nos países que recebem empréstimos da ADI habitam mais de 80% das pessoas que vivem em estado de pobreza absoluta no mundo. São países com renda *per capita* média anual abaixo de US$ 400. 72% do total dos empréstimos facilitados dos bancos de desenvolvimento são concedidos pela ADI, os outros 28%, pelos bancos regionais. Entre 45% e 50% dos recursos da ADI são destinados à África. No ano fiscal de 1994, 71% dos empréstimos da ADI (US$ 3,4 bilhões) foram para investimentos e 29% (US$ 1,4 bilhões) para apoiar operações de ajuste.

Os ativos do Banco e do FMI (Fundo Monetário Internacional) incluem créditos de US$ 278 bilhões, que correspondem a cerca de 17% do estoque da dívida dos países pobres. Em 1992, as transferências líquidas sobre a dívida ao BIRD e à ADI foram de US$ 3,3 bilhões (BIRD, US$ 7,7 bilhões e ADI US$ 4,4 bilhões). Em 1993 eram de US$ 1,2 bilhões. Crescentes transferências líquidas dos bancos regionais de desenvolvimento estão sendo destinadas ao serviço (amortizações mais juros) das dívidas com o BIRD. Isto é, os países estão se endividando com os bancos regionais para pagar o Banco Mundial em vez de investir no desenvolvimento.

Outras duas filiais do Banco Mundial são a Corporação Financeira Internacional (CFI), que investe em empresas comerciais, e a Agência Multilateral de Garantia de Investimento (AMGI), que segura as empresas contra riscos não comerciais, sobretudo de guerra ou repatriação. O Banco provê cerca de US$ 25 bilhões ao setor privado anualmente, sob forma de empréstimos, investimentos diretos, assistência técnica e seguros, a maior parte deles em países que já têm acesso a créditos privados. Portanto, a CFI não está cumprindo adequadamente seu mandado no que se refere ao desenvolvimento. E está sendo um fator de intervenção nos mercados, contrariamente à doutrina do próprio BIRD em favor da crescente desregulamentação.

O Conselho de Diretores Executivos do Banco é integrado por 24 membros, que servem aos governadores, os ministros das Finanças. O ministro da Economia do Brasil (atualmente Pedro Malan) é o governador pelo Brasil e Marcos Caramuru de Paiva é o diretor executivo. O presidente do Banco sempre foi um cidadão dos EUA. Recentemente, o presidente Lewis Preston, antes do grupo financeiro Morgan, demitiu-se por doença. O presidente eleito é James Wolfensohn, também banqueiro e presidente do Kennedy Center em Washington.

Apenas cinco países têm diretores executivos para si próprios — EUA, Japão, Alemanha, França e Reino Unido. Pelo sistema de cotas vigente, estes cinco países controlam quase 40% dos votos no Conselho. Os outros 171 países-membros compartilham dezenove diretores executivos. Os dois membros mais poderosos são os EUA e o Japão, com 17,4% e 6,6% dos votos do BIRD e 15,6% e 10,4% dos votos da ADI, respectivamente.

Em meados dos anos 80, o presidente do Banco, Barber Conable, reconheceu que o Banco havia cometido sérios erros em relação ao meio ambiente e decidiu intensificar seus programas ambientais. Também tomou iniciativas para aumentar o envolvimento de ONGs nos projetos por ele financiados. A partir do Relatório do Desenvolvimento Mundial de 1990, procurou fortalecer suas atividades dirigidas para o combate à pobreza. Hoje o alívio à pobreza está definido como o objetivo mais abrangente do Banco Mundial (1993a).

Doze por cento dos empréstimos do Banco (US$ 2,4 bilhões) vão para processos de reformas econômicas e institucionais (ajuste), que pretendem estabelecer as bases para o crescimento econômico. Contudo, a maioria dos programas de ajuste são vistos como tendo conseqüências perversas para a grande parte da população e para o meio ambiente, solapando a segurança alimentar dos países tomadores e acentuando a concentração da renda e do acesso aos recursos produtivos.

Como o Banco Mundial vê as ONGs

As primeiras experiências de colaboração do Banco com ONGs se deram nos anos 70 e ocorreram exclusivamente no plano operativo, isto é, no contexto de *projetos* sendo implementados em setores específicos da socioeconomia dos países tomadores de empréstimos. No entanto, até pelo menos o início dos anos 80, a colaboração se limitava a aspectos marginais da implementação dos projetos. Na prática, o envolvimento das ONGs estava subordinado aos agentes que tinham o poder de identificar, planejar e administrar o projeto, a saber, o governo nacional e as agências financiadoras bilaterais e multilaterais. Tal problema persiste até hoje em inúmeros projetos.

O Banco Mundial tem uma extensa bibliografia a respeito da sua relação com ONGs.[1] As razões para esta aproximação direta entre o Banco e um setor organizado das sociedades dos países-membros seriam, segundo o Banco, "o papel e a influência crescentes do setor de ONGs em geral e o reconhecimento crescente dentro do Banco dos benefícios específicos que o envolvimento das ONGs pode trazer para operações financiadas pelo Banco" (Malena, 1995: 13). Mais precisamente, a experiência de parceria do Banco com ONGs no âmbito de projetos revelou que as ONGs "podem contribuir para a qualidade, sustentabilidade e efetividade dos projetos financiados pelo Banco" (Malena, 1995: 19).

Para além da colaboração no âmbito de projetos, durante anos o Banco revelou ceticismo quanto à capacidade das ONGs de contribuir no plano das *políticas e programas macroeconômicos*, seja no âmbito nacional, seja setorial. Em 1981 o Banco inaugurou o debate sobre políticas com ONGs, focalizando o tema Educação e Desenvolvimento numa conferência, da qual nasceu a idéia de um fórum permanente de debate político entre o Banco e as ONGs. Este fórum ganhou a forma de Comitê ONGs-Banco Mundial, composto de 26 ONGs dos diferentes continentes e diversos funcionários do Banco, com um secretariado sediado no Conselho Internacional de Agências Voluntárias, em Genebra, e reuniões bianuais. Em 1984, as ONGs-membros do Comitê decidiram organizar-se autonomamente no que chamaram de Grupo de Trabalho de ONGs sobre o Banco Mundial (GTONG) (Arruda, 1993a).

Em anos recentes a postura cética do Banco dava sinais de estar superada. O relatório de 1993 (Banco Mundial, 1994a), diz expressamente que "o diálogo político com as ONGs agora é um aspecto estabelecido do trabalho do Banco. A maioria das novas políticas e iniciativas de empréstimos de interesse para ONGs são sujeitas a consultas com ONGs, nacional e internacionalmente".

---

1. Em 1994 o Banco publicou o 12º relatório anual de andamento da cooperação entre o Banco Mundial e as ONGs. A publicação procede do Grupo de Política de Operações do Banco, e é lançada no primeiro bimestre de cada ano. O texto mais recente do Banco sobre a sua relação com as ONGs, que utilizamos amplamente para a elaboração deste texto, é de Malena (1995).

Uma terceira área de interação entre as ONGs e o Banco refere-se a mudanças no interior da instituição. As reformas mais importantes feitas pelo Banco, sob pressão crescente das ONGs e outras organizações da sociedade, consistiram no estabelecimento de:

- um processo de avaliação ambiental para todos os projetos que afetam significativamente o meio ambiente;
- uma política de informação mais aberta, que garanta o acesso público rotineiro aos documentos do Banco;
- um plano de ação participativa, visando envolver todos os atores atingidos pelas ações financiadas pelo Banco em cada etapa da ação, desde a formulação dos objetivos, através do planejamento, implementação e avaliação da ação;
- uma unidade de inspeção independente para investigar queixas de setores ou atores afetados pelas operações do Banco.

Ainda em discussão está a proposta de introdução de uma política de direitos humanos. Outras medidas reformistas foram tomadas a partir da revelação, em 1992, de que 37,5% (em contraste com apenas 15% em 1981) dos projetos financiados pelo Banco tinham resultados "insatisfatórios". O Relatório Wapenhans[2] demonstrou que análises e boas intenções eram freqüentemente equivocadas e sugeriu que os administradores e os funcionários do Banco muitas vezes mediam o sucesso pelo volume de dinheiro emprestado, em vez de pelos objetivos realizados. Em resposta ao relatório, a direção do Banco lançou um processo para melhorar a qualidade dos resultados dos projetos. As ONGs têm argumentado que outras reformas internas são necessárias, não apenas para melhorar a qualidade dos resultados dos empréstimos, mas também para estimular a redefinição dos próprios pressupostos do Banco em relação ao desenvolvimento, a fim de que ele possa servir com mais coerência ao que há tempos ele próprio tem definido como seu "objetivo mais abrangente", a redução da pobreza. Mais adiante examinaremos as dificuldades mais importantes na consecução deste objetivo.

As estatísticas apresentadas pelo Banco referentes a projetos com participação de ONGs indicam que entre 1973 e 1988 apenas 6% dos projetos financiados pelo Banco envolviam ONGs, em contraste com 1993, com mais de um terço, e 1994, com a metade dos projetos aprovados

---

2. Relatório do Banco Mundial (1992), liderado pelo ex-vice-presidente do Banco Willi Wapenhans.

envolvendo ONGs. Alguns questionam estas estatísticas, perguntando-se qual o critério que o Banco utiliza para definir ONGs. Há suspeita de que ONGs criadas ou indiretamente ligadas a grandes grupos econômicos ou ONGs criadas por iniciativa de governos sejam incluídas no cômputo do Banco. Há ainda insatisfação das ONGs por não terem sido elas as autoras de um nome genérico que as classificasse, por serem definidas "pelo que não somos, em vez de pelo que somos" e pelo fato de, dentro da categoria ONGs, poderem caber desde entidades beneficentes e assistenciais até clubes de futebol.

Ocorre ainda que essas estatísticas na prática não revelam a qualidade nem a profundidade da colaboração. Não apontam, por exemplo, se as ONGs estão sendo incorporadas desde o início nos projetos ou apenas em fases já estabelecidas de implementação. No entanto, a definição que o Banco hoje adota de ONGs é bastante próxima do que são as ONGs comprometidas com o social: "organizações privadas que desenvolvem atividades visando aliviar o sofrimento dos pobres, promover os interesses destes, proteger o meio ambiente, prover serviços sociais básicos ou empreender desenvolvimento comunitário" (Malena, 1995: 7). Observa-se também que as ONGs são fundadas em valores como o altruísmo e o trabalho voluntário, em contraste com as empresas privadas, que se orientam pela busca do lucro.

A definição de ONG, porém, é um problema complexo para as próprias ONGs. O debate sobre suas finalidades e sua natureza, que é o condicionante da sua auto-definição, caminha numa dupla vertente. Há os que consideram que as ONGs são organizações com um fim em si mesmas, ou são mais uma forma de organização da sociedade civil, que tem direito a um espaço próprio de representatividade no âmbito da política. Há os que definem as ONGs como entidades-meio e não entidades-fim, cujo objetivo último é servir aos movimentos sociais e às suas entidades representativas. E entre ambas há uma variedade de outras definições. Este debate é importante precisamente porque é na definição de cada ONG a respeito dos seus próximos objetivos e natureza que se enraíza sua postura a respeito de questões como quem deve definir os objetivos e a estratégia que orienta as ações da ONG e quem deve decidir se a ONG deve ou não colaborar com agências de governo, instituições bilaterais ou multilaterais de financiamento.

Este debate entre ONGs está apenas se iniciando e talvez jamais resulte num desfecho consensual. Felizmente, as divergências não têm impedido que elas trabalhem articuladamente em colaboração bilateral, em forma de redes ou mesmo de associações nacionais, regionais ou globais.

Possibilidades abertas para a intervenção das ONGs

Do lado do Banco, as orientações e diretrizes para o pessoal de operações que trabalha ou procura trabalhar com ONGs ainda são limitadas. A Diretriz Operativa 14.70 (Banco Mundial, 1989) é a primeira que formula orientações para os funcionários do Banco. É aí que se encontra também a definição de ONG adotada pelo Banco, que mencionamos acima.

A classificação das ONGs que o Banco discute nos seus documentos é complexa, mas seu relacionamento se concentra no que ele chama de ONGs "operativas" — as que se interessam basicamente pelo planejamento e implementação de projetos de desenvolvimento — e ONGs "advocatícias" — que advogam pelos movimentos sociais ou por causas específicas e buscam influenciar as políticas e as práticas do Banco. Há, porém, diversas ONGs que, por suas atividades, cabem nas duas categorias e há ONGs "advocatícias" que também lidam com questões relacionadas com projetos de desenvolvimento. Em anos recentes, a colaboração do Banco com ONGs deixou de ser predominantemente centrada nas ONGs internacionais. Em 1994, uma proporção de 40% dos projetos que incluem ONGs envolviam organizações com base comunitária (OBCs), 70% envolviam organizações nacionais e 10%, organizações internacionais.

No espaço dos projetos, segundo o Banco, diversas práticas de ONGs em projetos afetando diferentes setores sociais e econômicos serviram de modelo para novas práticas do Banco. Os exemplos de boas práticas oferecidos pelo Banco geralmente apresentam o melhor dos processos, mas omitem as contradições, as dificuldades encontradas e as medidas adotadas para superá-las. Entre eles se incluem:[3]

- *Em termos de inovação* — O financiamento para que uma ONG internacional, a TechnoServe, atuando em Gana, amplie seu modelo comunitário de processamento de azeite de dendê. Os moinhos provaram ser altamente eficientes e ideais para permitir às comunidades capturar valor agregado através da conversão de cocos, perecíveis e de baixo valor, em azeite de dendê, durável e de alto valor. Além disso, beneficiou em particular as mulheres que traba-

---

3. Estes e outros exemplos estão descritos em Malena (1995).

lhavam na produção dos cocos. Com o financiamento, a entidade está implementando um programa qüinqüenal para estabelecer sessenta empresas controladas e operadas pela comunidade, dedicadas ao processamento do azeite de dendê em diferentes regiões de Gana. O Banco adotou o programa de "colheita de água" da Oxfam, entidade beneficente inglesa, em Burkina Faso, como modelo para as operações do Banco em conservação da água e do solo em todo o Sahel.

- *Em termos de participação* — O Banco cita os projetos de administração de recursos naturais de Rondônia (Planafloro) e de Mato Grosso (Prodeagro) como exemplos de colaboração de ONGs no sentido de garantir que as populações locais desempenhem um papel ativo no processo de decisão. Os obstáculos, porém, à boa implementação destes projetos e a que a participação das populações beneficiárias se concretize têm sido tantos e tão persistentes, sobretudo por parte dos governos federal e estaduais, que em 1994 o Fórum de ONGs de Rondônia pediu ao Banco Mundial que suspendesse os desembolsos para o Planafloro até que esses obstáculos sejam removidos. Atualmente, o Fórum está abrindo uma ação junto ao Painel de Inspeção do Banco Mundial, acusando o Banco de omissão em relação ao cumprimento dos termos do contrato do Planafloro e às suas próprias diretrizes.[4] Na província de Baloquistão, Paquistão, uma ONG local apoiou diretamente a formação de Comissões Educativas de Aldeia (CEAS), eleitas pelos representantes das aldeias a fim de supervisionar a construção de uma escola de aldeia, a contratação de uma professora, a freqüência da professora e das alunas, e a manutenção da escola. A ONG visitou cada família, educando-as a respeito da importância da educação das meninas. Segundo o Banco, em dois anos haviam sido criados 116 CEAs e construídas 116 novas escolas. A matrícula de meninas nas aldeias envolvidas no projeto alcançou 67%, em comparação com 13% da província de Baloquistão como um todo.

- *Em termos de alcance das populações mais carentes* — Burkina Faso é apenas um entre vários países em que o Banco considera que as ONGs são "mais eficazes que o setor público em alcançar os grupos-alvos" (Malena, 1995: 21). Observemos que a confusão entre o Estado ou o governo, por um lado, e o setor público, por

---

4. Fórum de ONGs de Rondônia, Carta ao Painel de Inspeção em 20/6/95.

outro, tem sido motivo de muitos equívocos. Neste caso, podemos dizer que são as ONGs o setor público, em contraste com governos federal e locais ineficientes e um setor privado que não reconhece as necessidades dos setores carentes. Neste caso, uma associação de planejamento familiar deste país garante a implementação de um projeto financiado pelo Banco, com a participação de outras ONGs visando o diagnóstico de doenças transmitidas pelo sexo, o estabelecimento de um fundo para financiar ONGs que atuem na educação comunitária e em programas de distribuição de preservativos.

- *Em termos de sustentabilidade* — O Banco se diz convencido de que a participação ativa das comunidades nas atividades de um projeto aumentam a sustentabilidade dos seus resultados. O Banco fala insistentemente em "apropriação do projeto pela comunidade" nos seus documentos mais recentes, acenando para ela como garantia da ótima implementação, estabilidade e sustentabilidade dos resultados. Esta ênfase na apropriação de projetos pelas comunidades pode não ter conseqüência prática em muitos projetos financiados pelo Banco, mas certamente abre um espaço importante para que as organizações da sociedade civil exijam das autoridades e do próprio Banco uma instância de participação efetiva. As ONGs têm ido mais longe, argumentando que a apropriação de projetos já em processo de implementação é geralmente insuficiente para garantir que o projeto seja bom para a comunidade e que vá corresponder às suas necessidades e interesses de longo prazo. Elas insistem em que a participação deve ocorrer desde a fase de definição dos objetivos do desenvolvimento das comunidades, regiões e países, passando pelo planejamento de uma estratégia de ação, pela identificação dos programas e projetos a realizar, até a gestão da implementação e a avaliação dos resultados.

No caso do Brasil, é importante que as ONGs tenham em conta que, se sua colaboração for limitada a intervenções no âmbito estrito de projetos e, em particular, apenas na sua implementação, elas correm o risco de apresentar uma imagem pública de validação da diretriz macro-socioeconômica de cunho meramente compensatório do Banco Mundial e do governo. Só uma estratégia de ação e pressão simultânea em diversas frentes pode dar um alcance decididamente abrangente à colaboração entre ONGs, governo e Banco Mundial.

No espaço do debate macro-socioeconômico, três áreas estão abertas para o diálogo entre ONGs e o Banco Mundial:

- política econômica (programas de ajuste estrutural; impactos social e ambiental desses programas; estudos sobre ajuste em países específicos; a crise da dívida; e a Rodada Uruguai);
- desenvolvimento ambientalmente sustentável (política florestal e energética, gestão de recursos hídricos; sistemas de contas nacionais; balanços ambientais; Planos Nacionais de Ação Ambiental; contribuição do Banco para a CNUMAD e Agenda 21; Fundo Global para o Meio Ambiente); e
- política social (estratégias de redução da pobreza; participação popular; povos indígenas; gênero e desenvolvimento; balanços sociais para complementar os balanços ambientais; e estratégias de saúde).

Estratégias de intervenção das ONGs

É preciso lembrar que o espaço que hoje existe para uma interação das ONGs com o Banco, ou mesmo uma colaboração entre ambos, foi mais uma conquista do que uma concessão ou o resultado de uma abertura unilateral do Banco. Durante os anos em que a sociedade civil de ambos os hemisférios evoluiu para formas novas de organização, visando a defesa dos direitos individuais e sociais, econômicos, políticos e culturais dos oprimidos, o atendimento de emergência a setores atingidos por catástrofes naturais ou não, e a proteção e conservação do meio ambiente, as instituições financeiras multilaterais foram alvo de intensas pressões. As entidades chamadas ambientalistas tiveram um papel relevante nessas pressões, trazendo à opinião pública informações sobre as atividades, as políticas e o próprio modo de organização e funcionamento das instituições multilaterais que costumavam ser assunto privativo dessas instituições e dos governos que nelas predominam.

Pressionando por instituições multilaterais efetivamente públicas e democráticas

Na base dessas pressões está a noção de que os fundos dessas instituições são de natureza pública, pois procedem — direta ou indiretamente — dos contribuintes dos países-membros, geram um endividamento que onera a sociedade como um todo e são geralmente aplicados em programas e projetos que incidem sobre populações e nações inteiras. Portanto, o sigilo a respeito das informações contidas nos documentos e nas negociações sobre políticas e projetos dessas instituições, e a ausência de um sistema de prestação de contas ao público são ilegítimas e precisam ser superadas. Tratando-se de instituições de natureza pública, a questão da prestação de contas ganha especial relevância, seja da justificação das suas prioridades, seja do uso dos recursos financeiros, seja do fundamento das condicionalidades adotadas para concessão dos empréstimos, seja dos fracassos de programas e projetos.

Ao longo dos últimos anos, essas pressões deram alguns resultados concretos, não apenas no âmbito de projetos, mas também nas atitudes e mesmo na estrutura de organização e modo de funcionamento de entidades como o Banco Mundial e os bancos regionais de desenvolvimento, sobretudo o Interamericano e o Asiático. O Banco Mundial abriu-se ao diálogo com as ONGs e com organizações sociais e populares e aceitou introduzir na sua agenda algumas das questões e reivindicações levantadas por elas. Questões como a transparência das informações, a participação popular no âmbito micro e macro e a criação de uma instância independente de recursos pelos beneficiários, reconhecida pelo Banco, entraram na agenda de debates e gradualmente foram se transformando em novas políticas. No caso da questão ambiental, o Banco começou enviando representantes seus a diversas reuniões de ONGs e acabou criando uma vice-presidência responsável pela questão do desenvolvimento ambientalmente sustentável.

Participando em programas sociais promovidos pelo Banco Mundial

Por tudo o que foi dito acima, é compreensível que o Banco Mundial insista crescentemente na participação das ONGs na implementação de programas e projetos na área social. Diversas frentes de colaboração já têm ocorrido entre as ONGs e o Banco, incluindo diagnósticos da pobreza em alguns países, planos nacionais de ação ambiental e estratégias de alívio à pobreza.

Um exame mais atento desta questão mostra que a crescente preocupação do Banco com a melhoria da qualidade da implementação dos projetos por ele financiados está na base deste interesse pelas ONGs. O Relatório Wapenhans[5] apresentou dados desabonadores para o Banco a este respeito.

---

5. A versão em espanhol do relatório do grupo de estudo conduzido por Willi A. Wapenhans intitula-se "La Ejecución Eficaz, Clave de los Efectos en el Desarrollo", Washington, novembro de 1992.

Desde então o Banco tem investido em transladar a instituição da "cultura dos empréstimos" para a "cultura dos resultados" (Banco Mundial, 1993b; 1994b). Entre os elementos da nova estratégia está a busca de superar a baixa eficácia da parceria do Banco com os governos por meio do envolvimento sempre maior das ONGs nos programas e projetos sociais financiados pelo Banco.

Até aí podemos dizer que a evolução foi predominantemente positiva. Da perspectiva das ONGs, contudo, alguns questionamentos importantes se levantam. Primeiro, a experiência de trabalho com setores carentes das populações dos países de alto índice de pobreza — inclusive os chamados "de renda média", como o Brasil e o México — mostra algo que o Banco parece estar ainda longe de adotar, isto é, que só a lógica "de processo" é coerente com o tempo, o ritmo e a flexibilidade necessários para fomentar a verdadeira participação popular. Noutras palavras, não são apenas os resultados quantificáveis os que interessam, mas principalmente os "invisíveis": os comportamentais, os atitudinais, os psicoculturais e mesmo os espirituais. A dimensão mais profunda da transformação que se busca, quando se fala em desenvolvimento justo, participativo e sustentável, é aquela em que as pessoas, tanto individual como socialmente, se transformam a si próprias em sujeitos do seu próprio desenvolvimento e assumem plenamente este papel, com todas as contradições e dificuldades que isto implica. E este assumir-se não ocorre nem como resultado de uma decisão burocrática, nem da vontade aparentemente todo-poderosa de uma agência financiadora ou de um agente de poder, nem mesmo pelo influxo de suficientes recursos materiais. É sim o resultado de um processo, complexo e cheio de obstáculos exteriores e interiores que é preciso, paciente e persistentemente, trabalhar para superar.

Segundo, ligada a esta questão está a dos indicadores. O Banco já percebeu que os indicadores puramente econômicos e financeiros são insuficientes para retratar a complexidade da vida das nações. Mas fez pouco até agora para inovar. Nem mesmo chegou a reconhecer contribuições de dentro da família da ONU, como os indicadores do desenvolvimento humano do PNUD. Em conseqüência, o Banco continua centrado na propaganda ideológica do "crescimento econômico" como a panacéia para todos os males, e é nos indicadores do crescimento que se baseia para formular propostas de políticas, escolher e desenvolver programas e projetos. Este não é um problema aleatório.[6] Ele tem por base uma concepção fragmentada

---

6. Veja a respeito o excelente livro, crítico e propositivo, de Henderson (1991).

do ser humano, da sociedade e do desenvolvimento. A nosso ver só uma visão que abranja a integralidade do Real no seu movimento, nas suas interações e na sua natureza paradoxal (unidade na diversidade) pode superar esse vício economicista.

Terceiro, o espaço que o Banco abre para as ONGs atém-se sobretudo ao "ciclo do projeto". Aí o Banco vê um papel crescente para as ONGs, ainda que não lhes atribua papel deliberativo, sobretudo na etapa de identificação e planejamento (Malena, 1995: 29). Tal envolvimento tem-se ampliado para incluir os Fundos Sociais. Tais fundos são

> orientados pela demanda e são multi-setoriais, para financiar subprojetos de base, de pequena escala, que visam melhorar o acesso dos pobres aos serviços sociais, a oportunidades de emprego e ativos geradores de renda. São muitas vezes criados em conjunção com programas de recuperação econômica para ajudar a mitigar os efeitos do ajuste sobre os pobres e vulneráveis. (Malena, 1995: caixa 8, p. 32).

Muitas ONGs consideram suficiente este espaço e, sem questionamentos, desenvolvem ampla colaboração com o Banco no âmbito local e micro-socioeconômico. Um número crescente, no entanto, tem aderido a uma concepção de desenvolvimento e democracia integrais, e insistem em que o Banco precisa superar o abismo conceitual que separa o econômico do social e do ambiental. A crítica que essas ONGs fazem da abordagem semi-neoliberal e semi-neokeynesiana do Banco (privatismo totalitário da economia e responsabilidade do Estado restrita a programas de investimentos sociais que o mercado rejeita) é que os programas sociais são concebidos como compensatórios dos males causados por estratégias de estabilização e ajuste centrados no mercado, na atividade econômica como fim, e no setor privado como o único sujeito válido da economia. Para o Banco as relações econômicas de produção, como estão estruturadas hoje, não precisam ser tocadas nem reguladas; os problemas que elas criam (desigualdade, concentração da renda e da propriedade, empobrecimento e exclusão como resultado da competição não regulada, crescente dependência de capitais externos etc.) devem ser enfrentados por meio de programas sociais, que os governos e as ONGs são chamados a promover e implementar. Para os críticos, esta concepção tende a abafar a fumaça em vez de procurar apagar o fogo. As causas dos problemas sociais e ambientais estariam na forma como as relações socioeconômicas estão estruturadas. É preciso reorientar a economia para que passe de fim em si mesma a meio de se construir um desenvolvimento social e humano harmônico e sustentável.

Debatendo com o Banco Mundial sobre a questão educativa

Os participantes da I Conferência Anual do Banco Mundial sobre Desenvolvimento da América Latina e Caribe, realizada no Rio de Janeiro entre 12 e 13 de junho de 1995, são testemunho de quanto o Banco vocaliza atualmente duas diretrizes: a de concentrar mais os recursos do Banco em investimentos nas áreas sociais dos países em desenvolvimento e a de criar parcerias sempre mais freqüentes com ONGs e outras organizações da sociedade.

A Conferência teve dois focos. Um foi a prioridade da educação básica e o outro foi a crise do México. O Banco apresentou a educação básica como um motor do desenvolvimento. Ao mesmo tempo criticou "a excessiva rigidez dos mercados de trabalho" do México e sugeriu que a educação, sobretudo a educação básica, é a chave para o aumento sustentável das taxas de crescimento econômico, para a superação das desigualdades e para a obtenção de um ambiente político estável. Uma parte da Conferência foi dedicada a examinar as correlações entre os baixos índices de escolarização e a pobreza, a desigualdade e o baixo índice de democracia. E a conclusão do Banco foi a de que as insuficiências do "capital humano" são o mais importante fator destes males e que o "choque educativo" que propõe seria "o principal superador dos desequilíbrios dinâmicos e acelerador do crescimento econômico com igualdade e democracia".[7]

Representantes da sociedade civil presentes à Conferência comentaram que a nova ênfase que o Banco está dando à educação básica é um fato promissor. Contudo, questionaram vários aspectos da proposta do Banco, dizendo que é impossível separar crescimento econômico, distribuição da renda e educação.[8] Portanto, um crescimento concentrador gera empobrecimento, exclusão e baixos índices e baixa qualidade da educação. Afirmaram que é um erro separar a educação básica da educação universitária, pois devem ser concebidos como um *continuum* integrado que vise a crescente autonomia relativa do país no plano produtivo assim como no plano da pesquisa científica e do desenvolvimento tecnológico. Acrescentaram que a pesquisa é fundamental para a elevação da qualidade tanto da educação

---

7. As frases entre aspas procedem das falas ou dos textos dos oradores da Conferência.

8. O novo estudo setorial do Banco Mundial, "Prioridades y Estrategias para la Educación", de maio de 1995 (versão preliminar), comprova ao mesmo tempo a importância desta nova ênfase do Banco e a insuficiência da sua abordagem. Veja também Coraggio, (1994, 1993). Os textos de Coraggio contêm análises de grande descortínio sobre as contradições e paradoxos das propostas do Banco e da Conferência Educação para Todos, (Jomtien, Tailândia, 1990).

quanto do desenvolvimento e, portanto, as agências multilaterais devem ajudar a manter peritos nacionais e devem apoiar institutos catalisadores de ação socioeconômica transformadora. E que a crise atual dos países pobres tem uma dimensão profundamente ética, que uma educação apenas funcionalista não logrará superar. Trata-se de construir uma educação não só de talento, mas também, e principalmente, de sabedoria.

Além disso, disseram que é preciso que o Banco e os governos se cuidem para não tomar a educação, ou os programas sociais em geral, como uma panacéia. Os países altamente industrializados estão revelando a face perversa do tipo de globalização que hoje predomina: os EUA são ao mesmo tempo o país mais rico e o que apresenta maior número de pessoas com grau de doutor e mestre que dirigem táxis e servem mesas em bares. Na França, o novo presidente Jacques Chirac busca tecer um pacto social para superar o alto índice de desemprego. E quem são os desempregados? Geralmente, pessoas de médio a alto grau de escolarização. Conclui-se, primeiro, que, mantidas as relações selvagemente competitivas dominantes nos setores mais dinâmicos dos países em desenvolvimento, a meta de estender o alcance da educação básica a toda a população, mesmo que desejável, não parece realista nem financeiramente viável. Segundo, que não são apenas a extensão e a qualidade da educação que contam, mas o tipo e os objetivos a que serve; uma educação apenas funcional, voltada para responder passivamente às demandas da economia selvagemente competitiva de hoje certamente não será libertadora para a maioria dos educandos. Terceiro, que nem a extensão da educação, nem mesmo o crescimento econômico, são em si soluções para todos os problemas. É verdade que os países em desenvolvimento precisam tanto de outra educação para gerarem uma outra economia, quanto de uma outra economia para gerarem uma outra educação. Outra educação só emergirá de um trabalho contínuo para transformar cada cidadão, comunidade, grupo social, e o conjunto da nação em sujeitos — individuais e coletivos ao mesmo tempo — da sua própria aprendizagem e do seu próprio desenvolvimento. E outra economia só resultará de uma reforma que promova cada cidadão, comunidade, grupo social e o conjunto da nação em sujeitos da própria economia, isto é, dos meios de produzir e distribuir as riquezas e delas usufruir.

Outras críticas das ONGs à política de educação do Banco Mundial incluem:
- a falta de compatibilidade entre a ênfase na educação básica para todos e as políticas macroeconômicas, que incluem a pressão por cortes nas despesas públicas e dependência de financiamento externo;

- o co-financiamento de programas de educação, com base nas mesmas condições (contrapartidas, prazos, modos de avaliação etc.) e critérios dos empréstimos aos setores produtivos;
- a desvinculação entre a educação básica e os outros níveis de educação no contexto da política educacional nacional;
- a ausência de atenção na política educacional do Banco à educação de jovens e adultos, sobretudo trabalhadores.

Trabalhando pela participação da sociedade nas políticas macro-socioeconômicas

A outra área de ação estratégica das ONGs visa a participação da sociedade organizada nas discussões e decisões sobre políticas macro-socioeconômicas. Elas consideram que a falta de participação social no planejamento dos programas de ajuste estrutural, ou nas políticas setoriais promovidas pelos governos com apoio financeiro e aconselhamento do Banco Mundial, aliena a população, impedindo-a de assumir como algo próprio o ajuste, e de ser parte ativa de um pacto político em torno dele. Por outro lado, elas associam o fracasso da maioria dos programas de ajuste aos seus erros conceituais, à sua inadequação às prioridades mais prementes das populações e ao seu viés predominantemente neoliberal, que afasta o Estado da sua responsabilidade fundamental de planejar, regulamentar e orquestrar o projeto de desenvolvimento sustentável próprio de cada país.[9]

Na Conferência mencionada o Banco decidiu adotar a crise econômico-financeira do México — detonada em dezembro de 1994, a partir da desvalorização aguda do peso mexicano e do êxodo maciço de capitais em busca de praças financeiras mais estáveis no hemisfério Norte — como marco para o que decidiu chamar Era Pós-Ajuste Estrutural. Utilizando seus próprios quadros e consultores externos, o Banco sinalizou que a crise mexicana é temporária e peculiar às condições deste país, que as causas da crise estão relacionadas a erros do governo mexicano na implementação do ajuste, na gestão dos principais instrumentos macroeconômicos e finan-

---

9. São inúmeros os textos de ONGs sobre os Programas de Ajuste e Alternativas. Citemos apenas: Christian Aid (Woodroffe, 1993); DESCO (Campodonico, 1992); The Development Gap (1993; Hausen-Kuhn, 1993); Eurostep (1993); ANADEGES (Medellín, 1993); PIRG (1994); GTONG (1993a; 1993b; 1993c; Arruda, 1993b); Save the Children (Woodward, 1992); TNI/IPS (1994); OXFAM/UK/I (1995a; 1995b).

ceiros, e na falta de transparência em relação aos dados econômicos. Mostrou-se convencido de que, seguindo medidas austeras de reestabilização — isto é, mais recessão da economia interna e mais estímulo às exportações — e prosseguindo com maior correção na via do ajuste, em breve o México estaria novamente entre os países mais bem cotados para receber investimentos internacionais. Insistiu em que uma segunda fase de reformas precisaria ser introduzida com mais rapidez, no sentido de buscar aumentar as taxas de poupança internas, encorajar o investimento privado em infra-estrutura, flexibilizar a legislação trabalhista, melhorar e modernizar o sistema educativo e reconstruir o Estado.

Um representante de ONG comentou no plenário que, em vez de "era pós-ajuste", seria necessária uma era de "outro ajuste", orientado por valores e diretrizes diferentes dos do ajuste neoliberal que o Banco e o FMI têm promovido em todo o hemisfério Sul. Pleiteou que, aos olhos da opinião pública mundial, as imagens do BIRD e do FMI estariam profundamente vinculadas ao ajuste mexicano, que ambas as instituições promoveram durante anos como modelo para todo o continente. As duas principais lições da crise mexicana seriam, primeiro, que o modelo neoliberal de ajuste, voltado fundamentalmente para a atividade comercial externa e para o pagamento da dívida, fracassou e teve enormes custos sociais e ambientais, que os programas de caráter apenas compensatório foram incapazes de eliminar. Segundo, que este fracasso atinge as duas agências multilaterais e acena para a necessidade de que façam em público uma reflexão honesta e autocrítica, que sirva de base para a reorientação das políticas de estabilização e de ajuste estrutural. Como assessoras técnicas e conselheiras dos governos-membros, as duas agências têm uma responsabilidade inescusável de ajudar outros governos, sobretudo na América Latina e Caribe, a corrigir os erros causados pelos programas de estabilização e de ajuste em vigor, em tempo de evitar crises semelhantes. Ou então, que parem de aconselhar.

A interação das ONGs com o Banco e o FMI em torno do ajuste estrutural e de outros temas macroeconômicos está longe de esgotar-se nestes pontos. Só haverá esperança de progresso se as ONGs tomarem uma série de iniciativas, em colaboração com as entidades representativas da sociedade:

- pesquisar e evidenciar as relações entre as políticas de ajuste e os problemas econômicos, sociais e ambientais, a descapitalização e o empobrecimento;

- desenvolver propostas socialmente embasadas e tecnicamente sólidas de um ajuste alternativo, que aponte para a recuperação socioeconômica, para a reconciliação da economia com as prioridades ecosociais, e para uma inserção com soberania na socioeconomia mundial;
- abrir frentes de diálogo com o respectivo governo e com os representantes do Banco e do FMI no país;
- atuar junto ao Congresso ou Parlamento buscando mostrar as evidências de que outro ajuste, orientado para um desenvolvimento centrado nas prioridades sociais e humanas, é desejável;
- trabalhar por articular-se nos âmbitos nacional, continental e global, em redes de pesquisa, ação e pressão, de modo a intercambiar experiências e apoio mútuo e influir nos governos dos países ricos e nos próprios centros globais de decisão das entidades multilaterais.

Trabalhando pela reforma do sistema financeiro internacional

A respeito da reforma necessária das instituições de Bretton Woods diante da transformação ocorrida no sistema financeiro a serviço do qual elas foram criadas, notemos que não é possível obter reformas eficazes destas instituições sem visar simultaneamente uma profunda reforma do próprio sistema financeiro internacional, que contemple os vários fatores de inadequação deste sistema a um projeto nacional e global de desenvolvimento sustentável. Entre estes, enumeremos apenas:
- O problema da dívida externa: responsável por transferências líquidas de capital em favor dos credores, equivalentes a US$ 280 bilhões entre 1985 e 1992, enquanto a dívida crescia de US$ 991 bilhões para US$ 1.510 bilhões (52,4%). No período, o saldo comercial dos países devedores do hemisfério Sul, que é a única via de captação de divisas capaz de servir a dívida sem acumular nova dívida, foi deficitário em US$ 476 bilhões;
- A explosão das atividades de especulação financeira e a crescente desregulamentação dos mercados de capitais: a primeira, impulsionada pelo avanço da informática e da globalização do sistema de telecomunicações, e a segunda pela pressão dos agentes de poder por um tipo de "liberdade" de mercado buscada pela via da redução do papel do Estado e das normas reguladoras da atividade dos capitais. Estima-se que até US$ 3 trilhões estejam circulando

diariamente nos mercados do mundo. A crise mexicana mostrou o grau de volatilidade desses tipos de capitais, sedentos de lucros fáceis e rápidos, e sempre prontos a retirar-se ao primeiro sinal de instabilidade. A questão essencial é que esses recursos reproduzem-se sem lastro na riqueza real das nações, privam as economias de investimentos no desenvolvimento e são geradores de uma estabilidade falsa e uma real inflação. Os países ricos não parecem dispostos ou interessados em regular ou supervisionar este movimento frenético de capitais. Seria atribuição das instituições financeiras multilaterais, inclusive do Banco Mundial, um tipo de intervenção que corrija tamanhas distorções e previna tão graves ameaças.

Cabe ainda às ONGs continuar pressionando o Banco Mundial em dois sentidos: aprofundando as implicações conceituais e teóricas do conceito de desenvolvimento centrado no povo ou no ser humano; e definindo estratégias que façam com que a adoção desse conceito pelo Banco se traduza em medidas práticas de implementação no âmbito de políticas, programas e projetos de desenvolvimento, assim como no âmbito dos objetivos, estrutura interna e modos de relação no interior do próprio Banco. O movimento do Banco no sentido de buscar uma multiplicidade crescente de profissionais e de abordagens talvez ajude a criar um clima em que se reduza a influência do economicismo e do racionalismo que hoje predominam. É a delicada questão dos pressupostos e dos paradigmas, tão complexos de abordar e tão necessários de ser questionados permanentemente no trabalho por reformas das economias nacionais e mundial.

A delicada questão do financiamento das ONGs pelo Banco Mundial

Já faz alguns anos que as ONGs que colaboram em projetos financiados pelo Banco recebem recursos específicos, orientados para atividades de implementação ou de consultoria de diversos tipos. Em 1993 existiu um fundo de US$ 300 mil criado na administração do Banco para apoiar o trabalho de ONGs. Esse fundo, ligado à Diretoria de Assuntos Exteriores do Banco — portanto, vinculado ao trabalho do Banco sobre sua própria imagem junto ao público — se esgotou em poucos meses, devido à grande procura. Mais recentemente, o Banco estuda duas outras modalidades de financiamento para ONGs. Sem espaço para discutir mais minuciosamente este tema, menciono apenas que ainda são matéria de negociações entre as ONGs e o Banco:

- se este poderá canalizar fundos diretamente para organizações da sociedade, sem passar pelos governos (modalidades intermediárias, que exigem o aval do governo, têm sido experimentadas);
- que condicionalidades são aceitáveis para as ONGs;
- quais os riscos de que as ONGs aceitem do Banco recursos para fins institucionais, e não somente para intervenções circunscritas a projetos específicos.

O grupo de trabalho das ONGs sobre o Banco Mundial e o comitê ONGs-Banco Mundial

O Grupo de Trabalho de ONGs sobre o Banco Mundial (GTONG) surgiu em 1984, a partir da decisão das ONGs membros do Comitê ONGs-Banco Mundial (COBM) de terem um perfil próprio, com *status* autônomo e separado da estrutura conjunta com o Banco Mundial. Seus objetivos, contudo, ficaram vinculados aos do COBM, embora a diretriz de discutir as políticas do Banco tenha se tornado dominante.

Em 1987, o Comitê produziu um Documento de Consenso (ou "de Santo Domingo"), manifestando acordo sobre a necessidade de absorver conhecimento e experiência das ONGs e das organizações populares do hemisfério Sul. As partes concordaram também em que o Banco e as ONGs garantiriam que os representantes residentes nos países do Sul estivessem informados das iniciativas tomadas pelas ONGs do Sul e os convidariam a cooperar no estabelecimento de consultas sistemáticas. A participação no planejamento, implementação e/ou monitoramento de programas financiados pelo Banco que envolvem os pobres e se orientam para as suas necessidades tornou-se um tema consensual. Também, que o Comitê deveria servir de fórum para o diálogo sobre políticas do Banco e das ONGs. No entanto, o Banco não esperava que as ONGs se envolvessem em atividades advocatícias e questionadoras das políticas ou do paradigma de desenvolvimento do Banco. A literatura do Banco deu reduzida visibilidade ao papel do COBM como fonte de revisão e intercâmbio na área de políticas. O Banco desejava que o GTONG permanecesse um grupo consultivo, uma coleção de ONGs cooptadas ou conformadas com as diretrizes do Banco.

O Documento de Posição e a reação do Banco

Em 1989, o GTONG produziu um Documento de Posição, contendo uma análise das políticas do Banco, da relação entre as ONGs e o Banco, e propostas para reformas e mudanças naquelas políticas. O Documento sublinha que ele pretende ser "um esforço construtivo para gerar mudanças no Banco como instituição e também nas suas políticas, através do diálogo e da oportunidade de interação oferecidos pelos encontros do COBM. O Documento expressa a responsabilidade da comunidade de ONGs em colaborar para o "questionamento e a transformação das operações do Banco e instituições semelhantes", critica as políticas macroeconômicas e as intervenções de grande escala do Banco, e a natureza antidemocrática do processo de desenvolvimento promovido e apoiado pelo Banco. Conclama os povos do Sul a agirem criativamente segundo seus próprios interesses, dando ênfase a valores como autodependência, soberania popular, sustentabilidade e democracia participativa. Sublinha a eqüidade acima da eficiência, focaliza a atenção do leitor nos assuntos macroeconômicos e nas necessidades humanas básicas e postula a necessidade de intervenção do Estado para promover as prioridades do desenvolvimento humano, regular as forças do mercado onde necessário para evitar os oligopólios e outras manipulações, e para prover assistência aos segmentos mais pobres da sociedade. O Documento busca representar as visões da maioria das ONGs tanto no Sul como no Norte.

A reação do Banco foi de choque e ultraje. As ONGs membros do COBM acreditam que o pessoal do Banco não conseguiu tomar a sério as propostas das ONGs na área política, talvez porque lhe falte um conhecimento mais profundo da natureza das ONGs que são mais engajadas com os movimentos sociais e com o sofrimento dos setores mais empobrecidos. Estas ONGs desejam atacar os fatores determinantes do empobrecimento, em vez de lidar com a pobreza como se fosse uma maldição do destino. O Banco propôs que o GTONG fizesse mudanças no Documento. O GTONG decidiu que não seria apropriado mudar o Documento e propôs que o Banco produzisse um documento de resposta, que o GTONG tornaria público juntamente com o Documento de Posições.

O Departamento de Planejamento Estratégico e Revisão do Banco Mundial preparou a resposta, que foi apresentada no início de 1990. Apesar de alguns problemas analíticos, o Documento do GTONG pretendeu ser uma contribuição independente ao diálogo. O Documento de resposta, porém, adotou um tom acre. Embora ele questione com propriedade algumas incoerências do Documento do GTONG, ele está preso a uma abordagem claramente economicista, revelando uma atitude de arrogância e até desdém, pelos não-economistas ou pelos economistas que não têm um "estilo americano". Apesar das profundas diferenças de percepção entre o GTONG e o Banco Mundial, este intercâmbio serviu para consolidar o perfil do GTONG como uma entidade autônoma e marcou o começo de uma discussão mais profunda dentro do Comitê sobre política e conceitos de desenvolvimento.

Novo papel advocatício do GTONG

O Encontro do GTONG de 1991 em Saly, Senegal, gerou a primeira declaração de objetivos e programa de trabalho do Grupo. Reconhece que o GTONG estava "num processo de transição e renovação em direção a uma agenda de caráter mais advocatício, baseada nas idéias expressas no Documento de Posições e na sua experiência acumulada". A Declaração de Saly define para o GTONG o papel de agir como um canal, transmitindo informação e análise e oferecendo acesso às informações sobre o Banco Mundial; como advogado em favor dos setores necessitados nos âmbitos nacional e internacional, junto ao Banco Mundial e aos governos; e como garante, nos dois sentidos, de que todo o esforço será feito para que a experiência e informação das bases sociais seja efetivamente introduzida no Banco. A Declaração também insiste na necessidade de os membros do GTONG passarem de membros individuais a representantes de entidades ou de setores sociais.

No Encontro formaram-se subgrupos para trabalhar dois tópicos — ajuste estrutural e participação popular — a fim de dar continuidade às discussões políticas com o Banco de modo melhor estruturado. O subgrupo sobre participação popular ficou de colaborar teórica e praticamente com um processo de aprendizagem sobre participação estabelecido no interior do Banco e clarificar a definição e o conteúdo que o conceito tem na perspectiva das ONGs. Nesta área, o trabalho das ONGs no contexto do COBM sensibilizou o Banco ao ponto de este adotar a participação como uma prioridade crucial para o conjunto das políticas, programas e projetos do Banco. Interveio também no processo de elaboração do relatório final do processo de aprendizagem do Banco (Banco Mundial, 1994c),[10] oferecendo

---

10. Veja o Adendo elaborado pelas ONGs participantes do Seminário de conclusão do processo, realizado em Washington, em maio de 1994, em cuja elaboração o GTONG desempenhou um papel ativo.

comentários às versões preliminares e contribuindo para a elaboração de um documento propositivo das ONGs sobre participação popular, que foi publicado como Adendo ao documento oficial do Banco Mundial sobre participação.

Questionando o ajuste estrutural

O subgrupo sobre ajuste estrutural ficou responsável por produzir três estudos de caso, e os países escolhidos foram Sri Lanka, Senegal e México. Esses estudos foram apresentados e debatidos na Reunião Anual do Comitê ONGs-Banco Mundial em Washington, em outubro de 1993. Depois das apresentações em plenário, foram formados grupos de trabalho para discutir cada estudo. O maior desacordo ocorreu a respeito do estudo sobre o ajuste mexicano. Em 1994, Equipo Pueblo/México e o Grupo de Políticas Alternativas de Desenvolvimento (DGap/Washington), em colaboração com o GTONG, produziram uma publicação que resume o estudo e as conclusões do debate com o Banco (Equipo Pueblo; DGAP J GTONG, 1994).[11] A ênfase é nas perversas conseqüências sociais do ajuste e no caráter apenas compensatório dos programas sociais promovidos com apoio do Banco, mas já é possível perceber no estudo a antecipação do caráter insustentável do ajuste mexicano, de recorte fortemente neoliberal, apoiado num estado autoritário e altamente centralista. O GTONG planeja lançar ainda em 1995 um livro que resume os três estudos e termina com uma proposta de lineamentos para uma revisão pelo Banco da sua abordagem do ajuste estrutural.

Apoio crítico ao refinanciamento da ADI

O GTONG também realizou trabalhos sobre outros programas e políticas, como a ADI — Associação de Desenvolvimento Internacional. Sensível às posições dos seus membros da África, o continente mais vulnerável, o GTONG posicionou-se em 1992 em defesa do refinanciamento integral da ADI (o 10º), enquanto enfatizava que o progresso no sentido de reformas internas e externas do BIRD e da ADI tinha sido lento e

---

11. Cópias podem ser obtidas em inglês ou espanhol: Dgap - 927, 15th Street NW - Washington DC, EUA - fax (1 202 898 1612), correio eletrônico: dgap@igc.apc.org.

precisava ser intensificado. Por outro lado, as ONGs norte-americanas, que vinham fazendo uma campanha sistemática por reformas do BIRD e da ADI, inclusive junto ao Congresso norte-americano, se opunham ao refinanciamento da ADI, ou defendiam um apoio temporário e condicionado a progressos ao longo dos três anos em que os governos desembolsam as parcelas anuais à ADI. O diálogo entre o GTONG e as ONGs norte-americanas nesse momento levou a posições relativamente diversificadas mas de respeito e reforço mútuo. A ADI conseguiu o refinanciamento pleno e o Banco agradeceu publicamente às ONGs pela sua colaboração. Publicou, em seguida, um documento anunciando uma estratégia para mudanças internas no sentido da melhoria na implementação dos projetos. Em 1993, elaborou e lançou uma política menos secreta de acesso do público a informações e no ano seguinte criou o Painel de Inspeção, que pretende ser uma instância independente a que entidades civis ou pessoas possam recorrer quando considerem que projetos financiados pelo Banco estejam contrariando os termos do contrato ou os princípios do Banco. Todas estas inovações correspondiam de alguma forma a reivindicações ou focos de campanhas das ONGs.

Em 1995 foi iniciada a nova roda de negociações do Banco com os países doadores para o 11º refinanciamento da ADI. Mas neste meio tempo a conjuntura mudou bastante. Do espaço das ONGs emergiram novamente as duas posições — apoio qualificado e oposição ao refinanciamento. O GTONG iniciou reuniões por região e, entre janeiro e abril, realizou encontros em Adis Abeba, Nova Delhi e Bogotá. Cada uma produziu uma série de recomendações ao Banco, focalizando a ADI, a política do Banco de redução da pobreza, a necessidade de profundas mudanças nas políticas de ajuste e de tratamento da dívida externa dos países mais endividados, inclusive da dívida multilateral. No entanto, outra tendência de oposição ao pleno refinanciamento da ADI se configurou no seio do novo Congresso, predominantemente republicano, dos EUA. Existe neste momento a forte ameaça de que os recursos esperados dos EUA para a ADI sejam reduzidos drasticamente e, em consequência, outros países industrializados venham a seguir a sua trilha neoconservadora em relação à política de ajuda.

Por uma estratégia de erradicação da pobreza

Surpreendentemente, 1994 — o ano de comemoração do 50º aniversário de Bretton Woods — marcou um declínio da eficácia do GTONG. Seu plano de trabalho incluía a produção de um documento que discutisse a política do Banco de alívio à pobreza; sua apresentação em seminário do Banco Mundial e do FMI e no Fórum de ONGs, ambos em Madri; e sua discussão com o Banco na reunião anual do COBM. O GTONG atrasou a produção do documento final e não o apresentou em Madri. O Banco não convidou o GTONG para o seminário comemorativo dos cinqüenta anos, e preferiu dar a palavra a uma ONG colaborativa e não advocatícia (BRAC, de Bangladesh). Além disso, o GTONG acabou substituindo o documento produzido ao longo de meses por outro, que apresentou improvisadamente e ainda em rascunho na reunião do COBM.[12] Classificando o último de documento oficial e o primeiro de documento de trabalho, omitiu-se de investir na divulgação dos documentos dentro do Banco ou junto à opinião pública internacional.

A recomendação central do documento oficial é de que o Banco Mundial, reconhecendo o fracasso do mercado em resolver inúmeros problemas, entre os quais o da pobreza, concentre sua atividade precisamente nos setores em que o mercado provou ser ineficaz. O documento de trabalho contém dez recomendações. Seu principal argumento é que, apesar de a ênfase do Banco no alívio à pobreza ser um passo importante para o atendimento às necessidades prementes dos setores mais carentes, ela tem um caráter puramente tático e remedial. Sem que o Banco analise em profundidade os fatores de descapitalização e empobrecimento dos setores laborais ou excluídos e dos países em desenvolvimento, e sobre esta base defina uma estratégia para a erradicação da pobreza, sua intervenção será sempre paliativa e, a médio prazo, ineficaz.

Num esforço para tornar mais eficaz a sua ação, o GTONG decidiu finalmente estabelecer, a partir de 1995, reuniões por região do hemisfério Sul no primeiro semestre de cada ano. Isto traz diversas vantagens, como a de mobilizar os membros do Sul para uma presença mais ativa no GTONG, estimular a relação destes com seus respectivos governos e os escritórios dos representantes do Banco nos seus países, servir de catalisador para a criação de redes nacionais e regionais de ONGs e organizações populares sobre políticas e projetos do Banco Mundial e, muito importante, transferir para as regiões o poder de indicar seus representantes para as eleições do GTONG. Os resultados, a mobilização alcançada e as recomendações saídas das primeiras reuniões são promissores.

---

12. O documento oficial chama-se "The World Bank — The Next 50 Years: A Civil Society Perspective" e o documento de trabalho ganhou o título de "O desafio da erradicação da pobreza".

Conclusão

Resumindo, o Banco Mundial é uma instituição paradoxal. Seus recursos, a natureza dos seus objetivos e o alcance da sua ação são de caráter essencialmente público, mas sua prática é predominantemente a de um grande banco comercial privado. Sua lealdade nominal é ao conjunto dos países-membros, mas em termos reais o Banco é sempre presidido por um norte-americano e suas políticas coincidem principalmente com os interesses dos governos e das elites do mundo industrializado, sobretudo dos EUA. Conforme convenha, o Banco pode atribuir a si ou aos governos nacionais a responsabilidade do sucesso ou do fracasso dos programas e projetos que ajuda a planejar e financia. O Banco existe para desempenhar o papel de instituição financeira voltada para o desenvolvimento, mas ao longo do tempo atribui-se outros papéis, dos quais o mais vigoroso atualmente é o de mentor das políticas macrossocioeconômicas dos países tomadores dos seus empréstimos.

Em anos recentes, o Banco não só aproximou-se mais das ONGs e abriu-se ao diálogo com elas, como também cooptou e deu conotação própria a várias expressões e demandas que eram características da linguagem das ONGs e dos movimentos sociais (combate à pobreza, desenvolvimento justo e sustentável, propriedade social de programas e projetos de desenvolvimento, participação popular, entre outros). Isto tem gerado riscos, mas também oportunidades, que as ONGs devem desvelar e aproveitar, questionando o conteúdo e os pressupostos que o Banco atribui a esses conceitos e postulando outros, fundados nos interesses das maiorias. Sobretudo, o Banco se apresenta como ponta-de-lança do progresso e da modernidade, mas seu fundamento teórico ainda é essencialmente neoclássico e seu desempenho é profundamente inadequado para responder aos desafios geo-socioeconômicos, geopolíticos e ambientais deste fim de século.

A ação das ONGs para influir na prática e contribuir para a transformação do Banco Mundial deve estar intimamente articulada ao esforço pela edificação de processos alternativos de desenvolvimento nos âmbitos local, nacional e global. O desafio ante a ideologia dominante é mostrar que o sistema centrado no capital e no mercado não é o mais eficaz nem é o único possível. A ação das ONGs deve desenvolver-se sincronicamente no plano tático e no estratégico, atendendo simultaneamente a diversas frentes:

- Primordialmente, atuando junto ao Executivo e Legislativo dos seus respectivos governos, a fim de abrir instâncias de diálogo e de influência da sociedade na política financeira externa dos seus países e na ação dos representantes destes no Conselho Diretor do Banco Mundial.

- Junto ao Banco, buscando abrir áreas de interação em todos os planos com os seus representantes e funcionários; debatendo com eles as políticas nacionais e setoriais que trazem ao governo enquanto assessores técnicos e financiadores; questionando a propriedade de cada empréstimo à luz dos custos e benefícios que possam acarretar, inclusive do endividamento do país; acompanhando criticamente os programas e, pelo menos, alguns projetos financiados pelo Banco, conscientes dos riscos e alertas para as oportunidades de cada interação; pressionando por mudanças no plano institucional, por crescente coerência entre o discurso e a prática, e pela crescente democratização das decisões e transparência nas informações e na prestação de contas.
- Além disso, as ONGs precisam aprofundar seus laços com os movimentos e organizações representativas da sociedade, consolidar a colaboração Sul-Sul e Sul-Norte, seja em forma de redes, de pressões articuladas junto aos governos e ao Banco, seja em forma de campanhas junto à imprensa e à opinião pública.

Referências bibliográficas

ARRUDA, Marcos. (1993a). *NGOs and the World Bank: possibilities and limits of colaboration.* Genebra, GT de ONGs sobre o Banco Mundial.

_____. (1993b). *Structural adjustment*: a construtive overview from the perspective of civil society. GTONG.

BANCO MUNDIAL. (1995). *Prioridades y estrategias para la educación.* Versão preliminar, mai.

_____. (1994a). *Cooperation between the World Bank and NGOs*: 1993 Progress Report. Washington.

_____. (1994b). *Portfolio management: next steps* — a program of actions. Washington, OPR.

_____. (1994c). *The World Bank and participation.* Washington.

_____. (1993a). *Relatório anual.* Washington.

_____. (1993b). *Getting results.* Washington.

_____. (1992). *Effective implementation: key to development impact*: report of the World Bank's portfolio management task force (Relatório Wapenhans).

_____. (1989). *Operational Directive 14.70*: Involving NGOs in bank-supported activities. Washington.

CAMPODONICO, Humberto. (1992). Elementos para el análisis del programa del ajuste estructural en el Peru. *Pretextos*, n. 3-4. Lima, dez.

CORAGGIO, José Luis. (1994). Economía y educación en América Latina: notas para una agenda de los 90. *Papeles del CEAAL*, n. 4. Santiago.

_____. (1993). *Desarrollo humano, economía popular y educación*: el papel de las ONGs latinoamericanas en la iniciativa de educación. Nova York.

EQUIPO PUEBLO; DEVELOPMENT GAP e GTONG. (1994). *The polarization of mexican society*: a grassroots view of World Bank economic adjustment policies. Cidade do México; Washington.

EUROSTEP. (1993). *Africa, make or break*: action of recovery. Bruxelas.

GEORGE, Susan. (1995). Le danger d'une chaos financier géneralisé. *Le Monde Diplomatique*. Paris, jul.

GTONG. (1993a). *Structural adjustment in Sri Lanka*: a grassroots perspective. Colombo.

_____. (1993b). *Structural adjustment in Senegal*: a grassroots perspective. Dakar.

_____. (1993c). *Structural adjustment in Mexico: a grassroots perspective*. Cidade do México.

HANSEN-KUHN, Karen. (1993). *Structural adjustment in Central America*: the case of Costa Rica. Washington, The Development Gap.

HENDERSON, Hazel (1991). *Paradigms in progress*: life beyond economics. Indianapolis, Knowledge Systems.

MALENA, Carmen. (1995). *Working with NGOs*: a practical guide to operational collaboration between the World Bank and non-governmental organizations. Washington, OPRPG/Banco Mundial.

MEDELLÍN, Rodrigo. (1993). *Que pasa en México a finales de sexenio?*: un ensayo — ilustrado — de entender el liberalismo stalinista. Cidade do México, ANADEGES.

OXFAM UK/I. (1995a). *Structural adjustment and inequality in Latin America*: how IMF and World Bank policies have failed the poor. Oxford.

OXFAM UK/I. (1995b). *Economic reform and inequality in Latin America.* Oxford.

PNUD. (1992). *Human Development Report.* Nova York, ONU.

PIRG. (1994). *The World Bank and India.* Nova Delhi.

POLANYI, Karl. (1963). *La grand transformation.* Paris, Gallimard.

THE DEVELOPMENT GAP. (1993). *The other side of the story*: the real impact of World Bank and IMF structural adjustment programs. Washington.

TNI/IPS. (1994). *Beyond Bretton Woods*: alternatives to the global economic order. Londres, Pluto Press.

WOODROFFE, Jessica. (1993). *Electricity in ten years' time, or survival now?*: Zimbabwe's structural adjustment programme. Christian Aid.

WOODWARD, David. (1992). *Debt, adjustment and poverty in developing countries.* Londres, Save The Children.

Capítulo III

Propostas do Banco Mundial para a educação: sentido oculto ou problemas de concepção?

José Luis Coraggio
Tradução de Mônica Corullón

Introdução

O Banco Mundial está fortemente comprometido em sustentar o apoio à Educação. Entretanto, embora financie na atualidade aproximadamente uma quarta parte da ajuda para a educação, seus esforços representam somente cerca de meio por cento do total das despesas com educação nos países em desenvolvimento. Por isso, a *contribuição mais importante do Banco Mundial deve ser seu trabalho de assessoria*, concebido para ajudar os governos a desenvolver políticas educativas adequadas às especificidades de seus países. O financiamento do Banco, em geral, será delineado com vistas a influir sobre as mudanças nas despesas e nas políticas das autoridades nacionais. (Banco Mundial, 1995: xxiii, *grifo nosso*).

Em muitos países o Banco é a principal fonte de assessoramento da política educativa, e outras agências seguem cada vez mais sua liderança... (Haddad et al., 1990: 37).

Se o que o Banco Mundial oferece são principalmente idéias, e estas idéias vão contribuir para dar forma a políticas estratégicas, que preparam nossas sociedades para um futuro sobre o qual somente podem ser feitas conjecturas, é preciso analisar em detalhe como essas idéias são produzidas e qual a sua validade, assim como analisar as condições e as conseqüências dos empréstimos concedidos.

Este trabalho trata, portanto, das idéias que fundamentam as políticas educativas.[1] Tentamos delinear algumas hipóteses que, sem pretender dar respostas definitivas, alimentem a reflexão coletiva e permitam conhecer e compreender como são geradas estas políticas, quais os seus efeitos e, se tais efeitos não são satisfatórios, oferecer alternativas efetivas.

É comum ouvir que o Banco Mundial vem impondo políticas homogêneas para a educação, não apenas na região, mas em todo o mundo. Esta tese é plausível: as declarações do próprio Banco Mundial, a simultaneidade com que vêm sendo empreendidas as reformas educativas nos distintos países e a homogeneidade discursiva que as envolve parecem confirmá-la. Ao mesmo tempo, porém, há sinais de que outros atores também estão operando ativamente e são co-responsáveis pelo resultado.

Sem admitir a eficácia dos atores locais, não se poderia explicar por que, no Equador, a reforma educativa e a política de melhoria da qualidade da educação, financiadas pelo Banco Mundial, não incluem a educação indígena bilíngüe enquanto na Bolívia ela foi considerada um componente central da reforma educativa também financiada pelo Banco. Nem sequer se poderia explicar por que o Banco Mundial concordou em financiar um investimento significativo na modernização universitária argentina, enquanto seus principais porta-vozes usualmente insistem na conveniência de reduzir o investimento público na educação superior. Tampouco se explicaria por que em alguns países os empréstimos do Banco Mundial priorizam o investimento em livros didáticos e minimizam aqueles realizados em infra-estrutura, ao passo que, em outros, continuam atribuindo prioridade à construção de edifícios em detrimento da melhoria das condições que afetam diretamente a qualidade do ensino.

Não dispomos ainda de um conhecimento sistemático sobre como se concretiza nos diversos países a relação entre o Banco Mundial (seus pesquisadores em Washington, seus agentes e negociadores locais, seus consultores, seus vários departamentos e objetivos etc.), as diferentes instâncias de governo e os diversos setores da sociedade civil (os sindicatos de professores, as associações estudantis, as universidades, as associações corporativas em geral, as ONGs etc.). Sem dúvida, o simples fato de admitirmos a necessidade desse conhecimento implica a disposição de romper com os clichês usuais que atribuem a um supostamente monolítico Banco Mundial a responsabilidade exclusiva pelas políticas nacionais de educação.

---

1. Não vamos entrar aqui nos aspectos propriamente pedagógicos das políticas. Sobre o tema veja Torres (1993; cap. IV do presente livro, 1996).

É urgente saber quais os limites e as possibilidades ainda inexploradas dessa relação entre o Banco Mundial, os governos e as sociedades da América Latina, porque dela continuarão decorrendo as políticas educativas capazes de promover ou bloquear o desenvolvimento sustentável de nossas sociedades. Até porque aqueles que venham a formular alternativas deverão construir sua própria viabilidade técnica, social e política no seio desse mesmo espaço de relações.

Na primeira parte deste trabalho, apresentamos alguns traços do contexto econômico global indispensáveis para elaborar os possíveis sentidos das novas políticas sociais, nos marcos da reforma do Estado e do predomínio do mercado. Argumentamos que o Banco Mundial propõe aliviar a pobreza por meio de medidas que, se forem efetivamente implementadas, contradizem seu objetivo de minimizar o gasto público. Neste contexto, questionamos a tão pretendida eficiência da focalização na pobreza e sustentamos a necessidade de outro enfoque do desenvolvimento.

Na segunda parte, analisamos os fundamentos teóricos e empíricos das propostas do Banco Mundial para a educação. Argumentamos que, aos problemas intrínsecos do modelo econômico neoclássico, somam-se deficiências metodológicas em sua aplicação, das quais os próprios técnicos do Banco estão conscientes. Acrescentamos que, inexplicavelmente, age-se como se as propostas estivessem satisfatoriamente sustentadas. Finalmente, mostramos que existem vieses não explicáveis na interpretação dos resultados que as próprias pesquisas do Banco Mundial revelam, especialmente no que diz respeito ao caso do "Milagre do Leste Asiático".

O contexto das políticas educativas: globalização e sentido da política social

Possíveis sentidos da política social

O sentido objetivo das novas políticas sociais, para além das suas verdadeiras intenções ou do seu marketing, pode ser interpretado de três formas principais:
1. As políticas sociais estão orientadas para *dar continuidade* ao processo de desenvolvimento humano que ocorreu apesar da falência do processo de industrialização e desenvolvimento econômico. Sua bandeira é investir os recursos públicos "nas pessoas", garantindo

que todos tenham acesso a um mínimo de educação, saúde, alimentação, saneamento e habitação, bem como às condições para aumentar a expectativa de vida e para alcançar uma distribuição mais eqüitativa das oportunidades. Estas políticas não incluem uma definição sobre como conseguir que o "capital humano" seja algo mais do que um recurso de baixo custo para o capital, e de fato promovem a eqüidade à custa do empobrecimento dos setores médios urbanos, sem afetar as camadas de alta renda.

2. As políticas sociais — seja por razões de eqüidade ou de cálculo político — estão direcionadas para *compensar* conjunturalmente os efeitos da revolução tecnológica e econômica que caracteriza a globalização. Elas são o complemento necessário para garantir a continuidade da política de ajuste estrutural, delineada para liberar as forças do mercado e acabar com a cultura de direitos universais (*entitlements*) a bens e serviços básicos garantidos pelo Estado. Quando as tendências regressivas do mercado não se revertem, estas políticas, concebidas como intervenções conjunturais eficientes, convertem-se em políticas estruturais ineficientes, modificando a relação entre a política, a economia e a sociedade, e fomentando o clientelismo político. Inicialmente planejadas para atender aos grupos sociais afetados pela transição, são agora focalizadas nos mais pobres. De fato, a regulação política dos serviços básicos subsiste, mas a luta democrática pela cidadania esmorece diante da mercantilização da política.

3. As políticas sociais são elaboradas para *instrumentalizar* a política econômica, mais do que para continuá-la ou compensá-la. São o "Cavalo de Tróia" do mercado e do ajuste econômico no mundo da política e da solidariedade social. Seu principal objetivo é a reestruturação do governo, descentralizando-o ao mesmo tempo em que o reduz, deixando nas mãos da sociedade civil competitiva a alocação de recursos, sem mediação estatal. Outro efeito importante é introjetar nas funções públicas os valores e critérios do mercado (a eficiência como critério básico, todos devem pagar pelo que recebem, os órgãos descentralizados devem concorrer pelos recursos públicos com base na eficiência da prestação de serviços segundo indicadores uniformes etc.), deixando como único resíduo da solidariedade a beneficência pública (redes de seguro social) e preferencialmente privada, para os miseráveis. Em conseqüência, a ela-

boração das políticas setoriais fica subordinada às políticas de ajuste estrutural, e freqüentemente entra em contradição com os objetivos declarados.

Esses três sentidos estão presentes, entrelaçam-se e com freqüência se confundem no campo da ação, no discurso técnico e no senso comum dos agentes educativos. Nesse complexo terreno devemos lutar para construir um sentido avançado para as políticas públicas. Essa procura coletiva torna-se mais fácil se compreendermos que a realidade da política social não está isenta de contradições e nem é a simples expressão da vontade do mais poderoso, mas algo emergente no qual podem incidir a crítica do discurso dominante e a proposição de alternativas para a sociedade em seu conjunto. As políticas sociais atuais são, portanto, o resultado não apenas da avassaladora iniciativa das forças inspiradas pelo novo conservadorismo de direita, como também da ausência de iniciativa e do comportamento defensivo das outras forças sociais e políticas, o que nos torna responsáveis por avançar além da denúncia estigmatizadora ou da crítica ideológica.

Políticas sociais no contexto do mercado global

Os países da América Latina passam por um longo período de transição marcado pela crise do modelo de industrialização e pela perda de importância dos atores nacionais que impulsionavam aquele modelo. A conjuntura está determinada por um processo global de reforma do Estado e de suas relações com a sociedade e a economia, direcionado a instaurar o mercado mundial como mecanismo principal de alocação de recursos entre os países e dentro deles.

Algumas conseqüências desse processo já são evidentes: a autonomização e a vertiginosa mobilidade do capital financeiro, a polarização social, tanto nos países do Sul quanto nos do Norte[2], e o crescente fosso entre Norte e Sul. Entretanto, este é um processo desigual. Enquanto grande parte das camadas médias empobrecem, alguns setores médios se enriquecem. Da mesma forma, alguns países com menor índice de desenvolvimento avançaram na escala do crescimento econômico.[3] Contraditoriamente, embora

---

2. Veja CEPAL (1993; 1992); CEPAL, PNUD (1990). Para o caso dos Estados Unidos, veja Bartlett e Steele (1992).

3. Veja Banco Mundial (1993).

a tendência média seja negativa, este resultado desigual abre a possibilidade de que indivíduos, setores sociais, ou países adotem medidas para escapar à degradação geral e, inclusive, alcançar um maior desenvolvimento.

A idéia do êxito, para indivíduos, setores sociais e países, não supõe a cooperação ou a solidariedade, mas o triunfo na competição com os outros. Ser competitivo significa ter a capacidade de passar pelas provas que o mercado impõe, respondendo rápida e eficientemente às suas mudanças. Em escala nacional, advertidos do perigo de instaurar apenas uma competitividade perversa de curto prazo, baseada na degradação do valor do trabalho, do meio ambiente e da qualidade de vida, especifica-se que a competitividade deve ser "autêntica", sustentável e baseada em investimentos em capital humano.[4]

Haveria, pois, margem para uma ação voluntária e racional, e aqueles que vierem a adotar as políticas corretas em tempo terão melhores possibilidades de passar no exame das forças supostamente naturais e involuntárias do mercado. Recomenda-se ser realista, adaptar-se à natureza das coisas, para sobreviver e eventualmente prosperar. De acordo com este senso comum que dá legitimidade à revolução neoliberal, quaisquer tentativas de contrapor movimentos políticos ou sociais à força arrasadora do mercado trariam resultados comparáveis aos da atual crise do México ou às recentes crises monetárias na Europa.

Seguindo esse raciocínio, para competir, um país deve atrair capitais que invistam na produção de bens e serviços exportáveis, com alta produtividade, qualidade e flexibilidade, para o qual recomenda-se atender aos seguintes pré-requisitos:

- uma oferta de força de trabalho social e tecnicamente flexível;
- um eficiente complexo de serviços para a produção, integrado ao sistema global de redes de comunicação e transporte, de informação e financeiras;
- redução de custos diretos, principalmente salários e serviços na produção;
- redução de custos indiretos, principalmente as cargas fiscais usualmente necessárias para cobrir funções de um Estado ineficiente e/ou sobrecarregado de compromissos sociais;

---

4. Veja CEPAL (1990); CEPAL, UNESCO (1992).

- proteção dos direitos à propriedade e ao lucro privados, não apenas mediante leis de proteção às patentes, como também minimizando a probabilidade tanto da conflagração de graves crises sociais ou econômicas, como de intervenções arbitrárias do poder político na economia.
- demonstração de vontade política de manter a estabilidade macroeconômica de modo que permita o cálculo econômico das alternativas de investimentos.

Na América Latina, a tentativa de se conseguir a competitividade por este caminho está promovendo uma revolução cultural e institucional que inclui, entre outras regras do "bom governante", as seguintes:

- desregulamentar a economia, minimizando as barreiras ao comércio e livre fluxo de capitais;
- reduzir ao máximo os direitos (*entitlements*) não vinculados à competitividade, com exceção dos programas destinados aos setores em extrema pobreza e o estabelecimento de uma "rede de segurança" para situações conjunturais de necessidade;[5]
- sanear as finanças públicas, privatizando toda atividade que possa se desenvolver como negócio privado, reduzindo o gasto social ao mínimo necessário para garantir o acesso dos setores mais pobres a pacotes de serviços básicos (água, saneamento, saúde e educação fundamentais), aplicando a recuperação de custos pelos serviços a todos os usuários que possam pagar em dinheiro ou em trabalho;
- descentralizar o estado nacional, transferindo as responsabilidades sociais às instâncias de governo e às comunidades locais;
- investir, em conjunto com o capital privado, em uma plataforma de infra-estrutura produtiva que apóie o setor moderno-exportador;
- dar seguimento a uma política macroeconômica que mantenha a estabilidade monetária sem contrariar as tendências do mercado, e que garanta tanto o pagamento dos juros da dívida externa como o livre movimento do capital e seus lucros.

---

5. Esta agenda pode tornar-se, em alguns momentos, contraditória. Assim, enquanto o capital a princípio requer baixos salários e custos derivados do seguro social, os governos de países do Norte podem pressionar para que se nivelem os custos salariais, evitando o que consideram uma "concorrência desleal" dos governos do Sul.

Essas recomendações nos são apresentadas como uma receita técnica diante de uma situação objetiva inevitável. Mas a tecnificação e a despolitização da economia sugeridas são apenas aparentes.

De um lado, as reformas institucionais são impostas politicamente por elites nacionais e internacionais, por meio de um discurso teórico-ideológico que as apresentam como a única possibilidade real de alcançar o crescimento econômico e a estabilidade sociopolítica, quando não simplesmente para sobreviver.

Por outro lado, o mercado real está longe da utopia neoliberal, segundo a qual o livre mercado possui mecanismos de auto-regulação, mediante os quais a procura competitiva do benefício privado leva a um estado social perfeito. Argumenta-se que os preços mundiais devem estar livres de intervenção política estatal (desregulamentação) para guiar corretamente as decisões econômicas privadas e colocar à prova sua eficiência em benefício de todos. Entretanto, os governos com força política no cenário mundial continuam exercendo seu poder para influir sobre os mercados e os níveis de centralização do poder econômico, e do capital financeiro em particular, alcançaram patamares extraordinários, distanciando-os cada vez mais dos pressupostos da concorrência perfeita.

Por fim, e apesar dos claros indicadores do fracasso de suas propostas e assessorias anteriores (como a dívida externa, convertida em hipoteca eterna dessas sociedades), alguns organismos multilaterais aumentaram sua capacidade de influir sobre os governos nacionais de países em desenvolvimento.

> O poder dos organismos multilaterais sobre os governos dos países em desenvolvimento é exercido menos por seu aporte financeiro (salvo possíveis lucros espúrios dos intermediários); o fator decisivo é a sua capacidade de interferir nas relações econômicas internacionais (por exemplo, vinculando o acesso ao mercado de capitais com a assinatura de acordos prévios com o FMI ou o Banco Mundial, que impõem sua política econômica e os parâmetros da relação Estado/sociedade: equilíbrio fiscal, desregulamentação, privatização, descentralização). Os governos que controlam esses organismos obtêm um grande poder (*leverage*) com custos muito baixos, a tal ponto que, nos Estados Unidos, por exemplo, se discute a conveniência de repassar recursos da ajuda externa (mais diretamente sujeitos ao manejo político) para os organismos multilaterais que esse país controla. Emprestando (cada vez mais sob a forma de créditos reembolsáveis com taxas de juros flutuantes) menos de 5% dos orçamentos dos países, pode-se manipular suas políticas por controle remoto. Mas, para comandar esses 5% que reorientam o total do orçamento público, é necessário apenas subscrever e pagar efetivamente uma proporção muitas vezes menor como parte do capital (no caso do Banco Mundial, a proporção entre os recursos emprestados e os que são orientados pode chegar a ser de mil vezes!). Mas essa capacidade institucionalizada

dos governos dos países industrializados para influir politicamente nas relações econômicas globais — apresentada como sendo sua responsabilidade para manter a ordem econômica mundial — não é ainda suficiente.

Esta influência manifesta-se dramaticamente quando se apela ao bloqueio econômico, um recurso também político que, apesar do fim da Guerra Fria, está sendo utilizado com freqüência. Desvendar o jogo destas pressões políticas externas não é uma tarefa simples, já que aqui intervêm desde conglomerados econômicos até ONGs ecologistas e movimentos de defesa dos direitos humanos. Exemplos recentes referem-se ao direito de patentes, à redução do protecionismo nacional para determinadas áreas da indústria, à conservação de certas espécies animais ou vegetais, ao cumprimento de certas normas da OIT relativas às relações de trabalho ou, de modo geral, certos direitos humanos, à adoção de determinadas instituições políticas ou ao cumprimento de tratados ou resoluções da ONU, isso tudo aplicado seletivamente e freqüentemente com padrões duplos (Coraggio, 1994a).

Por tudo isso, nem os preços de mercado são o resultado de um simples mecanismo de concorrência perfeita, nem as sugestões para reorientar as políticas públicas são conseqüência de um diálogo desinteressado que procura as melhores respostas técnicas para objetivos transcendentes e compartilhados. Assim como seria pouco esclarecedor pensar que tudo é produto de uma conspiração, também seria ingênuo ignorar a existência de forças organizadas e projetos de dominação, reforçados na medida em que são aceitos passivamente como algo natural.

Este não é, porém, um problema "externo" às nossas sociedades. De fato, é comum na região um estilo elitista de gestão pública. É típico que a *intelligentsia* governamental faça acordos de cúpula com as agências internacionais ou com representantes dos governos dos países desenvolvidos e realize um trabalho especial para legitimar *ex post facto* esses acordos. Paradoxalmente, parte dessa legitimação pode consistir em promover a idéia de que os aspectos socialmente negativos das políticas públicas lhes são impingidos do exterior, minimizando assim a responsabilidade de seus agentes nacionais. Assim, o FMI ou o Banco Mundial transformam-se no "inimigo" dos setores mais afetados pelas reformas econômicas.

Acreditando que o Estado é ineficaz e que são fatores externos ou naturais os que determinam a situação de crise social, as maiorias nacionais renunciam à possibilidade de controlar o mercado e de defender suas posições econômicas através do sistema político. Por isso, na ausência de uma resistência exercida pelas maiorias, os preços e as políticas refletem a correlação desfavorável de forças no cenário mundial. É fundamental lembrar que as mesmas instâncias com capacidade para influir no curso dos acontecimentos, tanto os organismos de Bretton Woods como os governos das principais economias do Norte, encontram-se cada vez mais limitadas pela força do capital financeiro, que representa a forma mais aberta do poder estrutural do capital mundial.

Cabe perguntar-se se surgirão causas opostas, pelas quais essas forças poderão tornar-se, em algum momento, favoráveis ao desenvolvimento humano ou à efetiva democratização, e não à reprodução ampliada de semelhantes ou equivalentes configurações de poder.

Limites à globalização e propostas do Banco Mundial para superá-los

Como em toda época de transição, faltam dados para explicar e prever com um mínimo de confiabilidade o movimento do conjunto da economia, da sociedade e da política. Esse vazio de certezas vai sendo preenchido por hipóteses mais ou menos apoiadas em algumas teorias muito genéricas ou na extrapolação de tendências empíricas registradas.

Por exemplo, geralmente se aceita a hipótese de que o resultado previsível desse jogo livre de forças seria a exclusão de grandes massas da população dos benefícios do desenvolvimento tecnológico que essas mesmas forças impulsionam aceleradamente (Banco Mundial, 1990).

Embora pareça que o *modelo informacional de desenvolvimento*[6] não precisará por muito tempo opor-se — por razões econômicas — a essas tendências intrínsecas à polarização e à exclusão social,[7] dois limites provenientes de esferas não necessariamente econômicas podem interpor-se à sua dinâmica:

1. *os desequilíbrios ecológicos*, desencadeados na transição entre os modelos industrialista e informacional de desenvolvimento, que podem colocar em risco não somente a sustentação da economia mundial como também a da própria espécie humana;

---

6. Manuel Castells chama assim o novo modo de organização sócio-técnica do desenvolvimento. Veja Castells (1989).

7. O modelo industrial de desenvolvimento nacional abrigava a contradição de requerer, por sua própria dinâmica econômica, uma ampliação do mercado interno, o que possibilitava alianças e intervenções extra-econômicas sobre políticas redistributivas. Em um mercado global, o próprio conceito de mercado interno perde sentido e possibilidades e, com o amplo mercado aberto pelas economias em transição do socialismo, ainda não se prevê a necessidade econômica de integrar os excluídos.

2. *a intensificação dos desequilíbrios sociais*, que corroem a estabilidade política necessária para que a nova economia se consolide em escala global.

A respeito do segundo tópico, o Banco Interamericano de Desenvolvimento realizou recentemente um evento, em que se revelou com total transparência o aspecto sociopolítico da competitividade sustentável:

> As formas predatórias de exploração econômica são cada dia menos viáveis. Na ausência de uma norma básica de eqüidade, o tecido social se ressente e a intolerância política prospera, gerando um clima adverso ao investimento.
>
> Em cenários pouco eqüitativos e com baixas expectativas existem grandes possibilidades de que as pressões sociais se tornem intoleráveis e forcem a utilização de alta densidade de intervenções e regulamentações para restabelecer o equilíbrio, gerando situações e ambientes de instabilidade e de desconfiança pública. Deste ponto de vista, a eqüidade do sistema sociopolítico condiciona indiretamente a eficiência dos mercados.
>
> Ou seja, a própria lógica de uma economia aberta sugere que a reforma social, assim concebida, é antes uma condição essencial da eficiência e viabilidade da economia que uma conseqüência da mesma (BID, PNUD, 1993).

Esta posição, que parece surgir para enfrentar as modalidades mais economicistas do ajuste estrutural, encontra ressonância no discurso do Banco Mundial que, a partir de 1990, tem declarado como seu principal objetivo o "ataque à pobreza", embora o apresente essencialmente como uma questão de eqüidade. Além disso, embora o Banco Mundial sustente oficialmente que "o marco de instituições políticas e econômicas é importante porque as políticas para reduzir a pobreza implicam em um *trade-off*", postula-se que o referido *trade-off* não é principalmente entre crescimento e redução da pobreza mas, "especialmente a curto prazo, entre os interesses dos pobres e os dos não-pobres". Por isso, afirma que sua estratégia "é mais fácil de ser adotada nos países em que os pobres participam da tomada de decisões políticas e econômicas"! (Banco Mundial, 1990: 3).[8]

Segundo o Banco, sua estratégia tem dois componentes:

1. promover o uso produtivo do recurso mais abundante dos pobres — o trabalho —, mediante um "eficiente-crescimento do trabalho intensivo, baseado em adequados incentivos de mercado, infra-estrutura física, instituições e inovação tecnológica", e

---

8. Afirma inclusive que: "Quando for possível fazê-la, a redistribuição de terras deve ser firmemente apoiada. Mas os obstáculos políticos a tais reformas são grandes".

2. fornecer aos pobres os serviços sociais básicos, em especial saúde primária, planejamento familiar, nutrição e *educação primária* (Idem: 138).

A isso agregam-se transferências aos absolutamente inalcançáveis por esse tipo de crescimento (os miseráveis, os doentes e os idosos) e à já mencionada rede de segurança para os grupos mais vulneráveis aos "impactos que reduzem a renda". É importante destacar que, nesta visão, o Banco considera "o investimento em educação como a melhor forma de aumentar os recursos dos pobres". (Idem: 3).[9]

Esta proposta estratégica para atacar a pobreza explicaria por que o Banco Mundial, que tradicionalmente direcionou investimentos para a infra-estrutura e o crescimento econômico, aparece cada vez mais como uma agência propulsora do investimento em setores sociais e na reforma do conjunto das políticas sociais. Trata-se de prevenir situações politicamente críticas — tanto nas dezessete mega-cidades do mundo em desenvolvimento como em suas regiões rurais superpovoadas — que poderiam colocar em risco a sustentação política do ajuste estrutural, visto pelo Banco Mundial, pelo Fundo Monetário Internacional e pelos Bancos de Desenvolvimento em geral como o caminho para retomar o crescimento econômico em escala global?[10]

Como alcançar um crescimento baseado em tecnologias de trabalho intensivo quando o modelo informacional de desenvolvimento é justamente um grande eliminador de força de trabalho? Em todo caso, fazê-lo por meio de "apropriados incentivos de mercado" não pode significar senão uma queda acentuada dos salários e de seus custos indiretos.

Como atender a esta explosiva situação social e ao mesmo tempo reduzir o gasto social do Estado? É necessário não somente utilizar de modo mais eficiente os escassos recursos que o ajuste deixa para a política social, concentrando-os nos mais pobres, mas também extraí-los dos não

---

9. "Para nós, não há maior prioridade na América Latina do que a educação. Entre 1987 e 1992, nosso programa anual de empréstimos para a educação na América Latina e o Caribe aumentou de 85 para 780 milhões de dólares, e antecipamos outro aumento para 1000 milhões em 1994". (Apresentação de Mr. Shahid Husain, vice-presidente do Banco Mundial para a América Latina e o Caribe, na Quinta Reunião do Comitê Regional Intergovernamental do Projeto Principal de Educação para a América Latina e o Caribe, realizada em Santiago do Chile entre 8 e 11 de junho de 1993).

10. Em outro documento do próprio Banco, concluiu-se que "a pobreza urbana será o problema mais importante e mais explosivo do próximo século do ponto de vista político", Banco Mundial (1991: 5).

pobres, entendendo-se estes como as classes médias urbanas, apresentadas — junto com os setores corporativos historicamente associados ao modelo industrializador (os sindicatos e o empresariado nacional) — como os grupos privilegiados que, no passado, aproveitaram-se indevidamente de sua influência sobre o Estado levando-o à crise, ao aumentar a massa de subsídios indiscriminados.

Os trabalhadores da América Latina, desde os níveis de renda mais baixos até os médios, lançados no mercado mundial de trabalho, devem renunciar às leis que os protegiam e competir, simultaneamente, com os trabalhadores mais baratos e mais destituídos de direitos humanos e com os mais capacitados do mundo, que contam — além do mais — com uma infra-estrutura de apoio de ponta. Por sua parte, os empresários latino-americanos que sobrevivem como tais, havendo perdido o mercado interno cativo pelo protecionismo estatal, devem competir ou associar-se de maneira subordinada com um capital global financeiramente ultra-sensível, para o qual as mínimas variações na rentabilidade induzem ao fechamento de suas atividades e à migração intercontinental.

O desemprego aberto, o subemprego e as condições precárias do trabalho, por um lado, e as ondas de falências de pequenas e médias empresas (PYMES) e de micro-empreendimentos familiares,[11] por outro, são indicadores cotidianos da face mais regressiva deste estilo de desenvolvimento que se quer promover como a única forma de realização da revolução tecnológica contemporânea.

A focalização da política social é eficiente?

As novas políticas sociais se caracterizam pela expressão "para todos": saúde, água, saneamento e educação para todos. Mas não incluem empregos nem, portanto, renda para todos. O emprego e a renda poderiam sobrevir eventualmente da capitalização que os pobres fizessem do investimento em serviços sociais a eles dirigidos (somente poucos ainda se animam a antecipar algum impacto decorrente do crescimento da economia nos países do Norte). Em conseqüência, tanto por razões de eqüidade quanto para promover o desenvolvimento, o Estado deve intervir para garantir que aqueles que não

---

11. Para dar uma idéia da magnitude do fenômeno, no caso da Argentina, a taxa de desemprego aberto já é a mais alta de sua história e a União Industrial Argentina acaba de manifestar seu alarme pelo fechamento de 30.000 empresas no primeiro quadrimestre do ano de 1995 (*Latin American Economy and Business*, 1995).

têm renda para obter esses serviços no mercado (aqueles que estão abaixo das linhas de pobreza ou indigência) os recebam como serviço público.[12]

Essa proposta supõe uma mudança de sentido nem sempre evidente: o "para todos" significa degradar o conceito intrínseco de saúde, educação ou saneamento, refletido na utilização do adjetivo "básico".

Supõe-se que aqueles que podem pagar pela parte "não-básica" desses serviços não estão interessados ou ficam excluídos do acesso ao pacote básico pela via pública. Para tanto, segmenta-se de fato a população em dois setores:

- os pobres, que só dispõem de serviços básicos gratuitos ou subsidiados, que tendem a ser de menor qualidade;
- os que obtêm serviços mais amplos, integralmente por meio do mercado, incluindo serviços "básicos" de melhor qualidade.

Mas essa segmentação apresenta alguns problemas de eficácia e também de eficiência. Assim, em alguns casos, para assegurar uma cobertura total de um serviço básico seria preciso, por razões tecnológicas ou sociais,[13] fornecê-los a populações heterogêneas a partir de uma mesma fonte, com o que a distribuição do gasto social deveria tomar outras formas.

Por exemplo: se em uma cidade existir uma única rede de água e esgoto, a discriminação positiva não será visível no acesso (todos estarão ligados a um mesmo sistema), mas na recuperação diferencial dos custos, proporcional à capacidade de pagamento de cada um. A adoção deste mecanismo, porém, é problemática em serviços pessoais como saúde ou refeitórios escolares — onde haveria crianças com cupons e crianças com dinheiro, na mesma ou em diferentes filas —, algo que tende a ser repudiado até mesmo pelos pobres e em particular pelos novos pobres.[14]

---

12. Na formulação desses conceitos teve papel fundamental o Programa das Nações Unidas para o Desenvolvimento (PNUD), em cujo seio se produzem os relatórios anuais sobre desenvolvimento humano, conceito que se auto-apresenta como novo paradigma de desenvolvimento. Entretanto, para se converter em paradigmático, deverá poder incutir-se nas forças do desenvolvimento real, o que requereria modificar a natureza do modelo de desenvolvimento que surge da globalização do mercado. Para uma análise dessa proposta e suas derivações na educação, ver Coraggio (no prelo). Veja também PNUD (1990, 1991, 1992, 1993, 1994).

13. Pela lógica dos ecossistemas ou das redes de infra-estrutura, ou pelos custos políticos de uma segregação aberta.

14. Minujin e Kessler (1995).

Outro problema é que, ao longo de uma vida, e cada vez mais, se pode oscilar em torno da linha de pobreza, tornando extremamente complicado o ajuste conjuntural do acesso a serviços públicos (por exemplo, quando um usuário supera a linha de pobreza, dever-se-ia deixar de fornecer-lhe o serviço ou começar a cobrar outro preço, ou vice-versa). Podemos imaginar os custos para administrar um sistema de discriminação que focalize os subsídios segundo a capacidade flutuante de pagamento de cada usuário.

Por outro lado, *a linha de pobreza*, calculada em equivalentes de renda, se transformaria numa *borda descontínua* pois, quando alguém passa para baixo da linha, suas condições de vida dão um salto para cima, ao ter acesso a vários pacotes de serviços dos quais estaria privado se estivesse alguns dólares mais acima. Em outras palavras, quem tiver uma renda equivalente à da linha de pobreza, mais o valor atribuído a esses pacotes de serviços, estará igual ou pior a quem estiver na linha de pobreza.[15] Esta situação desestimularia a procura de trabalho para conseguir renda nesse nível econômico em que se encontra uma importante parcela da sociedade, criando uma descontinuidade moral entre pobreza I (dependente dos benefícios públicos) e pobreza II (autônoma), ainda que com níveis de vida material equivalentes.[16]

Novamente, qualquer tentativa de resolver essa contradição com métodos sofisticados de controle elevaria enormemente os custos da administração dos serviços.

Todas essas complicações (e custos) dos programas focalizados na pobreza extrema não se justificariam se todos pudessem ter acesso, via mercado ou subsídio, ao pacote mínimo. Nesse caso, o melhor seria um

---

15. A extensão dessa borda não é desprezível. Segundo estimativas do documento apresentado ao Banco Interamericano de Desenvolvimento (BID, PNUD, 1993: 55), na América Latina a linha de indigência está nos 365 dólares e a da pobreza nos 730 dólares anuais. Uma vez que os 20% mais pobres da população têm renda menor que 196 dólares anuais, seria preciso realizar um gasto social em serviços focalizados que duplicasse esse nível para levá-los acima da indigência, e que o quadruplicasse para levá-los acima da linha de pobreza.

16. É evidente que os que estão em situação de pobreza I estariam igualmente incentivados a passar para a situação de pobreza II, se tivessem a expectativa de sair daí para níveis superiores de renda. Mas isto supõe uma teoria dinâmica da renda (e do capital humano), em que, alcançadas certas capacidades para ganhar renda, se pode chegar a níveis ainda superiores com maior probabilidade. Entretanto, isto não é o que registra a experiência popular recente, sendo os setores médios os mais relativamente golpeados pela crise, tanto pela reelaboração das políticas sociais que vimos analisando como pela drástica desvalorização do seu capital humano, produzida pela revolução tecnológica.

fornecimento comum para todos, eficiente e da mesma qualidade, facilitando a prestação dos serviços, minimizando seus efeitos discriminatórios, reduzindo custos por meio da escala e recuperando-os mediante a cobrança de impostos proporcionais à renda, zerando os impostos abaixo da linha de pobreza.

O raciocínio anterior não é válido, porém, se nos níveis superiores de renda o que se obtém não é um pacote ampliado, composto pelo mesmo pacote mínimo (agora pago) acrescido de outros serviços, e sim um pacote diferente, que não apenas inclui outros serviços, mas cujos serviços equivalentes aos básicos são de outra qualidade. Assim, por exemplo, todos têm acesso à escola primária, mas têm escolas primárias de qualidade muito diferente, diferença essa que se oculta sob a aparência de um mesmo certificado nacional de aprovação.[17] Nesse caso, a aparência do "para todos" esvai-se, e torna-se evidente a dualização do modelo, em que um direito pretendidamente universal é exercido de um modo por um cidadão de primeira (se obtido via renda) e de outro por um cidadão de segunda (se alcançado via ação pública).

Em essência, a focalização pode acabar significando uma redistribuição de recursos públicos dos setores médios para os pobres, acompanhada de uma redução na qualidade e complexidade dos serviços públicos. Analisando-se o fenômeno sob uma óptica dinâmica, conclui-se que o empobrecimento subseqüente dos setores médio-baixos (e não tão baixos) pode promover o seu reingresso na rede de serviços públicos (escolas, hospitais etc.). A degradação histórica desses serviços — provocada pelas crises do Estado — havia levado esses usuários a preferirem a oferta privada. Efetivamente, a redistribuição (deixar de prestar serviços subsidiados a setores com renda monetária acima da linha de pobreza) reduz a renda real de amplas camadas médio-baixas e reforça uma dinâmica regressiva que pode inclusive empurrá-las para baixo da linha de pobreza, sem reduzir sua demanda por serviços públicos.[18]

---

17. Esta é uma condição que, juntamente com outras, será agravada com a descentralização do sistema educativo, que permitirá um processo de diferenciação curricular, de recursos etc. muito mais pronunciado. Corrigi-la requer investimentos de recursos públicos adicionais para apoiar as escolas com piores condições, como no caso do Programa das 900 Escolas no Chile. Veja Galdames (1993: 12-17).

18. A ideologia dominante afirmaria que, ao contrário, a nova situação será um desafio que desenvolverá a criatividade e as energias adormecidas pelo redistribucionismo indiscriminado do Estado. Embora isto seja certo para muitos indivíduos, o resultado social está em boa medida determinado pelas possibilidades do conjunto, cujos limites pode prever-se que imporão um processo darwiniano de seleção social. Assim, os programas implementados para impulsionar os microempreendimentos registram uma altíssima taxa de "mortalidade" de seus beneficiários, simplesmente porque não há suficiente mercado nem créditos para mais do que aqueles que sobrevivem.

O outro problema sério dessas propostas de política social é que, contrariamente aos seus objetivos, amarram o Estado a um assistencialismo de custos crescentes. Como demonstrado pelos surtos de tuberculose e cólera ou pelo analfabetismo funcional, as políticas setoriais deste tipo não resolvem a natureza reprodutiva dos problemas cujos efeitos pretendem compensar, e portanto não somente não se sustentam como também hão de consumir cada vez mais recursos no futuro.[19] A eficiência em alcançar objetivos de curto prazo (equilíbrio fiscal), se de fato ocorrer, não necessariamente conduzirá à eficiência no cumprimento dos objetivos de longo prazo (desenvolvimento humano sustentável).

Necessidade de outras abordagens do desenvolvimento

Torna-se evidente que a discussão não pode estar focada em termos da renda e de sua distribuição, tal como um jogo cuja resultante fosse zero. É necessário voltar a discutir a questão esquecida de como utilizar o excedente, relacionando diretamente o chamado investimento social com o aumento na massa de renda real disponível.[20] Não é suficiente considerar o investimento social como um mecanismo para conseguir maior igualdade de oportunidades; é preciso garantir sua efetividade para modificar a vida e as expectativas da população.[21]

A concepção subjacente à insígnia "investir nas pessoas" é aquela segundo a qual, tendo melhor acesso aos serviços básicos, os pobres terão maior capital humano e, portanto, maior probabilidade de realizar trabalhos

---

19. Para uma análise desta questão e algumas propostas alternativas, veja Coraggio, *Economia urbana: la perspectiva popular* (no prelo).

20. Dada a definição de excedente econômico, o gasto em serviços básicos não é estritamente um investimento de excedente, mas sim outra forma de reproduzir as capacidades elementares de trabalho da população (consumo coletivo, gerenciado pelo Estado).

21. Isto foi explicitamente reconhecido, para a educação, no documento preparado para a Conferência Mundial sobre Educação para Todos, pela Comissão Inter-Institucional da qual toma parte o Banco Mundial. Ali se diz:

"O governo e o setor privado devem instituir as normas, incentivos e medidas de apoio adequadas que fomentem uma maior demanda de mão-de-obra preparada e uma utilização mais eficaz desta ... atividades tão diversas como a fixação de preços na agricultura, a participação política, a regulamentação das empresas, as práticas culturais e o desenvolvimento de infra-estruturas podem contribuir para determinar a utilidade da educação recebida". PNUD, UNESCO, UNICEF, BANCO MUNDIAL (1990: 39).

produtivos e de obter renda. Entretanto, em uma economia de mercado, a efetivação dessa capacidade depende do acesso a outros recursos (terra, crédito, tecnologia, informação etc.) e da organização sócio-técnica dos usos do excedente econômico: da estrutura dos investimentos de capital, das tecnologias desenvolvidas, dos bens e serviços que produz etc.

Ao examinar como se usa o excedente, imediatamente surge a questão sobre quais são os setores que vão se apropriar dele e qual o uso que vão fazer a partir de suas motivações ou comportamentos institucionalizados (públicos ou privados); o que conduz à questão do sistema econômico e das condições de legitimidade da livre apropriação privada dos excedentes.[22]

Nesta época de transição também no campo teórico deveremos revisar e integrar diversos núcleos conceituais que contribuam para explicar os mecanismos da concorrência real na economia global e a sua interação com os efeitos e condições econômicas resultantes da imposição de limites éticos ao funcionamento do sistema. De uma perspectiva utópica, esses limites deveriam ser impostos — ao capital ou aos consumidores — por um Estado democraticamente controlado pela sociedade.

Ao contrário, como mostraremos para o caso da educação, as teorias que orientam o desenho das políticas econômicas e sociais parecem combinar uma aplicação acrítica das hipóteses associadas à utopia neoclássica — que supõe uma concorrência perfeita — com um grande realismo político, que simplesmente aceita as condições políticas locais (BID, PNUD, 1993: 18-19). Mas isto é apenas aparente.

Embora fosse louvável que os organismos multilaterais não condicionassem seus apoios financeiros (a um estrito equilíbrio fiscal, ou ao pagamento da dívida, ou à reforma agrária, ou ao equilíbrio ecológico),[23] afetando a soberania dos governos a quem emprestam ou assessoram,

---

22. Não seria útil voltar à teoria do valor do trabalho e da exploração pois, ao sustentar que só o trabalho gera valor nesta época, chegaríamos a paradoxos como que apenas 25% da população gera valor pelo seu trabalho e portanto somente estes 25% deveriam se apropriar de todo o valor. Por outro lado, fenômenos relativamente recentes, como o peso dos fundos de pensão nos mercados de capitais e a extrema fluidez das relações entre acionistas e empresas nos mercados financeiros, tornam necessário atualizar as propostas tradicionais a esse respeito.

23. Como resposta à interferência na soberania nacional que supõem as condicionalidades ao crédito ou ao comércio, por razões de interesses particulares de grupos ou países do Norte, pode surgir a idéia de generalizar esse tipo de intervenções ampliando-as a objetivos de desenvolvimento humano. Isto está de fato sendo utilizado por organizações ecologistas que advogam por determinadas espécies, ou por aqueles que advogam pelos direitos humanos. Recentemente se propôs, na América Latina, que se condicionassem os créditos e a ajuda

encontramos padrões duplos: enquanto certas recomendações são firmemente impostas, outras aparecem apenas como notas de pé de página nos relatórios. Com relação às políticas macroeconômicas, é sabido que tanto o FMI quanto o Banco Mundial exercem fortes pressões para *impô-las* a suas contrapartes nacionais. No que diz respeito às políticas sociais, às quais se poderia atribuir relação direta com a tarefa da classe política local de construir a legitimidade do sistema global, há indícios de que a interferência também pode ser importante, sobretudo para reduzir e tornar mais eficiente o gasto público. A tendência indica a subordinação das políticas sociais ao objetivo econômico da competitividade.

Mas, ao se transformar em uma categoria central e tão abrangente das políticas públicas nacionais e internacionais, a competitividade perde sua precisão econômica e torna-se um conceito cujo sentido é matéria de reflexão. Dependendo do conceito de competitividade que se adote, certas políticas sociais (e econômicas) resultarão mais eficientes que outras.

A experiência do próprio mercado mundial vem demonstrando que a competitividade não se expressa somente no preço e, portanto, não depende apenas da redução dos custos dos insumos e do incentivo à elevada produtividade do trabalho, mas que existem outras determinantes fundamentais: "qualidade total", serviços ao consumidor, inovação e criatividade, velocidade de adaptação a mercados mutantes; isto afeta menos o custo e mais a qualidade dos recursos humanos e sistemas sociais envolvidos em sua produção. Mas essa qualidade não pode ser conseguida apenas com a vacinação, a nutrição e a educação básica das crianças de hoje já que, por sua vez, está associada às condições de reprodução de suas famílias e comunidades, à qualidade de vida histórica e atual, e também às expectativas de vida para o futuro. A qualidade de uma sociedade, refletida na qualidade de vida dos trabalhadores, famílias e comunidades, transforma-se assim em condição para uma competitividade sustentável.[24]

---

internacional para o melhoramento de indicadores de desenvolvimento humano. (Lopez M. et al., 1993). Estas propostas devem ser ponderadas com muito cuidado, pois são facas de dois gumes; não deveriam propor-se novas relações estruturais a partir de situações conjunturais como, por exemplo, quando certas políticas impulsionadas por um organismo internacional são mais avançadas que as defendidas pelos poderes nacionais.

24. Isto não se limita ao pessoal de gerência ou à configuração de uma empresa, mas abrange todos os níveis, o do empacotador ou o transportador que inovam permitindo uma redução de tempo ou um aumento da qualidade do produto que se entrega, ou o do professor que experimenta novas metodologias para uma melhor relação de ensino-aprendizado na escola pública.

A competitividade sustentável requer uma sociedade não polarizada, na qual existam expectativas de melhoria contínua da qualidade de vida dos agentes econômicos, o que não é independente da qualidade de vida de toda a população com a qual convivem (meio ambiente, saneamento, saúde, concentração demográfica, violência, segurança, valores de solidariedade e colaboração, identidade cultural, valores democráticos, direitos à cidadania, sistemas de socialização escolar, qualidade dos meios de comunicação de massa etc.). Esta constatação torna-se mais evidente se a competitividade é encarada como um fenômeno estrutural, transgeneracional. *O desenvolvimento humano não pode ser visto como um resultado possível da competitividade, mas como condição desta.*

Por essa razão, as unidades de intervenção para iniciar um processo de competitividade auto-sustentada não deveriam ser segmentos ou classes de indivíduos com baixa renda, mas comunidades heterogêneas completas, o que supõe um conceito diferente de desenvolvimento e de sua vinculação com as políticas sociais. A vida de uma comunidade demanda elementos de satisfação obtidos pelo ingresso no mercado, a provisão pública ou mediante formas comunitárias não mercantis intra ou inter-unidades domésticas familiares. Qualquer tentativa séria de promover o desenvolvimento deveria incentivar todas e cada uma destas modalidades complementares de produção.

Mas a visão que predomina na *intelligentsia* internacional é a da supremacia da forma mercantil, considerando as outras alternativas como paliativas, nos casos (vistos como excepcionais) de um funcionamento insatisfatório do mercado. Ainda mais, como veremos, quando se trata de bens ou serviços semi-públicos como a educação, em que se admite que o mercado não satisfaz as necessidades consideradas básicas, as propostas de reforma institucional implicam a introjeção dos valores e pautas do mercado no seio da gestão pública.

As debilidades das propostas de política social predominantes podem ser atribuídas a fragilidades teórico-metodológicas que passaram inadvertidas, ou então devem cumprir com o objetivo inconfessável de justificar políticas pré-definidas. Em todo caso, a não-retificação delas pode ser causa de efeitos nefastos adicionais e da perda de possibilidades de desenvolvimento. No decorrer deste documento examinaremos as políticas propostas, tomando como exemplo a política de educação, do ponto de vista de seus fundamentos teórico-metodológicos e não de suas possíveis intenções ocultas.

2. A política educacional do Banco Mundial e seus fundamentos*

> Até agora, as sucessivas macro-visões da educação formuladas durante este século selecionaram e pesaram as variáveis de uma forma seletiva, destacaram aquelas implicações que eram consistentes com os objetivos propostos e ignoraram as informações e os critérios que minimizavam a validade dos pressupostos utilizados (Ratinoff, 1994: 23).

O marco teórico-metodológico: a teoria econômica neoclássica

1. O reducionismo economicista

Recentemente, o papel da análise econômica na formulação das propostas educativas do Banco Mundial foi assim apresentado:

> a análise econômica da educação em geral, e a análise das taxas de retorno em particular, é um instrumento de diagnóstico *para começar* o processo de estabelecer prioridades e para considerar formas alternativas de atingir objetivos num enfoque setorial (Banco Mundial, 1995, *grifo nosso*).

Para além do fato de que o "começo" escolhido pode condicionar a visibilidade de outros caminhos e possibilidades, mostraremos que a análise econômica transformou-se na metodologia principal para a definição das políticas educativas. Várias objeções teórico-filosóficas podem ser levantadas quanto à decisão de dar centralidade à análise econômica no desenho das políticas e processos educativos:

a) por "análise econômica" entende-se um método especial de análise, enquadrado na teoria econômica neoclássica, que durante décadas foi objeto de críticas pelas suas limitações para explicar os processos especificamente econômicos;[25]

b) o modo economicista com que se usa essa teoria para derivar recomendações contribui para introjetar e institucionalizar os valores do mercado capitalista na esfera da cultura, o que vai muito além de um simples cálculo econômico para comparar os custos e

---

* Parte deste capítulo está baseado em dois trabalhos anteriores do autor: Corragio, 1994a e 1994b.

25. Para uma discussão recente dos problemas metodológicos da ciência econômica, veja Backhouse, 1994.

benefícios das diversas alternativas geradas do ponto de vista social ou político;[26]

c) embora se declare que essa análise é apenas um ponto de partida e que os governos têm motivações outras para estabelecer suas prioridades educativas, de fato, por razões que devemos determinar, as recomendações específicas e gerais estabelecidas nos documentos do Banco Mundial parecem estar sendo assumidas sem críticas por muitos governos da região e do mundo. (Entre outras razões, pela quantidade de pesquisas empíricas associadas às recomendações, mas sobretudo pela ausência de boas propostas melhor articuladas.) Isso transforma os governantes, os intelectuais e os técnicos nacionais em co-responsáveis pelas conseqüências dessas políticas;

d) as novas políticas sociais propostas e as de educação em particular, não são economicamente sustentáveis e conduzem a novas crises fiscais, mas também são ineficientes perante os próprios critérios neoclássicos;

e) apesar do enfoque cientificista das propostas oficiais do Banco Mundial, não se assume o princípio científico de que estão baseadas em hipóteses sujeitas à refutação; pelo contrário, parece haver antes um afã em continuar construindo exemplos para torná-las plausíveis do que em atender às evidências que as rejeitam;[27]

f) o enfoque setorial, apresentado como uma superação do enfoque por projeto, está longe da abordagem integral necessária para pensar e atuar na promoção do desenvolvimento sustentável de nossas

---

26. Assim: (i) as virtudes de introduzir a concorrência nos sistemas educacionais são consideradas como verdade irrefutável, (ii) o individualismo que supõe a mecânica deste modelo — em si um valor cultural — não é trazido à tona, uma vez que são feitas numerosas referências às comunidades e se diz que deve-se deixar lugar para as particularidades culturais de cada país, (iii) termina-se por reduzir a qualidade de vida a indicadores de renda, (iv) de fato, contribui-se para justificar a riqueza em meio à pobreza, (possivelmente por associá-la a uma maior taxa de poupança e investimento) ao propor como critério de eficiência e de eqüidade uma redistribuição dos setores médios (categorizados como privilegiados) e pobres, sem tocar nos setores mais ricos; igualmente, não há nenhuma referência aos interesses do capital, equivalente àquela que se faz sobre os "interesses tradicionais" de sindicatos de professores etc.

27. Produzindo um efeito que dificulta o diálogo: à medida que os técnicos do Banco se colocam em posição de defesa de suas teses, surge a necessidade social de que outros se especializem em tratar de enfraquecê-las, o que pode gerar atritos e polarizações que não conduzem à busca das melhores alternativas para a desesperadora situação social que enfrentam nossas sociedades.

sociedades. Constata-se também esta visão em outros documentos conhecidos e inclusive assinados em parceria pelo Banco; não podemos aceitar o argumento de querer evitar uma recaída na macro-engenharia social, porque é exatamente o que está se tentando fazer com as drásticas reformas institucionais empreendidas (PNUD, UNESCO, UNICEF, BANCO MUNDIAL, 1990);

g) em uma época de crise de paradigmas e de grandes incertezas, a gravidade das conseqüências de uma ampla intervenção equivocada na área educacional deveria evitar o unilateralismo disciplinar e facilitar a criação de um espaço pluralista de busca coletiva, em que diferentes critérios e propostas plausíveis fossem pesquisados e colocados à prova com acesso equitativo aos recursos.

Embora as propostas educativas oficiais do Banco Mundial[28] sejam muitas vezes interpretadas como uma resposta contemporânea à inédita problemática atual, é importante lembrar que essa linha de pensamento esteve presente no Banco desde os anos 70, quando aparecia em parte como uma correta chamada de atenção, dirigida àqueles que se concentravam na análise das determinantes socioeconômicas externas, para que considerassem e agissem sobre o que acontecia na sala de aula. Mais ainda, já naquela época estavam elaboradas praticamente todas as receitas que hoje podem ser vistas como resposta específica à crise do sistema educacional, o que nos coloca diante de um caso, seja de extraordinária premonição, seja do predomínio de uma rígida teoria sobre uma realidade mutável e diferenciada.

Na documentação daquela época, explica-se que essas propostas foram elaboradas utilizando-se o modelo microeconômico neoclássico.[29] Esse enfoque leva, por exemplo, a assemelhar a escola à empresa, a ver os

---

28. É importante salientar que, no seio do Banco Mundial, existem diversas posições a respeito dos diagnósticos e das recomendações que são feitas nos documentos oficiais. Em particular, há grandes resistências em aceitar a predominância da análise do custo-benefício como critério principal para projetar as políticas de educação. Mais ainda, uma análise objetiva dos processos concretos que levam às políticas específicas em cada país ou região possivelmente mostraria que os consultores e técnicos que participam como operadores do Banco nos diversos países têm margens para gerar ou canalizar programas e projetos com outros enfoques. Isto devolve ao campo dos políticos, intelectuais e técnicos nacionais uma parte importante da responsabilidade pelas políticas que afinal se adotam. Apesar deste saudável pluralismo interno, dentro do Banco Mundial existem documentos que assumem uma posição institucional, e portanto — com essa importante ressalva — neste trabalho seguiremos nos referindo ao "Banco".

29. Veja Psacharopoulos e Woodhall (1985), e a bibliografia lá citada.

fatores do processo educativo como insumos, e a eficiência e as taxas de retorno como critérios fundamentais de decisão. Este fato é por si só motivo de preocupação, uma vez que esse modelo traz uma série de vícios intrínsecos conhecidos, que podem incidir sobre a validade científica das propostas apresentadas. Soma-se ainda o uso que se faz do modelo. Existem suficientes evidências para afirmar que, com o mesmo modelo, poderia chegar-se a diferentes conclusões (por exemplo, no que se refere à prioridade da educação de primeiro grau *versus* a secundária,[30] a básica *versus* a superior,[31] etc.) se fossem aplicadas as metodologias com outra intenção ou com maior rigor, colocando-se as hipóteses realmente à prova em vez de tentar construir exemplos favoráveis.[32]

Em outras palavras, estamos recebendo uma assessoria para reformar nossos sistemas educativos, baseada em uma teoria questionável: mais que isso, as pesquisas que a assessoria orienta produzem evidências não conclusivas ou até contrárias às próprias hipóteses que norteiam suas recomendações.

Isso pode ser explicado em parte por uma conjuntura global que considera a teoria econômica neoclássica como parte da ideologia neoliberal e neoconservadora dominante. Não que a hegemonia intelectual das teorias neoclássicas sustente as novas estruturas de poder, mas as novas correlações de poder dão vigência a essas mesmas teorias. Porque a plausibilidade de uma teoria social depende não somente de processos de pesquisa científica mas também da direção para a qual caminham o senso comum e os paradigmas políticos.

A teoria econômica neoclássica também tem um modelo macroeconômico aplicável ao campo da educação como um todo. É um modelo que, basicamente, pretende explicar as variações da renda nacional usando a denominada "função de produção" agregada. Esta função é uma equação na qual o aumento do produto nacional depende da acumulação de capital

---
30. Veja Fuller e Holsinger (1993): "As afirmações sobre o melhor tamanho, o papel e as funções do sub-setor, sobrepassam de longe a acumulação de evidência plausível sobre seus efeitos econômicos e sociais efetivos". Sabiamente, o trabalho lista "20 áreas de ignorância" sobre as quais deveria realizar-se investigação antes de fazer recomendações fortes.

31. Para recentes análises sobre a educação superior, veja Banco Mundial (1994).

32. Dúvidas importantes sobre a evidência empírica acumulada com este modelo estão registradas, por exemplo, em um documento publicado pelo próprio Banco Mundial — assinado, entre outros, por um dos seus Vice-Presidentes — que sustenta que a evidência usada para apoiar as propostas não é confiável nem conclusiva. Veja Haddad et al., 1990.

físico (construções, equipamentos etc.), das variações no fator trabalho e de um fator que chamou-se de "capital humano" (conhecimento e habilidades adquiridas, talentos natos etc.) que aparece como separável do desgaste da energia humana.[33]

Este modelo que — dito em documentos do Banco Mundial (1993) — não pôde explicar as variações da renda nacional nos últimos trinta anos, ou seja, que fracassou como teoria para explicar o movimento econômico inclusive em uma época de relativa estabilidade institucional, dominada por um mesmo estilo de desenvolvimento, continua sendo aplicado para explicar as relações entre a educação e a economia e para sugerir ações que conduzam ao desenvolvimento numa época de transição.

Neste modelo, uma correlação histórica positiva entre as taxas de crescimento econômico e certos indicadores de variação no estoque de capital humano é interpretada como sinal de que o investimento em educação é uma via para o desenvolvimento, porque — segundo os documentos — o gasto em educação equivale a investir no capital humano, gerando assim um aumento de renda.

A constatação dessa correlação somada às análises microeconômicas nos projetos — que indicavam que a taxa de retorno poderia aumentar se uma parte do crédito fosse investida para infra-estrutura em educação — parece ter levado o Banco a reconhecer que durante décadas se havia concentrado erroneamente no investimento em infra-estrutura, sem notar que a educação era ao mesmo tempo um investimento complementar das obras de infra-estrutura e um setor de alta produtividade em si mesmo.[34]

2. O que o Banco deduz de seus modelos econômicos sobre a educação

Como se traduzem estes enfoques no interior do setor educacional? Limitam-se a dar prioridade ao investimento em educação, abrindo linhas de crédito para essa finalidade, deixando que os governos, os educadores, as comunidades educativas, ou também o "mercado educativo" determinem

---

33. Veja Dornbusch e Fisher, 1994.

34. Ver: Verspoor, 1991. Hoje o Banco Mundial propõe as coisas deste modo: "A educação é o instrumento principal para promover o crescimento econômico e reduzir a pobreza. (...) A educação em todos os níveis aumenta o crescimento, mas a educação sozinha não gera crescimento. O crescimento requer não apenas investimento em capital humano, mas também em capital físico; ambos os tipos de investimento dão sua maior contribuição ao crescimento em economias abertas, competitivas e que estão num equilíbrio macro-econômico". Banco Mundial, 1995: XI.

os objetivos específicos da educação, as "tecnologias" de ensino-aprendizagem e a organização do sistema educativo? Em recente documento, o Banco "reconhece que as políticas devem ser diferentes para cada país, de acordo com a etapa de desenvolvimento educacional e econômico e com o seu contexto histórico e político" (Banco Mundial, 1995: x). Entretanto, depreende-se deste e de outros documentos que — oficialmente — o Banco detém um saber certo sobre o que todos os governos devem fazer, um pacote pronto para aplicar, com medidas associadas à reforma educativa universal.

De imediato, o Banco está determinado a induzir os sistemas de educação à descentralização. Aparentemente, espera-se da descentralização que em cada distrito ou estabelecimento sejam adotadas, com melhor conhecimento das condições locais, as combinações de insumos educativos mais eficientes; mas também se espera uma redução da capacidade dos interesses tradicionais (sindicatos de professores e burocratas do governo central, associações de estudantes universitários, as elites geralmente beneficiadas pelos subsídios indiscriminados) para incidir na política educativa (Idem: xxii).

Além disso, o Banco já *sabe* qual é o objetivo que deve guiar essas decisões descentralizadas: desenvolver as capacidades básicas de aprendizagem no ensino primário e (quando se justifique para o país) no nível secundário inferior, porque o Banco também *sabe* que isso contribuirá para satisfazer a demanda por "trabalhadores flexíveis que possam facilmente adquirir novas habilidades" (Idem: xi).

O Banco *sabe* que, devido ao princípio geral de que os recursos são escassos, todo país deve realocar recursos públicos da educação superior e técnica para a educação básica, e utilizar sua capacidade limitada de subsídio exclusivamente àqueles alunos que, estando capacitados para aprender, não podem pagar por sua educação. O Banco *sabe* que isto satisfaz também o objetivo de reduzir a pobreza, porque os pobres mal podem freqüentar o ensino de primeiro grau, e nele se concentrarão os recursos, e porque o Banco *sabe* que o principal recurso dos pobres é sua capacidade de trabalho, que aumenta com a educação.

O Banco *sabe* que a iniciativa e os recursos privados preencherão a lacuna deixada pela retirada parcial do subsídio de outros níveis de educação pública, e principalmente *sabe* que esta é a melhor situação porque, se todos devem pagar pelo que recebem, não serão gerados comportamentos considerados perversos do ponto de vista do mercado (como o fato de confiar em que o Estado redistribuirá recursos para garantir a todos a defesa dos direitos sociais estabelecidos na Constituição política de cada país).

O Banco *sabe* que é conveniente que os estabelecimentos educacionais sejam avaliados por seus resultados em termos do aprendizado dos alunos, e por sua eficiência em termos de custo por diplomado. O Banco também *sabe* que, para incentivar as inovações e a eficiência, deverão ser introduzidos mecanismos de concorrência por recursos públicos que reproduzam a concorrência no mercado por recursos privados.

Se nos deslocarmos ao estabelecimento escolar e, no seu interior, para as salas de aula, o Banco também *sabe* que algumas regras devem ser aplicadas em todos os lugares: um tempo maior de dedicação dos professores ao ensino, maior oferta de livros didáticos, maior concentração naquelas matérias que fornecem as habilidades consideradas básicas para o aprendizado futuro e, talvez, para as necessidades do desenvolvimento nacional: língua, ciências (associadas à resolução de problemas), matemática.[35]

O Banco sabe que para aumentar a eficiência interna é preciso cobrir dentro do próprio sistema escolar certos déficits que afetam o aprendizado: educação pré-escolar, programas de saúde e nutrição dirigidos à "fome de curto prazo" ("curto prazo" parece significar "durante o período das aulas" e portanto se recomenda, para o turno matutino, oferecer café da manhã, mas não almoço).[36]

O Banco *sabe* que é preciso capacitar o corpo docente, mas mediante programas paliativos em serviço (se possível, a distância), porque não é eficiente investir mais na sua formação prévia.[37] *Sabe* também que, reduzir a menos de 40-50 o número de alunos por professor ou aumentar os salários dos professores não contribui de forma eficiente para a melhoria do aprendizado.

Cabe a pergunta: se o Banco já *sabe* o que vai nos aconselhar em todos esses casos, que autonomia resta a cada governo no momento de

---

35. Na realidade, mesmo as propostas mais plausíveis não passaram ainda pelo teste de uma fundamentação que nos reassegure sua validade. Por exemplo, ainda que "as mudanças atuais na economia mundial sugerem que uma forte preparação em ciência e matemática será cada vez mais indispensável para melhorar a produtividade e o desenvolvimento econômico, assim como para abrir novas possibilidades às famílias, para melhorar a qualidade de vida cotidiana (...) não há evidência para esta afirmação além daquela que mostra que ganham maiores salários aqueles que se especializam nos campos científicos e técnicos." (Haddad, et al., 1990: 58). Para uma proposta de outras habilidades requeridas diante da perspectiva do desenvolvimento de uma economia popular, veja: Coraggio, 1995b.

36. Veja a argumentação a respeito em: Lockheed et al., (1991).

37. Existem indícios em seus últimos documentos de que esta posição do Banco está começando a ser revista.

negociar as novas políticas educativas a serem financiadas, e qual a autonomia de cada diretor de escola para selecionar os "insumos educativos"?

Não duvidamos que no processo de negociação dos créditos do Banco existam margens de liberdade, tanto naqueles diretamente associados à reforma da educação quanto nos que têm alguma relação com o "meio ambiente" do sistema educativo, como a macroeconomia. Essas margens, entretanto, podem não ser aproveitadas pelos governos que não tenham projetos nem conhecimentos e que estejam mais interessados no ingresso de dólares novos para poder pagar serviço atrasado da dívida ou para obter o aval do Banco e do FMI e aceder ao mercado de capitais; governos, além do mais, confrontados por organizações sociais e políticas muito mais interessadas em provar que por trás de toda política encontra-se o rolo compressor neoliberal, do que interessadas em pesquisar, experimentar e buscar alternativas válidas para o sistema educacional em crise.

Mas, se essas margens existem, assim como atores sociais e políticos que pretendem utilizá-las, é fundamental examinar tão objetivamente quanto possível as propostas dos assessores e os seus fundamentos, e propor com rigor e realismo as alternativas viáveis e plausíveis. Portanto, faz sentido perguntar-se também como o Banco *sabe* tanto, quais são as fontes e os procedimentos empregados para produzir esse seu conhecimento.

Economicismo e falácias na argumentação teórica

Por que é comum afirmar que o Banco tem um viés economicista no seu enfoque da educação? Não é porque realize a análise necessária dos aspectos econômicos do sistema educativo, nem porque enfatize a urgente necessidade de investigar as demandas de recursos humanos requeridos pelo novo modelo de desenvolvimento. É, em primeiro lugar, porque uma série de questões, próprias do âmbito da cultura e da política, foram formuladas e respondidas usando-se a mesma teoria e metodologia com as quais se tenta dar conta de uma economia de mercado.

Para enquadrar a realidade educativa em seu modelo econômico e poder aplicar-lhe seus teoremas gerais, o Banco estabeleceu uma correlação (mais do que uma analogia) entre sistema educativo e sistema de mercado, entre escola e empresa, entre pais e consumidores de serviços, entre relações pedagógicas e relações de insumo-produto, entre aprendizagem e produto, esquecendo aspectos essenciais próprios da realidade educativa.

Este procedimento, que poderia ser aceito como exercício analítico parcial, como metáfora para gerar novas hipóteses e projetar visões que interagissem com as dos sociólogos, dos antropólogos, dos psicólogos ou dos pedagogos, converte-se em reducionismo quando a análise econômica é considerada definitiva e dela se extraem não apenas conclusões sobre a problemática de conjunto do sistema educativo e sua relação com o Estado e a sociedade, como também propõem-se intervenções específicas nos processos de ensino-aprendizado, sem que se tente estabelecer congruência com outros enfoques igualmente parciais.

Em conseqüência, não seria de estranhar que sua proposta básica para o sistema educativo consista em (até onde for possível) deixar a atividade educacional à mercê do mercado e da concorrência para que a interação entre consumidores e fornecedores de serviços educacionais defina a quantidade de educação, seus conteúdos e pedagogias, suas formas de estruturação, em que áreas e a que preços deve ser oferecida. Mas essa proposta nada mais faz que reencontrar o que já foi introduzido pela mesma teoria como princípio filosófico irrefutável, não testado, de que os mecanismos de mercado são intrinsecamente superiores a qualquer outra forma de coordenação da atividade humana. Sendo uma teoria normativa, seu mau uso leva a simples tautologias.

O problema que, mais cedo ou mais tarde, os intelectuais e técnicos do Banco deverão assumir, e que agora nossas sociedades enfrentam perante as novas políticas educativas, é que nossa realidade histórica (e sobretudo em algumas sociedades de outras regiões do mundo) não se ajusta ao modelo, e que aceitar as propostas sem discuti-las pode significar a aceitação de uma intervenção política externa, ou a introjeção de valores não propostos abertamente à sociedade como uma opção.[38]

O Banco também percebe esta não correspondência da realidade dos países em desenvolvimento com o seu modelo, mas tende a classificar essas incongruências em duas categorias: como resistências políticas (ou culturais) a uma mudança desejável ou como imperfeições no funcionamento do "mercado" educativo. A primeira delas causa-lhe preocupação, mas trata-se de assunto delicado, ainda que alguns de seus mais importantes representantes

---

38. É comum pensar que o ideológico na educação tem relação com os conteúdos das matérias sociais, tema sobre o qual o Banco não parece discorrer com teses predefinidas. Entretanto, geralmente a ideologia não atua dessa maneira aberta, nem é sempre facilmente discernível, inclusive para aqueles que dela estão imbuídos.

tenham feito uma expressa avaliação política.[39] A segunda já é um terreno mais conhecido pelo Banco; razão pela qual, para adequar a realidade ao modelo, além da privatização e da descentralização, as políticas são orientadas conjunturalmente para reformar, a partir do Estado, o funcionamento real do sistema educativo, para institucionalizar novas pautas de comportamento de seus agentes que se aproximem das que supõe o modelo de concorrência perfeita.

Por outro lado, em algumas áreas concede-se ao Estado um papel permanente pois, por sua natureza, a educação é considerada como um bem semi-público. Como este é um dos casos em que o mercado não pode dar respostas adequadas,[40] o modelo admite a intervenção estatal na educação, pressupondo que para garantir a eficiência do sistema o setor público deva concorrer abertamente com o setor privado e que os mecanismos de alocação pública de recursos se assemelhem aos do mercado ideal (percebe-se aqui um aspecto da introjeção de valores acima mencionada).

Seguem nessa linha as recomendações para minimizar a gratuidade, recuperando os custos sempre que possível, cobrando pela educação de quem a recebe (empréstimos aos estudantes em vez de bolsas de estudo, taxas, contribuição de recursos por parte da comunidade beneficiada etc.). Quando, por razões políticas, não for possível cobrar taxas, admitir-se-á que outras fontes de renda "genuínas" compensem a "artificialidade" dos preços subsidiados, como a venda de serviços das universidades às empresas privadas.

Nos casos em que estas alternativas sejam insuficientes e seja necessário investir recursos públicos não recuperáveis, propõe-se focalizar com precisão para evitar subsidiar aquele que não precisa. Por exemplo, dando bolsas de estudos somente a estudantes com capacidade para aprender e sem

---

39. "Com demasiada freqüência, os sistemas e reformas educacionais estão subordinados aos sindicatos de professores, os quais estão comprometidos com a manutenção do *status quo*" (Tomado do discurso do Sr. Shadid Husain, vice-presidente do Banco Mundial para a América Latina e o Caribe), veja PROMEDLAC V (1993).

40. Por exemplo, porque o benefício privado pelo investimento na educação não inclui o benefício social e pode levar a níveis do gasto privado em educação inferiores ao nível ótimo, ou porque o risco de recuperação que calculam os organismos de crédito educacional faz com que emprestem menos do que o exigido pelo ótimo social, ou porque nesse tipo de serviços e nesta época de revolução tecnológica os preços atuais desta ou daquela capacidade de trabalho não refletem necessariamente seus preços no futuro, ou, por último, porque o Estado deve manter um controle social sobre certas diplomações por capacitações adquiridas nos estabelecimentos educacionais.

recursos momentâneos ou previstos para pagar ou devolver os empréstimos. Mas isto será feito, até onde for possível, mediante mecanismos de mercado: assim, em vez de dar bolsas em determinados colégios subsidiados, deverão distribuir-se cupons aos estudantes para que paguem sua matrícula no colégio que preferirem, de forma tal que os colégios concorram entre si no mercado de alunos. Igualmente, se forem direcionados recursos públicos para a inovação ou o desenvolvimento, os estabelecimentos educacionais terão de concorrer em um quase-mercado: haverá um organismo que avalie as propostas e que diga quais são as mais eficientes.

Por ser um investimento de longo prazo, a oferta educativa não pode ser determinada com perfeição por meio do jogo da demanda e da oferta no mercado. Deve ser programada antecipando a demanda futura do Estado, do trabalho autônomo e, sobretudo, da empresa privada por recursos humanos. Assim foi feito no passado (com resultados variáveis) mediante a projeção do crescimento das diversas atividades produtivas e a estimativa de suas necessidades de recursos humanos; hoje não se pode mais proceder da mesma forma, porque não existe um sistema de planejamento do desenvolvimento nacional a longo prazo. Para este modelo, será o mercado mundial — em interação com as condições locais — que definirá quais atividades econômicas e tecnologias se desenvolverão em cada país. Em momentos de mudança épica nos mercados, nas tecnologias e nos modelos de desenvolvimento, é difícil prevê-las com precisão.

Essa incerteza com relação ao curso da economia, somada à previsão de que um novo modelo de desenvolvimento "informacional" (em oposição ao industrial que funcionou nas décadas passadas) demandará uma força de trabalho flexível, facilmente reciclável, tanto na esfera individual como na macro-social, sustenta-se a idéia de que é mais seguro investir na educação básica. "Básica" refere-se tanto à sua posição lógica de base de conhecimentos (leitura, escrita, matemática, solução de problemas) como à sua identificação com os primeiros anos da educação, nos quais não é preciso ainda definir orientações mais específicas.

Outro elemento dessas políticas é o pressuposto de que o setor privado terá um papel fundamental ao determinar a demanda. Os funcionários de um ministério não podem determinar os rumos da educação (embora em certos momentos pareça que eles possam ser determinados pelo alto escalão da *intelligentsia* internacional); é o mercado quem deve fazê-lo fundamentado na avaliação, bastante correta, de que a educação — sobretudo a universitária — distanciou-se das necessidades reais da economia, e pretende-se resolver esta situação restabelecendo sua articulação com a demanda do mercado.[41]

Imagina-se, por exemplo, que se o setor privado está disposto a investir na capacitação de determinados recursos humanos é porque necessita deles e irá contratá-los efetivamente. Portanto, sustenta-se que, em vez de o Estado investir — o que não faz por sua própria necessidade, mas por uma decisão arbitrária — devam ser o mercado e o empresário a fazê-lo. Esta poderia ser uma hipótese plausível que merece verificação empírica. Entretanto, já está demonstrado empírica e teoricamente que o mercado dos serviços educativos não funciona segundo esta teoria econômica.

O grau de permanência nas relações trabalhistas que caracterizava o modelo industrial reduziu-se consideravelmente. Em conseqüência, os empresários que investem na capacitação de seus trabalhadores não podem garantir que continuarão contando com eles, o que faz com que seu investimento tenda a ser restrito, geralmente pontual e de curto prazo.[42]

Com base no mesmo modelo, chega-se à conclusão de que o melhor é investir na escola primária. Para apoiar esta teoria, utilizam-se estimativas — por meio de regressões estatísticas históricas — relativas ao aumento da renda de uma pessoa analfabeta (em cuja educação se investe determinada quantia), que seria proporcionalmente maior que o aumento de salário de um profissional com pós-graduação em cuja educação adicional fosse investido o mesmo montante. Por esta razão, o investimento na educação primária traria mais vantagens sociais do que na secundária e na superior, uma vez que, somando os maiores aumentos de rendas pessoais se conseguiria um incremento maior da renda nacional por unidade de valor adicional investida. Em análises deste tipo apóia-se a hipótese de que a vantagem "social" coincidiria com a vantagem dos setores mais carentes.

A idéia conduz também a uma falácia evidente: num mundo no qual apenas um terço da população vai conseguir integrar-se ao mercado formal de trabalho, quando efetivamente entrarem no mercado de forma massiva os que hoje são alunos, uma proporção muito alta irá ficar desocupada ou

---

41. Este ponto de vista também é expresso com freqüência nos documentos da CEPAL já citados.

42. Cada caso concreto deve ser analisado, porque sempre podem existir casos de população relativamente cativa (como em certas cidades-fábrica), ou podem existir frações de empresários que vejam seu futuro ligado ao desenvolvimento geral da economia e da educação nacional. Mas esta última possibilidade tenderá a manifestar-se mais como um projeto empresarial para a educação pública do que em investimentos no âmbito das empresas.

irá concorrer entre si, diminuindo os salários. Em outras palavras: para poder tornar efetivo esse maior benefício privado e social (supondo-se que fosse efetivamente superior) é necessário um desenvolvimento que garanta um crescimento adequado da demanda por trabalho, o que, por sua vez, exigiria investir em outros níveis de educação e em outros setores econômicos, assim como estimular outras instituições além do mercado. A possibilidade de cumprir essas condições depende em boa parte da estrutura dos investimentos privados em escalas nacional e global.

É certo que a educação pode aumentar a produtividade dos que consigam trabalho, mas eles estarão sempre concorrendo entre si, e o salário dos que consigam empregar-se resultará antes de um processo de negociação em condições desfavoráveis do que de sua produtividade. Estes fatores, porém, não são considerados na elaboração da proposta. Aparentemente, apela-se ao senso comum segundo o qual, necessariamente, quem tiver melhor educação terá mais oportunidades. Há uma falácia de composição do macro a partir do micro, risco este bem conhecido pelos epistemólogos das ciências sociais.

Já no caso do processo de ensino-aprendizagem, a escola é vista como empresa que monta e organiza insumos educacionais e produz recursos humanos com um certo nível de aprendizado. Pretende-se que o faça, como qualquer empresa submetida à concorrência, ao menor custo possível. Para definir políticas, o modelo sugere realizar um estudo empírico dos "insumos escolares" e de seus custos, relacionando suas variações às do nível de aprendizagem alcançado.

Segundo indicam os métodos congruentes com o modelo, por meio de métodos estatísticos associam-se as variações no aprendizado — medido mediante testes universais (equivalente ao pressuposto de um produto homogêneo, condição para construir o conceito utópico de mercado) — com a presença ou ausência de livros didáticos, com o fato de que o professor seja capacitado enquanto ensina ou antes de se iniciar como docente, com o número de alunos por classe, com o salário dos docentes, com o fornecimento de merenda ou de almoço escolar etc. Estimados os custos desses "insumos", obtém-se relações de custo-benefício referentes aos objetivos da aprendizagem.

Aplicando-se rigorosamente o método, chega-se a certas conclusões que, pelas suas próprias limitações,[43] deveriam ser tomadas como simples

---

43. Deve-se levar em conta que quando o modelo sugere que um fator é menos efetivo em termos de custo do que outro, não quer dizer que o fator não seja importante. Mais ainda,

hipóteses, a saber: é melhor investir em livros didáticos e não em salários ou em capacitação a longo prazo de professores, é melhor financiar a merenda escolar e não modificar as condições que fazem com que os alunos cheguem famintos à escola, é eficaz em termos de custo duplicar a relação entre o número de alunos por sala e professor etc. É evidente que algumas destas propostas são hoje muito bem aceitas do ponto de vista da eficiência máxima do gasto público que, por outro lado, se quer reduzir ao máximo como parte das políticas de ajuste.

Efetivamente, a discussão sobre as propostas de política social do Banco se complica, e não pode se limitar a um intercâmbio científico-técnico, porque o Banco Mundial está empenhado — conjuntamente com o FMI — no "saneamento fiscal" e na redução de funções do Estado (o que explica em parte sua resistência em conceder aumentos salariais aos professores), ao mesmo tempo em que afirma que seu objetivo principal é reduzir a pobreza no mundo, ou seja, instaurar a grande política compensatória no âmbito mundial (o que também explica em parte suas propostas de focalização do gasto). Como vemos, isso torna difícil distinguir em que medida as propostas estão orientadas por esses outros objetivos ou pela análise técnica das políticas mais eficientes para o setor educacional.

Outro exemplo na mesma linha: a focalização das políticas sociais nos setores de extrema pobreza é implementada sem afetar o setor de maior concentração da riqueza, mas atingindo os setores médios urbanos que se beneficiavam delas, o que serve melhor ao objetivo de minimizar o gasto público do que ao imperativo da eqüidade social. Esta situação é particularmente grave no setor da educação, por suas conseqüências sobre as expectativas de melhoria social (de chegar a ser classe média), componente principal da motivação, que por sua vez é fator determinante do aprendizado e da eficiência educativa, interna e externa. Numa visão mais complexa da

---

o número de alunos por professor, ou os salários destes, na verdade incidem positivamente no aprendizado dos alunos. O que se quer dizer ao afirmar que não são medidas custo-efetivas é que são vias relativamente mais onerosas para conseguir uma melhoria no aprendizado. Também é importante considerar que se trata de uma "análise marginal", que supõe a presença de outros fatores complementares quando se modifica em pequena escala o fator que está se avaliando. Uma das limitações deste modelo é que sua validade deveria limitar-se a pequenas variações desde o ponto de partida, porque quando se modifica drasticamente a composição de fatores, todos os coeficientes que foram estimados podem modificar-se. Aplicá-lo em reformas estruturais requer grandes cuidados. Estes e outros limites do modelo são amplamente conhecidos pelos economistas.

educação, não parece que a eficiência do setor (segundo a definição do Banco) fora um objetivo tão crucial como se proclama.

O investimento prioritário na escola primária é associado não somente à eficiência econômica externa do setor educativo, mas também ao objetivo de aliviar a pobreza no mundo. Mesmo nos países onde o acesso ao sistema escolar é de 95%, sustenta-se essa prioridade porque se afirma que o sistema ainda é ineficiente nesse nível (altos graus de repetência e evasão). Isto significa não perceber a relação dialética entre extensão e qualidade, porque quando se amplia um sistema educativo em um contexto de marginalização cultural e exclusão econômica, podem-se esperar taxas crescentes de evasão e fracasso como produto do próprio êxito da extensão. Motivo pelo qual pretender resolver o problema da qualidade como se fora um problema "da sala de aula", pela mudança na proporção dos insumos educativos, sem encarar integralmente os problemas do contexto social que incidem no rendimento do sistema escolar (condições contextuais dos níveis de aprendizado efetivo), não passa de uma estratégia mal formulada.

Não defendemos aqui a necessidade de rejeitar as propostas do Banco, que podem conter idéias muito boas, mas de fazer um exame crítico que não parece ter sido realizado por seus proponentes, nem sequer por suas contrapartes nacionais. Deveria ser evidente que, apesar do seu manto de cientificidade, existem grandes fragilidades de princípio nos fundamentos dessas propostas, não porque se baseiam em pressupostos irreais,[44] mas pela qualidade destes pressupostos que sustentam os modelos e métodos utilizados. Inclusive, após vários anos de implementação destas políticas, é necessário começar a examinar se elas estão produzindo os efeitos reais que estavam previstos.

Isto não significa que algumas das recomendações do Banco não sejam intuitivamente aceitáveis e até eficazes em certas circunstâncias. Mas é fundamental ter consciência de que devem ser consideradas em pé de igualdade com outras propostas que possamos fazer e que não têm essa aparência impressionante dos modelos econométricos, a partir de outros marcos teórico-metodológicos, igualmente válidos se bem aplicados. Mostramos algumas das fragilidades do marco teórico; discutiremos agora as debilidades no terreno da produção e interpretação das séries de dados quantitativos que costumam acompanhar as propostas do Banco.

---

44. Todo modelo deve basear-se em pressupostos. O problema é a relação existente entre o modelo e a realidade.

Fragilidade nos fundamentos empíricos da proposta

A evidência empírica para sustentar uma teoria e suas recomendações constrói-se necessariamente dentro do arcabouço das hipóteses, mas o espírito científico requer que as refutações da teoria sejam consideradas tão valiosas e informativas quanto suas aparentes confirmações. Dentro do próprio Banco Mundial foram realizadas avaliações sobre as evidências que sustentam suas propostas e seu grau de validade geral; o resultado está longe de constituir uma confirmação satisfatória.

Antes de analisarmos alguns desses resultados, devemos lembrar que, no passado, o Banco já havia cometido erros graves por difundir sem a devida crítica fórmulas de ação que pareciam plausíveis, tais como a onda de investimentos em projetos de irrigação de uso múltiplo na América Latina. Nem sempre esses erros podem ser vistos como não intencionais. Para um Banco é fundamental mobilizar sua carteira de empréstimos e esse objetivo pode prevalecer sobre aquele do desenvolvimento dos países beneficiários.[45] Como o Banco obtém recursos do mercado de capitais, suas taxas de retorno e seus índices de recuperação tornam-se critérios mais importantes que os indicadores de efetividade no cumprimento de objetivos transcendentes. Também é importante lembrar que os custos desses erros — alguns tão evidentes como o da dívida externa — foram e continuam sendo pagos pelos setores populares dos países devedores.

Considerados esses antecedentes, a responsabilidade moral exige mais humildade nas propostas ou (aplicando as mesmas regras que o Banco e o FMI aplicam aos demais agentes econômicos) que os custos dos erros hoje cometidos por recomendações dessas instituições sejam assumidos pelas mesmas, notadamente quando essas recomendações são impostas mais como condição do que como simples conselhos.

Estamos convencidos de que por trás do aparato técnico-discursivo economicista existe uma grande ignorância sobre o processo educativo e as necessidades futuras de nossas sociedades, visto que boa parte do que está se propondo como política correta não passa de um conjunto de hipóteses que merece ser levado em conta, sim, mas não como um conhecimento seguro já comprovado.

Abre-se assim um espaço de flexibilidade real para considerar e testar diversas alternativas, sem o caráter monolítico das reformas universais

---

45. Sobre este tema, veja o diagnóstico realizado por um ex-vice-presidente do Banco Mundial, Willi Wapenhans (Banco Mundial, 1992).

impostas de cima (mesmo que se mencione certa participação e consenso), e sem a imposição de fato de um monopólio na produção de informação.

1. As regressões estatísticas

Ao formular certas relações entre determinadas variáveis instrumentais e variáveis-objetivo, um modelo teórico já sugere como é a realidade e o que fazer para modificá-la. Entretanto — porque assim o requer o método científico e porque às vezes as hipóteses desafiam o senso comum —, os modelos são utilizados para construir dados relevantes para essas teorias e assim comprovar se as variáveis se comportam como foi previsto pelo modelo. Devido à grande responsabilidade que supõe definir uma política educativa, o procedimento utilizado deveria ser cuidadosamente examinado para verificar se atende aos requisitos científicos antes que seus resultados sejam aceitos como fundamento de propostas de ações governamentais de grande impacto.[46]

Esses requisitos são bem conhecidos para aqueles que aplicam rigorosamente os métodos da pesquisa científica. Por exemplo, sabe-se que as regressões, históricas ou longitudinais — caso tenham sido bem-feitas — só podem ser generalizadas a outras situações no tempo e no espaço com muitas precauções. No melhor dos casos, elas fornecem hipóteses com maior fundamento empírico, mas continuam sendo hipóteses cuja probabilidade de serem válidas em outras circunstâncias deve ser cuidadosamente examinada.

Esta consideração, por exemplo, permitiria duvidar da afirmação de que o investimento na educação primária é mais eficiente, do ponto de

---

46. Vamos pensar, por analogia, nos requisitos que são exigidos dos laboratórios, antes de lançar no mercado dos países industrializados novos medicamentos que afirmam ter determinados efeitos sob determinadas condições. Será mais grave deixar a cargo dos laboratórios privados a responsabilidade pelo desenvolvimento e lançamento de medicamentos do que deixar a cargo das elites de técnicos a elaboração de políticas educacionais? Sob que condições se admite a experiência controlada e quando se aceita a oferta generalizada das novas fórmulas? Como se controla socialmente a qualidade das fórmulas propostas? Como atribuir responsabilidades em caso de erros graves? Não pressupomos que, apesar do seu poder, a responsabilidade deve recair exclusivamente sobre os organismos internacionais, porém, no melhor dos casos, deveriam ser co-responsáveis. (Por exemplo, no caso da recente crise da economia mexicana, afirmou-se que o FMI e o Banco Mundial anteviram a crise, mas que não a levaram a público atendendo às necessidades eleitorais do Partido Revolucionário Institucional.)

vista do crescimento econômico, que o investimento em ciência e tecnologia, ou na renovação das capacidades das camadas de técnicos e profissionais deslocados pela revolução tecnológica; essa afirmação baseia-se em regressões realizadas com informação secundária disponível para outras épocas, reflexo de determinadas maneiras de educar e de vincular a educação às necessidades sociais; estamos justamente no meio de uma mudança de época, em que os parâmetros e a natureza das próprias relações, dentro do sistema educativo e deste com a sociedade, estão em processo de mudança.[47]

Se, por outro lado, o que se postula é a ocorrência de uma mudança estrutural na relação entre tipos de educação e necessidades sociais, esta idéia pode ser sustentada argumentando-se teoricamente, por analogias ou por evidências indiretas, mas seria contraditório pretender que essa nova relação já existisse no passado.

Outros erros podem acontecer combinando-se saltos históricos com falácias de composição (ao passar de um nível de agregação ou análise para outro mais abrangente). Como já foi indicado, é plausível e sustentável empiricamente que — sob as mesmas condições — no passado recente e também no futuro, um indivíduo mais educado possa ter maiores probabilidades de obter um emprego remunerado. Entretanto, não podemos deduzir que um investimento massivo na educação básica irá melhorar as oportunidades dos setores populares em seu conjunto. As pessoas logo concorreriam entre si, especialmente em um mercado cuja demanda por força de trabalho tende a se reduzir em relação a outros fatores (conhecimento científico, informação). Os trabalhadores terão de competir não só com seus compatriotas como também com os milhões de trabalhadores de outras regiões do mercado de trabalho global. Em conseqüência, ainda quando essa relação tenha sido registrada no passado, e consideradas as perspectivas do mercado de trabalho global, se não atuarmos também sobre a demanda, uma política dirigida a aumentar a oferta de força de trabalho com educação básica pode ser ineficiente e ineficaz para conseguir os objetivos pretendidos.

---

47. "a maioria das taxas (de retorno do investimento em educação primária) foram estimadas nos anos 70", "Deve-se ter grande cuidado ao fazer tais comparações, especialmente devido à variação nas amostras e da precisão nas estimativas de custos entre as taxas obtidas." Haddad, Carnoy et al. (1990: 6). Nesse mesmo documento afirma-se que: "em muitos países latino-americanos (...) a crise educacional expande principalmente os níveis secundário e terciário mais que o nível primário. (...) Mesmo os países maiores e com maior renda arriscam-se a prejudicar sua modernização tecnológica futura se o seu sistema educativo não mantém o ritmo das exigências do desenvolvimento" (Idem: 34).

Portanto, hipóteses e informações sobre as projeções do mercado de trabalho global deveriam entrar também nos modelos econométricos para examinar os resultados previsíveis de um investimento marginal na educação básica.

Outro erro da evidência produzida sob o título de "análise econômica" ou de "custo-benefício" da educação depreende-se do fato de que, inclusive a visão rudimentar do processo educativo como uma função de produção,[48] não é simples de implementar empiricamente de maneira confiável, sobretudo quando se utilizam dados secundários não gerados especialmente para a pesquisa em curso:

> Os resultados dessas "funções de produção educativa" variam muito e contêm inúmeros problemas metodológicos, um dos quais (muito importante) é que não fica claro que unidade de produção se deve usar (o aluno individual, a sala de aula, a escola, o distrito escolar) e se o que se está maximizando é o resultado acadêmico ou algum outro produto (Carnoy, Sack e Thias, apud Haddad et al., 1990: 50).
>
> Nenhum dos estudos especifica uma teoria subjacente do aprendizado que pudesse definir a natureza da relação entre insumos escolares e resultado acadêmico: todos supõem que os insumos de docentes podem ser medidos pelas características dos professores (educação, experiência e aptidão), ignorando a forma ou o grau em que tais características são efetivamente envolvidas no processo de ensino-aprendizagem (Levín, apud Haddad et. al., 1990: 50).
>
> Devido a estas limitações, os estudos de funções de produção educativa produziram resultados não conclusivos e com freqüência contraditórios (Fuller, 1987). "... não foram capazes de indicar com precisão quais os insumos escolares que têm maior ou menor efeito sobre o resultado (acadêmico). Nem foram particularmente úteis para identificar que insumos são mais efetivos em termos de custo que outros ... (pois) ... raras vezes medem os custos dos insumos (Haddad et al., 1990: 50).

Em um trabalho muito significativo, também auspiciado pelo Banco, faz-se uma análise crítica do enfoque da educação como uma função da produção e formula-se um método estatístico diferente, mas também se faz uma reflexão geral sobre as limitações deste tipo de instrumentos como base para a definição de políticas (Lockheed e Longford, 1989).

Esse relatório deixa claro que, embora exista uma associação entre certos insumos e os resultados da aprendizagem, não pode ser interpretada como relação de causa e efeito entre uma intervenção externa e um resultado do aprendizado.

---

48. De acordo com essa visão, o "produto" se mede pelo nível de aprendizagem e os "insumos" são todas as variáveis presumivelmente associadas a esse resultado.

Obter livros didáticos adicionais para as escolas não é um simples procedimento desvinculado de decisões de gestão e processos educativos; é, em si, uma variável-resultado relacionada a alguns aspectos (desconhecidos pelo modelo) do processo educativo. Da mesma forma, descartar as cartilhas pode não conduzir aos melhores resultados, a menos que todas as outras circunstâncias (presentes nos casos examinados) que levam a um menor uso das cartilhas estejam também presentes ou sejam induzidas externamente (Idem: 58).

Não se pode declarar, meciante uma vontade externa, que as classes ou as escolas têm currículos enriquecidos apenas com os sinais externos de que é esse o caso. Um conjunto complexo de circunstâncias vinculadas precisam ser garantidas, como o fortalecimento da educação nos graus inferiores, a sincronização com outras matérias etc. (Idem: 60).

As intervenções externas estarão livres de risco apenas se tivermos, e aplicarmos, modelos causais sobre como funciona o sistema educativo. Os modelos desenvolvidos nesta monografia, e em geral na literatura sobre pesquisa educativa, são puramente descritivos (Idem: 58-59).

Além disso, as interpretações dos que estimam os efeitos estão sujeitas a uma variedade de influências, e podem haver modelos de regressão alternativos, com outras variáveis, que sejam igualmente corretos em termos de predição. Portanto, a seleção das variáveis incluídas neste modelo é responsável, até certo ponto, pelos resultados, e uma seleção diferente de variáveis poderia levar a resultados substancialmente diferentes com relação à contribuição de cada variável[49] (Idem: 59).

Em outras palavras, o método analítico em si — do qual a análise econômica neoclássica é apenas um caso — tem sérias limitações. Esse método supõe que um sistema solidário de relações e processos reais pode ser simbolizado por um conjunto de variáveis, isoladas primeiro e relacionadas depois exteriormente entre si, em um modelo que não é apenas uma representação suficientemente fiel do estado atual, mas que também permite simular suas possíveis mudanças. Nesse procedimento perde-se o histórico e a complexidade dos processos, algo que não poderia se resolver incorporando mais variáveis, mas que está perdido para o método em si. Embora esse método tenha demonstrado sua fertilidade

---

49. No trabalho se comparam os resultados de se aplicar dados OLS (Ordinary Least Squares Regression) ou VCS (Simple Variance Components Analysis), que resultam em pendentes diferentes (taxa de mudança da variável dependente ao variar 1% cada variável independente): 13% e 17% respectivamente para a mesma variável independente. Em uma análise marginal, estas diferenças podem ser decisivas para determinar qual é o melhor de dois métodos com relação à efetividade em termos de custo. Por exemplo, se a diferença calculada entre o custo do método educacional atual e outro que modifica a variável estudada é de 13%, segundo o método estatístico aplicado para a estimativa do "benefício" se recomendará algo diferente: não fazer nada, se considerarmos como boa a estimativa de que o rendimento também aumenta em 13%; ou introduzir a mudança, se presumirmos que o resultado será melhor com 17%.

para contribuir com o avanço nas ciências naturais, a impossibilidade de experimentar em laboratórios faz com que as conseqüências de considerar as hipóteses adequadas tragam riscos e desdobramentos muito diferentes no terreno sócio-cultural.

Estas considerações deveriam induzir nas propostas de política a humildade que reivindicávamos anteriormente, considerando-se os modelos não como garantia da verdade mas como mais uma forma de produzir idéias, complementar a outras, e somente um instrumento do complexo processo gerador de hipóteses. Porém, não é esta atitude responsável que predomina, principalmente quando estes modelos são empregados com dados "emprestados" de outras realidades e épocas para fundamentar previsões de longo prazo em meio a uma mudança estrutural e, além disso, pressupondo que são aplicáveis — a menos que se demonstre o contrário — a países extremamente díspares nos aspectos referentes à cultura e ao sistema educacional.

No documento referido acima propõe-se corretamente que, para uma agência que deve destinar recursos escassos,

> sem nenhum conhecimento prévio do sistema educativo, qualquer justificativa de intervenção na política baseada nos resultados das análises de regressão (ou de componentes da variação) ... carece de fundamento apropriado. Certas intervenções podem provocar a mudança do sistema educativo e, portanto, do próprio modelo de regressão. Esse novo modelo de regressão poderia indicar que a intervenção selecionada está longe de ser a melhor e que, inclusive, pode ser negativa. [E acrescentam:] Cada intervenção deve ser vista como uma experiência, cujo resultado pode ser previsto a partir de um estudo de observação, apenas sob o pressuposto irreal de que a fórmula de regressão descreve precisamente os mecanismos de um processo educativo rígido (Idem: 60-61).

Quão diferente seria o enfoque de uma assessoria em matéria educativa se os técnicos participantes no processo de decisão adotassem uma atitude diante da realidade educativa similar à exposta! O documento citado é anterior ao que fundamenta cientificamente a maioria das propostas sobre prioridades no gasto educativo que o Banco vem realizando no mundo.[50] Surpreende-nos que não pareça ter servido para lhe incutir a modéstia e os cuidados que recomenda.

---

50. Refere-se ao que já foi citado: Lockheed et al., 1991. Veja também a revisão de Schwille (1993: 490-493), quem afirma: "o livro não dá suficiente importância às evidências conflitantes, às opiniões dissidentes e aos pontos de vista opostos".

2. "Milagre no Leste da Ásia": as lições que o Banco extrai (e as que ignora)

Não pressupomos que haja uma conspiração contra os países em desenvolvimento, mas estamos apenas identificando os erros que podem e devem ser expostos e discutidos para continuar o diálogo sobre outras bases (se vamos dialogar, façamo-lo sabendo o valor das idéias com que cada um contribui para o diálogo). Entretanto, surpreende-nos que o discurso oficial do Banco esteja contaminado por critérios duplos (percebido por muitos funcionários do próprio Banco).

Por exemplo, os estudos disponíveis dos países desenvolvidos indicam que, por si só, a educação não resolve a pobreza. Não nos referimos aqui a que também há de se investir em capital físico e ter um marco macroeconômico aberto e estável (idéia com a qual o Banco concorda). Referimo-nos ao fato de que o investimento em educação somente contribui para reduzir a pobreza em um contexto de crescimento com políticas redistributivas da renda, ao passo que, mesmo com crescimento, no contexto de políticas e efeitos redistributivos negativos, a educação não reduz a pobreza, nem mesmo nos países industrializados (Haddad et al. 1990: 15).[51] Portanto, uma política educativa eficiente não pode ser setorial, mas deve integrar, como condições de sua eficácia, mudanças na distribuição da renda e da riqueza, que na América Latina mostra uma das estruturas mais regressivas do mundo. Entretanto, essa lição não parece haver sido aprendida, se consideramos em conjunto as políticas educativas, sociais e econômicas.

Recentemente, a adoção de padrões duplos pode ser percebida na leitura que se faz do "milagre do Leste Asiático" (Banco Mundial, 1993) do ponto de vista da educação. Mencionam-se oito economias que cresceram continuamente entre 1965 e 1990: Japão, os "quatro tigres" (Hong Kong, República da Coréia, Cingapura e Taiwan), e três NICs (países de recente industríalização do Sul da Ásia: Indonésia, Malásia e Tailândia). Um dos fatores com os quais se estabelecem relações causais com esses resultados é a focalização do gasto educativo nos níveis mais baixos, fornecendo primeiro educação primária universal, aumentando a seguir a oferta de educação secundária e dedicando recursos públicos limitados à educação pós-secundária, focalizada em habilidades técnicas ou na "importação" de serviços educativos em disciplinas sofisticadas. Como resultado, conseguiram

---

51. Ali se cita Fuller e Lockheed (1987).

uma ampla base de capital humano orientado tecnicamente, apto para o desenvolvimento econômico rápido.

Esse antecedente é citado como fundamento empírico de uma política educacional que remaneja para a educação básica recursos alocados no ensino superior e que centraliza as carreiras remanescentes em seus módulos técnicos. Seguir esta linha na América Latina significaria destruir o que existe e desconsiderar que a extensão alcançada pela escola primária já é uma das maiores do mundo. Poder-se-ia argumentar em sentido oposto que o ensino secundário deve ser enfatizado, porque nele se encontra (ou não) a juventude que ingressará no mercado de trabalho nos próximos anos. Ou propor a necessidade de colocar ênfase em reorganizar e revitalizar o ensino superior e a pesquisa, incentivando sistemas regionais integrados de pesquisa e formação, para conseguir economias de escala e economias externas imprescindíveis à competitividade internacional. Isto não implica deixar de investir no ensino básico; porém, sem estes investimentos complementares, os eventuais benefícios do investimento em educação básica não poderão ser colhidos.

Além disso, a própria leitura do relatório sobre o milagre asiático permite perceber, inclusive do ponto de vista do modelo neoclássico, que não são retomadas com igual força outras relações que o estudo aponta. Chega-se à conclusão de que as medições disponíveis da elasticidade-renda da taxa de escolaridade (0.31 no primeiro grau e 0.43 no segundo) implicam que uma redistribuição mais igualitária da renda induziria um efeito positivo muito importante no aumento da matrícula escolar. (Afirma-se que, se o Brasil tivesse uma distribuição da renda como a da Malásia, a matrícula aumentaria em média 33%; no grupo de crianças pobres esse aumento seria de 80%) (Banco Mundial, 1993: 196). Mas o discurso educativo do Banco não enfatiza a necessidade de uma política econômica que redistribua positivamente a renda pessoal para contribuir com o aumento desejado da cobertura escolar (evidentemente, para uma análise setorial, não é uma via eficaz em termos de custo).

O contexto e a dinâmica socioeconômicos têm outras repercussões na eficiência interna e externa do sistema escolar. Para que a política educativa cumpra seus objetivos com eficiência, as capacidades adquiridas devem poder ser exercidas num contexto de desenvolvimento social e econômico e, durante o processo educativo, devem existir expectativas positivas nesse sentido. Esta situação determina outras necessidades que o caso asiático parece indicar (mas que são esquecidas ao propor a política educativa como uma política setorial). São elas, entre outras:

- O fortalecimento das instituições estatais e o ambiente de cooperação com o setor privado, o que provocou intervenções estatais eficazes que transcenderam as conjunturas eleitorais, situação distante da realidade latino-americana. A legitimidade do Estado baseou-se na combinação da unidade nacional diante de ameaças externas e a institucionalização (não somente no discurso) de um crescimento compartilhado por todos os setores. Ao mesmo tempo, limitou-se a capacidade dos interesses específicos corporativos ou políticos influírem sobre a tecnocracia econômica, possibilitando seu relativo isolamento, ao mesmo tempo em que se promovia a qualidade técnica desta última (remunerações competitivas com as do setor privado, reconhecimento dos méritos, competência em vez de favoritismo no acesso aos cargos).[52]

- Essas sociedades recorreram ao capitalismo de Estado, a mecanismos de poupança compulsória e de socialização dos riscos.

- Um alto grau de igualdade na distribuição da renda (o relatório do Banco diz expressamente: "uma melhor distribuição da renda contribui para a estabilidade social em geral, melhorando assim o meio ambiente para o crescimento" (Banco Mundial, 1993: 19), e ressalta o contraste com a América Latina). Apelou-se à redistribuição da terra e do crédito, assim como à satisfação pública da necessidade de moradia. Enfatizou-se efetivamente o apoio à pequena e média empresas.

- Uma alta carga fiscal e elevadas taxas de juros para o consumo de bens supérfluos.

- Orientação do crédito para certas áreas da exportação, com garantia estatal dos critérios ou da viabilidade financeira dos projetos promovidos.

- Menor vulnerabilidade dos governos às demandas dos sindicatos para impor um salário mínimo (o que agora começa a ser garantido na América Latina com a desregulamentação e flexibilização do mercado laboral).

- Em alguns casos, combinou-se a promoção das exportações com a proteção do mercado interno.

---

52. Na América Latina isto está bloqueado pela privatização do Estado e pela corrupção, fatores que, apesar de conhecidos, são dificilmente explicitados pelas limitações institucionais do Banco como organismo multilateral.

Diante dessa lista de fatores associados ao "milagre", o relatório deixa dúvidas sobre a possibilidade de repetir com êxito essa estratégia nos anos 90. Destaca, por exemplo, que seria impossível fechar o mercado financeiro, agora global, sem provocar fuga de capitais. Também não considera viáveis as políticas protecionistas do mercado interno porque, segundo o novo acordo de comércio internacional, seriam vistas como uma contravenção e punidas pela comunidade internacional. Do mesmo modo, declara ser impossível o desenvolvimento de competências institucionais capazes de dirigir as políticas de maneira precisa, defendendo a mudança para políticas macroeconômicas gerais e desestimulando as intervenções setoriais. Em outras palavras, o relatório considera que as bem-sucedidas políticas econômicas desses países — que em muitos sentidos contradizem as propostas pretensamente universais do ajuste estrutural — já não poderiam se repetir em regiões com outra cultura e em outra conjuntura mundial.

Por essa mesma razão, nos surpreende que se proponha em troca — com tanta ênfase — a repetição do caminho dos investimentos prioritários na educação de primeiro grau. Para o caso latino-americano, isto não significa investir mais em educação, mas sim transferir os recursos remanescentes do ajuste dos níveis superiores aos inferiores do sistema educacional, com sérias conseqüências sociais e políticas em sociedades com alto nível de urbanização, com classes médias e expectativas de melhoria pessoal historicamente associadas à educação média e superior.

Necessidade de uma esfera pública nacional

A duplicidade de critérios manifestada pelo Banco Mundial deve trazer-nos à mente não somente os sentidos implícitos de suas propostas como também o vazio de critérios nacionais bem definidos, que facilita a influência de propostas de fundamento duvidoso sobre nossas políticas educacionais. Partir de uma posição nacional solidamente fundamentada ajudaria a colocar entre parênteses o caráter técnico das propostas alternativas do Banco.

A necessidade dessa relativização é evidente quando, no amplo contexto das orientações do Banco, notamos a seguinte contradição: ao mesmo tempo em que parece considerar que na América Latina podem se reverter (pela ação do Estado) décadas de cultura política centralizada e clientelista, criando quase do zero administrações locais participativas e eficientes, não considera possíveis nem uma reforma radical mais igualitária do sistema fiscal e da propriedade, nem a proteção racional de produtos de consumo local de países em desenvolvimento, nem o estabelecimento de limites ao movimento especulativo de capitais, nem o fortalecimento eficiente de certas capacidades estatais (em vez de seu "desmonte"), nem a criação de serviços públicos eficientes e condizentes com a demanda da população. Em troca, apesar da história do mercado na América Latina e no mundo, o Banco manifesta abertamente sua confiança de que, a longo prazo, esse mecanismo permitirá satisfazer as necessidades e reintegrar as maiorias sociais.[53]

Se estão sendo propostas reformas institucionais profundas, que só uma perspectiva muito determinada de engenharia social pode admitir, por que não se propõe uma reforma equivalente nos sistemas político e de propriedade? Embora rejeitemos a hipótese conspirativa, ou a explicação restrita ao efeito ideológico de uma teoria que cega aqueles que a utilizam, cabe pensar que deveria existir, ao menos, uma censura ao discurso oficial, proveniente dos que têm o poder de fazê-lo. Porque, como vimos, o próprio Banco Mundial que produz esse discurso oficial deixa entrever brechas para pensar uma proposta alternativa que ele mesmo parece não ter capacidade de formular.

Essas brechas reafirmam, novamente, que a responsabilidade pelas políticas educativas recai sobre os governos nacionais e os seus políticos, intelectuais e técnicos, sobretudo quando eles exercem um poder de decisão altamente centralizado, apelando no melhor dos casos à legitimização *a posteriori* de políticas cujos erros podem provocar catástrofes irreparáveis. Em todo caso, não podemos dizer simplesmente que o Banco é o *factotum* das novas políticas educativas. Como acabamos de demonstrar, o seu próprio discurso esboça elementos para assumir políticas diferentes, se houvesse — de fato — a vontade política de fazê-lo.

Essa vontade não pode vir de cima nem surgirá espontaneamente de baixo. É preciso redirecionar e incutir em toda a sociedade a necessidade de um processo de mudança institucional e cultural de longa duração, o que não se garante apenas com um rigoroso exame das opções técnicas, nem deslocando o poder tecnocrático dos organismos internacionais para os governos nacionais, ou destes aos governos locais ou às ONGs.

---

53. É notável o silêncio com relação à estrutura de mercado real, que continua sendo representado como mecanismo sem sujeição, auto-regulado pela livre concorrência e somente obstaculizado pelas políticas estatais, apesar de, como resultado da concentração econômica que acompanha a globalização, apenas trezentas empresas possuírem em conjunto uma quarta parte dos ativos produtivos do mundo.

É necessário revitalizar a capacidade de diagnóstico e decisão nacionais, capitalizando as experiências no âmbito mundial e a visão global, com a ajuda dos organismos internacionais, o que não significa tentar descobrir a verdade absoluta no educativo nem suas fórmulas definitivas, mas propiciar a abertura democrática da esfera pública para assumir, propor, e construir consensos em torno de concepções e ações educativas num espaço transparente e pluralista de inovações, aprendizagens e contínuas retificações.

Referências bibliográficas

BACKHOUSE, Roger E. (1994). *New directions in economics methodology*. Londres, Routledge.

BANCO MUNDIAL. (1995). *Priorities and strategies for education*: a World Bank sector review. Washington.

_____. (1994). *Higher education*: the lessons of the experience. Washington.

_____. (1993). *The east asian miracle*: economic grow and public policy. Oxford University Press.

_____. (1992). *Effective implementation*: key to development impact: report of the World Bank's portfolio management task force (Relatório Wapenhans).

_____. (1991). *Política urbana y desarrollo económico*: un programa para el decenio de 1990. Washington.

_____. (1990). *World Development Report 1990*: Poverty. Oxford University Press.

BARTLETT, Donald e STEELE, James B. (1992). *America*: what went wrong? Kansas City, Andrews and McMeel.

BID, PNUD. (1993). *Reforma social y pobreza*: hacia una agenda integrada de desarrollo. Washington.

CARNOY, M.; SACK, R. e THIAS, H. (1977). *Determinants and effects of school performance*: secondary education in Tunisia. Washington, Banco Mundial.

CASTELLS, Manuel. (1989). *The informational city*. Cambridge, Blackwell.

CEPAL. (1993). *Panorama Social de América Latina*. Santiago.

_____. (1992). El perfil de la pobreza en América Latina a comienzos de los años 90. *Notas sobre la Economía y el Desarrollo*, n. 536. Santiago, nov.

_____. (1990). *Transformación productiva con equidad.* Santiago.

CEPAL, PNUD. (1990). *Magnitud de la pobreza en América Latina de los ochenta.* Santiago.

CEPAL, UNESCO. (1992). *Educación y conocimiento*: eje de la transformación productiva ccn equidad. Santiago.

CORAGGIO, José Luis (a). *Economía urbana*: la perspectiva popular. México, Fondo de Cultura Económica. (No prelo.)

_____. (b). *Desenvolvimento humano, economia popular e educação.* São Paulo, Cortez. (No prelo.)

_____. (1994a). Las nuevas politicas sociales: el papel de las agencias multilaterales. (Apresentado no Seminario-Taller Estrategias de Lucha contra la Pobreza y el Desempleo Structural. CEUR/Instituto de Geografia de la UBA, Buenos Aires.)

_____. (1994b). *Educación y modelo de desarrollo.* (Exposição apresentada no Seminário Internacional sobre Poéticas Educativas na América Latina.) CEPAL e PIEE, Santiago do Chile, 5-6 de dezembro.

DORNBUSCH, Rudiger e FISHER, Stanley. (1994). *Macroeconomics.* 6a. ed, Nova York, MacGraw Hill.

FULLER, Bruce e HOLSINGER, Donald B. (1993). Secundary education in developing countries. *EPS Discussion Paper Series*, n. 7, Washington.

FULLER, Bruce e LOCKHEED, Marlaine. (1987). Policy choice and school efficiency in Mexico. *EDT Discussion Paper*, n. 78. Washington.

GALDAMES, Viviana. (1993). El programa de las 900 escuelas: una experiencia chilena. *Boletin del Proyecto Principal de Educación en América Latina y el Caribe*, n. 32. Santiago.

HADDAD, Wadi D. et al. (1990). Education and development: evidence for new priorities. *World Bank Discussions Papers*, n. 95, Washington.

LATIN AMERICAN ECONOMY AND BUSINESS. (1995). Londres, junho.

LEVIN, H. (1980). Educational production theory and teacher inputs. In: BIDWELL, C. e WINDHAM, C. (orgs.). *The analysis of educational productivity*: issues in macroanalysis. Cambridge, Ballinger Publishing.

LOCKHEED, Marlaine et al. (1991). *Improving primary education in developing countries.* Washington, Oxford University Press.

_____ e LONGFORD, Nicholas T. (1989). A multilevel model of school effectiveness in a developing country. *World Bank Discussion Papers*, n. 69. Washington.

LOPEZ M., Cecilia et al. (1993). *Desarrollo humano*: informe 1993: una perspectiva latinoamericana. Bogotá, Consenso.

MINUJIN, Alberto e KESSLER, Gabriel. (1995). *La nueva pobreza en la Argentina*. Buenos Aires, Planeta.

PNUD. (1990). *Informe de desarrollo humano*. Nova York.

_____. (1991). *Informe de desarrollo humano*. Nova York.

_____. (1992). *Informe de desarrollo humano*. Nova York.

_____. (1993). *Informe de desarrollo humano*. Nova York.

_____. (1994). *Informe de desarrollo humano*. Nova York.

PNUD, UNESCO, UNICEF, BANCO MUNDIAL. (1990). Satisfacción de las necesidades básicas de aprendizaje: una visión para el decenio de 1990. Documento de referência da Conferência Mundial sobre Educação para Todos. Jomtien, 5-9 de março.

PROMEDLAC V. (1993). *Informe final*. UNESCO/ED/MD/96.

PSACHAROPOULOS, George e WOODHALL, Maureen. (1985). *Education for development*: an analysis of investment choices. Oxford University Press.

RATINOFF, Luis. (1994). Las retóricas educativas en América Latina: la experiencia de este siglo. *Boletin del Proyecto Principal de Educación en América Latina y Caribe*, n. 35, Santiago.

SCHWILLE, John E. (1993). Resenha do livro de Marleine Lockheed et al. *Improving Primary Education in Developing Countries*. Washington, Oxford University Press, 1991, em *Comparative Education Review*, v. 37, n. 4. Chicago, University of Chicago Press, nov.

TORRES, Rosa María. (1993). Qué (y cómo) es necesario aprender? Necesidades básicas de aprendizaje e contenidos curriculares. In: *Necesidades básicas de aprendizaje*: estrategias de acción. Santiago, UNESCO/ OREALC.

_____. (1996). *De críticos a construtores*: educação popular, escola e "educação para todos". São Paulo, Cortez.

VERSPOOR, Adriann. (1991). Lending for learning: twenty years of World Bank support for basic education. *Working paper*. Washington, Banco Mundial.

Capítulo IV

Melhorar a qualidade da educação básica? As estratégias do Banco Mundial

Rosa María Torres
Tradução de Mónica Corullón

Introdução[1]

Um banco internacional, o Banco Mundial (BM), transformou-se, nos últimos anos, no organismo com maior visibilidade no panorama educativo

---

* As idéias aqui expressas são de exclusiva responsabilidade da autora e não comprometem o UNICEF.

1. Neste trabalho, adotamos como referência central para a análise o recente e último documento de política educativa produzido pelo Banco Mundial — *Priorities and Strategies for Education: A World Bank Sector Review* [Prioridades e estratégias para a educação: Estudo setorial do Banco Mundial] (1995) — ao qual denominaremos BM/1995. O documento sintetiza os principais estudos sobre educação publicados pelo Banco Mundial posteriores ao último documento de política setorial de 1980: *Education in Sub-Saharan África* [A Educação na África Sub-Saariana] (1988), *Primary Education* [Educação de primeiro grau] (1990), *Vocational and Technical Education and Training* [Educação técnica e formação profissional] (1991) e *Higher Education* [Educação superior] (1994) — assim como informes mundiais que assinalam a importância da educação — *Poverty* [A pobreza] (1990), *The Challenge of Development* [O desafio do desenvolvimento] (1991) e *Investing in Health* [Investindo em saúde] (1993). Examinando diferentes opções de política para os países devedores do Banco, o objetivo do documento é "ajudar os responsáveis pelas políticas nesses países, especialmente os que se ocupam do sistema de educação como um todo e os encarregados de alocar os recursos públicos à educação" (BM, 1988: XII). Devido aos problemas apresentados pela tradução deste documento ao espanhol, baseamo-nos na versão original em inglês.

global, ocupando, em grande parte, o espaço tradicionalmente conferido à UNESCO (Organização das Nações Unidas para a Educação, a Ciência e a Cultura), a agência das Nações Unidas especializada em educação. O financiamento não é o único nem o mais importante papel do BM em educação (representando apenas 0,5% da despesa total pelos países em desenvolvimento[2] neste setor); o BM transformou-se na principal agência de assistência técnica em matéria de educação para os países em desenvolvimento e, ao mesmo tempo, a fim de sustentar tal função técnica, em fonte e referencial importante de pesquisa educativa no âmbito mundial. Nos próprios termos do BM: "no plano internacional, o Banco é a maior fonte de assessoria em matéria de política educacional e de fundos externos para esse setor" (BM, 1992: 7).

O BM não apresenta idéias isoladas mas uma proposta articulada — uma ideologia e um pacote de medidas — para melhorar o acesso, a eqüidade e a qualidade dos sistemas escolares, particularmente do ensino de primeiro grau, nos países em desenvolvimento. Embora se reconheça que cada país e cada situação concreta requerem especificidade, trata-se de fato de um "pacote" de reforma proposto aos países em desenvolvimento que abrange um amplo conjunto de aspectos vinculados à educação, das macropolíticas até a sala de aula.

Este trabalho pretende analisar e discutir o pacote proposto pelo BM para a reforma da educação de primeiro grau nos países em desenvolvimento, tendo como principal referência — embora não a única — a América Latina. Sustentamos aqui que as estratégias propostas pelo BM para o conjunto do "mundo em desenvolvimento" foram em grande parte pensadas de acordo com a realidade africana e, especificamente, da África Sub-Saariana, uma das regiões mais pobres e com os indicadores educativos mais baixos do mundo. De fato, boa parte das conclusões e recomendações sobre a política que hoje são feitas e que estão contidas no último documento setorial já estavam presentes no informe do estudo regional realizado pelo BM em 1985 em 39 países da África Sub-Saariana.[3] Afirmamos que, embora

---

2. Manteremos aqui o termo "países em desenvolvimento" ou "mundo em desenvolvimento" — utilizado pelo BM e outras agências internacionais — para nos referirmos ao conjunto de países também chamados "países subdesenvolvidos", "Terceiro Mundo" ou "o Sul". Nos documentos do BM aqui citados, utiliza-se também o termo "países de baixa e média renda" (o que inclui atualmente os antigos países socialistas na Europa e na Ásia) como substituto de "países em desenvolvimento", expressão questionada hoje em dia.

3. Este foi o primeiro estudo regional sobre o setor educativo realizado pelo BM e está contido no documento "*Education in Sub-Saharan África*" (1988), que serviu como referência para estudos setoriais posteriores. Os 39 países analisados são: Angola, Benim, Botswana, Burkina

apresentadas como conclusivas, como resultado da pesquisa científica e das lições da experiência internacional, as políticas e estratégias recomendadas pelo BM contêm sérias fragilidades na sua conceituação e fundamentação. Sustentamos, por último, que o referido pacote e o modelo educativo subjacente à "melhoria da qualidade de educação", do modo como foi apresentado e vem se desenvolvendo, ao invés de contribuir para a mudança no sentido proposto — melhorar a qualidade e a eficiência da educação e, de maneira específica, os aprendizados escolares na escola pública e entre os setores sociais menos favorecidos —, está em boa medida reforçando as tendências predominantes no sistema escolar e na ideologia que o sustenta, ou seja, as condições objetivas e subjetivas que contribuem para produzir ineficiência, má qualidade e desigualdade no sistema escolar. Isso se deve não somente à natureza e conteúdo das propostas em si, mas também aos contextos, condições de recepção, negociação e aplicação de tais políticas concretamente nos países, em um momento bastante definido como o que estão vivendo os países e os sistemas educativos no mundo.

A própria experiência de alguns desses projetos de reforma educativa financiados e assessorados pelo BM nos países em desenvolvimento mostra que, apesar de partir de uma proposta homogênea, sua aplicação na prática pode diferir consideravelmente de um país para outro e mostrar até "desvios" importantes com respeito à proposta *standard*. Não apenas porque cada realidade se encarrega de moldar a proposta mas porque, de fato, existem margens na sua definição e negociação, margens estas utilizadas em algumas contrapartidas nacionais (e alguns técnicos do BM) e não utilizadas em outras, na medida em que alguns países têm a capacidade de contrapor alternativas próprias e outros não.

A urgência da reforma educativa: a perspectiva do Banco Mundial

Um pouco de história: a trajetória do Banco Mundial no setor educativo

Embora a visibilidade do BM no setor educativo seja recente, ele vem trabalhando de forma direta neste setor há mais de trinta anos, ampliando

---

Faso, Burundi, Camarões, Chade, Congo, Costa de Marfim, Etiópia, Gabão, Gâmbia, Gana, Guiné, Guiné-Bissau, Quênia, Libéria, Lesotho, Madagascar, Malawi, Mali, Mauritânia, Maurício, Moçambique, Níger, Nigéria, República Centro-africana, Ruanda, Senegal, Serra Leoa, Somália, Sudão, Swazilândia, Tanzânia, Togo, Uganda, Zaire, Zâmbia e Zimbabwe.

cada vez mais seu raio de influência e ação e abrangendo atualmente as atividades de pesquisa, assistência técnica, assessoria aos governos em matéria de políticas educativas, assim como prestando ajuda para a mobilização e coordenação de recursos externos para a educação.

O primeiro crédito educativo foi concedido em 1963, à Tunísia, na África, para a educação do segundo grau. Desde então e até 1990, o BM havia concedido créditos de cerca de 10 bilhões de dólares, havendo participado em 375 projetos educativos em cem países do mundo. Os empréstimos abrangeram todos os níveis, desde a educação de primeiro grau até a pós-graduação, incluindo educação vocacional e não-formal (BM, 1990).

É preciso mencionar que a posição do BM com relação ao tema educativo e ao da educação básica, em particular, não é monolítica nem fixa: nos próprios documentos e estudos promovidos pelo BM (e entre os representantes e porta-vozes deste organismo para as diferentes áreas, níveis e regiões do mundo) existem importantes diferenças de enfoque, conclusões divergentes e até contraditórias, como também críticas aos arcabouços conceituais, às metodologias e aos resultados de outros estudos publicados ou citados pelo BM. Por outro lado, existem movimentos, mudanças e inclusive reviravoltas significativas na trajetória e nas políticas do BM no setor educativo.[4]

Ao longo das três últimas décadas, de fato, o BM tem modificado suas propriedades e, portanto, suas políticas de investimento neste setor. Nos anos 60, os empréstimos privilegiaram a estrutura física (construções) e a educação de segundo grau, especialmente técnica e vocacional. Em 1973, Robert Mcnamara, então presidente do BM, anunciou uma virada radical na política deste organismo: o BM focalizaria sua ação nos mais pobres, atendendo as suas necessidades básicas de moradia, saúde, alimentação água e educação. Neste último campo, tal virada traduziu-se numa priorização da escola de primeiro grau como alicerce da estratégia de "reduzir a pobreza". A partir de 1970, deu-se um forte e sustentado aumento do investimento em educação de primeiro grau — incrementando-se ao mesmo tempo o papel do BM na assistência técnica — e uma diminuição dos empréstimos para a educação secundária. Tal ênfase sobre a escola de primeiro grau (e o conseqüente incremento dos empréstimos para esse nível) viu-se reforçado em virtude da Conferência Mundial sobre Educação para

---

4. O último documento setorial passou por vários rascunhos e foi o resultado de uma forte discussão dentro do BM. Entre a penúltima e a última versão existem modificações importantes. E avanços muito importantes em vários campos com relação a documentos anteriores.

Todos realizada em Jomtien, Tailândia, em março de 1990, convocada conjuntamente pela UNESCO, UNICEF, PNUD e o BM, que definiu a educação básica como a prioridade para esta década e a educação de primeiro grau como o "carro-chefe" no alcance da referida educação básica.

Segundo o BM (1995: XXIII), seis mudanças fundamentais em relação ao tema educativo aconteceram dentro desse organismo desde 1980, época em que o Banco publicou seu primeiro documento de política para o setor educativo:

1. *Um notável incremento dos empréstimos para a educação.* O volume total de empréstimos para a educação foi triplicado e sua produção duplicou dentro do total de empréstimos do BM.

2. *Importância crescente concedida à educação de primeiro grau e, mais recentemente, aos primeiros anos da educação secundária.* Entre 1993-94, esses dois níveis representaram a metade dos empréstimos destinados à educação. Ao mesmo tempo, vem diminuindo o incentivo aos investimentos em educação superior e vem se promovendo uma redistribuição da despesa educativa entre os diversos níveis, a favor da educação básica, assim como uma política de recuperação de custos no nível superior.

3. *Extensão do financiamento a todas as regiões do mundo.* Enquanto nos primeiros anos o financiamento focalizou a África, o Sudeste Asiático e o Oriente Médio, atualmente ele se estende a todas as regiões do mundo em desenvolvimento.

4. *Menor importância concedida às construções escolares.* O item das construções escolares, pilar tradicional dos empréstimos do BM para o setor educativo, vem sendo desestimulado em favor de outros insumos (textos escolares, capacitação docente, tempo de instrução, avaliação da aprendizagem etc.). Reconhece-se, autocriticamente, como um erro e um excesso a importância dada no passado aos empréstimos para infra-estrutura educativa (Verspoor, 1991).

5. *Atenção específica à educação das meninas.* Tal ênfase, recente, justifica-se principalmente no que diz respeito às relações positivas encontradas entre a educação da mulher-mãe e o bem-estar dos filhos.

6. *Transição de um enfoque estreito de "projeto" para um amplo enfoque setorial.* À diferença de outros organismos multilaterais, o diálogo que o BM mantém com os governos em matéria educativa é um *diálogo setorial*, abrangendo todos os níveis, áreas e modalidades do sistema educativo. Isso permite-lhe influir em cada país sobre as decisões que afetam o setor em seu conjunto e não unicamente sobre uma parte do mesmo (por exemplo, a atual insistência do BM em transferir fundos do nível superior para os níveis inferiores do sistema).

Da mesma forma, a partir de 1990 o BM decidiu prestar maior atenção ao desenvolvimento infantil e à educação inicial. Atualmente (BM, 1995) enfatiza-se, por outro lado, a necessidade de dedicar atenção especial às populações indígenas e às minorias étnicas. A educação dos adultos e a educação não-formal não têm prioridade e, conforme o anunciado neste último documento, tais assuntos serão matéria de um documento específico em elaboração.

O pacote de reforma educativa proposto pelo Banco Mundial

Situação atual no mundo:

(a) O número absoluto de crianças sem educação tem possibilidade de aumentar nos próximos vinte anos.

(b) Apenas pouco mais da metade dos alunos da escola primária completam o ciclo primário.

(c) A alfabetização dos adultos permanece como sendo um grande problema.

(d) Impulsionada em parte pelo êxito no primeiro grau conseguido no passado, a demanda pela educação secundária e superior vem crescendo mais rapidamente que a capacidade que muitos sistemas educativos têm de atendê-la.

(e) Vem se alargando a distância educacional entre os países da OCDE (Organização para a Cooperação e o Desenvolvimento Econômico) e as economias de transição da Europa Oriental e da Ásia Central (BM, 1995: 15).

Melhorar o acesso, a eqüidade e a qualidade implica em mudanças no financiamento e na gestão do sistema educativo de um país. A reforma deve também se acelerar. A despesa pública com a educação é freqüentemente ineficiente e injusta. A cada dia, as despesas públicas em educação tornam-se mais difíceis de financiar na medida em que se expande o número de matrículas no setor público. Da mesma forma, a maior parte dos sistemas educativos são diretamente dirigidos por governos federais ou estaduais, que dedicam a maior parte de seus esforços para tratar de assuntos tais como negociações sobre os salários dos professores, programas de construções escolares e reformas curriculares. Este tipo de gestão centralizada deixa pouco espaço para a tomada de decisões flexíveis sobre os insumos instrucionais e as condições de aprendizagem que conduzem a um aprendizado mais efetivo na sala de aula (BM, 1995: XIII).

Essa é a visão do BM, resumida pelo próprio Banco, em relação aos principais problemas que afetam atualmente os sistemas educativos nos países em desenvolvimento. Essa é de fato a problemática que determina a necessidade da reforma educativa, prioriza seus componentes e define suas estratégias.

Os sistemas educativos dos países em desenvolvimento, na ótica do BM, têm pela frente quatro desafios fundamentais: (a) *acesso* — já alcançado, no caso da escola de primeiro grau, na maior parte dos países, permanecendo como um desafio particularmente sério na África; (b) *eqüidade* — considerada principalmente em relação aos pobres, em geral, e às meninas e às minorias étnicas, em particular (sendo a segregação da menina particularmente acentuada no Oriente Médio e no Sul da Ásia); (c) *qualidade* — vista como um problema generalizado que afeta o mundo em desenvolvimento como um todo; e (d) *redução da distância entre a reforma educativa e a reforma das estruturas econômicas* — distância que seria hoje em dia mais notória nas economias de transição da Europa Central e do Leste Europeu (BM, 1995: XXII e XXVI).

Na ótica do BM, a reforma educativa — entendida como reforma do sistema escolar — é não só inevitável como também urgente. Postergá-la trará sérios custos econômicos, sociais e políticos para os países.

Destacam-se como elementos distintivos no atual pacote de reforma para os países em desenvolvimento:

1. A prioridade depositada sobre a educação básica

> A educação é a pedra angular do crescimento econômico e do desenvolvimento social e um dos principais meios para melhorar o bem-estar dos indivíduos. Ela aumenta a capacidade produtiva das sociedades e suas instituições políticas, econômicas e científicas e contribui para reduzir a pobreza, acrescentando o valor e a eficiência ao trabalho dos pobres e mitigando as conseqüências da pobreza nas questões vinculadas à população, saúde e nutrição [...] o ensino de primeiro grau é a base e sua finalidade fundamental é dupla: produzir uma população alfabetizada e que possua conhecimentos básicos de aritmética capaz de resolver problemas no lar e no trabalho, e servir de base para sua posterior educação (BM, 1992: 2).

> A educação básica proporciona o conhecimento, as habilidades e as atitudes essenciais para funcionar de maneira efetiva na sociedade sendo, portanto, uma prioridade em todo lugar. Esses atributos incluem um nível básico de competência em áreas gerais tais como as habilidades verbais, computacionais, comunicacionais, e a resolução de problemas. Essas competências podem ser aplicadas a uma grande variedade de empregos e permitir às pessoas adquirir habilidades e conhecimentos específicos orientados para o trabalho, quando estiverem no local de trabalho. Em geral, esse nível básico inclui cerca de oito anos de escolaridade. De fato, em muitos países, o primeiro ciclo da educação secundária está sendo combinado com a educação de primeiro grau para conformar uma etapa de educação obrigatória conhecida como "educação básica" (BM, 1995: 63).

O BM vem estimulando os países a concentrar os recursos públicos na educação básica, que é responsável, comparativamente, pelos maiores benefícios sociais e econômicos e considerada elemento essencial para um desenvolvimento sustentável e de longo prazo assim como para aliviar a pobreza. Na opinião do BM já que as taxas de retorno do investimento em educação básica são geralmente maiores que as da educação superior nos países de baixa e média renda, a educação básica (primária e secundária inferior) deveria ser prioritária dentre as despesas públicas em educação naqueles países que ainda não conseguiram uma matrícula quase universal[5] nestes níveis (BM, 1995: XIII).

O que significa a maioria dos países em desenvolvimento, incluindo a América Latina.[6]

Torna-se necessário fazermos uma análise do conceito de *educação básica* pela diversidade de acepções que esse termo possui e pelos seus usos diferenciados inclusive dentro do próprio BM (assim como entre outras agências internacionais de cooperação e, logicamente, os próprios países).

No primeiro estudo regional sobre o setor educativo elaborado pelo Banco, *A educação na África Sub-Saariana* (BM, 1988), o termo *educação básica* era reservado para a educação não-formal de jovens e adultos nos rudimentos da lecto-escrita e do cálculo.[7] Posteriormente, *educação básica* passou a ser equivalente a *educação de primeiro grau*. No último documento sobre política (1995) chama-se educação básica à educação de primeiro grau acrescida do primeiro ciclo da *educação secundária*, estimando-se que a aquisição de "o conhecimento, as habilidades e as atitudes essenciais para funcionar de maneira efetiva na sociedade" se dá no equipamento escolar e requer aproximadamente oito anos de instrução. Deste modo, a noção de *educação básica* (e de *educação* em geral) continua centrada na *educação formal* e na *educação infantil*. Em outras palavras, educativo equipara-se ao escolar e às crianças. Outras esferas do educativo — e da própria educação básica — tais como a família, a comunidade, o entorno, o trabalho, os meios de comunicação etc., ficam à margem das considerações e propostas sobre política. Também são excluídas a educação dos adultos, a educação não-formal e outras formas e modalidades educativas (por exemplo, os sistemas de educação religiosa, como o sistema alcoranista) não reconhecidas dentro dos parâmetros da educação oficial. Isso vem acompanhado da ênfase exercida nos fatores intra-escolares (a *oferta*) como espaço de intervenção para melhorar o acesso, a eqüidade e a qualidade educativas, deixando-se

---

5. Não se especifica o que ou quanto é uma matrícula "quase" universal.

6. Segundo o mesmo documento do BM, unicamente a Europa, a Ásia Central e outros poucos países na Ásia Oriental e no Oriente Médio, conseguiram uma matrícula quase universal em educação secundária. Na América Latina, apenas 47% dos alunos que ingressam no primeiro ano terminam a escola de primeiro grau, uma taxa de conclusão inclusive mais baixa que as da África ou da Ásia (UNESCO, 1991).

7. No glossário da referida publicação consta que "*A educação básica geralmente refere-se à instrução em leitura, escritura e cálculo para jovens e adultos à margem do sistema escolar*" (BM, 1988: X).

virtualmente à margem da análise e das propostas de política os fatores extra-escolares (a *demanda*), que incidem de maneira determinante no baixo acesso, na desigualdade e na má qualidade. Nesse sentido, mais do que no contexto de políticas educativas, as propostas do BM movimentam-se dentro dos limites das políticas escolares.

Esta concepção de *educação básica* afasta-se da "visão ampliada" de educação básica que foi determinada em 1990 na Conferência Mundial sobre Educação para Todos da qual uma das agências patrocinadoras e organizadoras foi o BM, nessa oportunidade foi proposta uma "visão ampliada" da *educação básica* que inclui igualmente a crianças, jovens e adultos, iniciando-se com o nascimento e se estendendo pela vida toda, não se limitando à educação escolar nem à escola de primeiro grau, nem tampouco a um determinado número de anos ou níveis de estudo, mas que se define por sua capacidade de satisfazer as necessidades básicas de aprendizagem de cada pessoa (ver quadro 1).

QUADRO 1
Educação básica

Visão restrita	Visão ampliada (Jomtien)
Dirige-se a crianças	Dirige-se a crianças, jovens e adultos
Realiza-se no equipamento escolar	Realiza-se dentro e fora do equipamento escolar
Equivale à educação de primeiro grau ou a algum nível escolar estabelecido	Não se mede pelo número de anos de estudo, mas pelo efetivamente aprendido
Garante-se através do ensino de determinadas matérias	Garante-se através da satisfação das necessidades básicas de aprendizagem
Reconhece como válido um único tipo de saber: o adquirido no equipamento escolar	Reconhece diversos tipos e fontes de saber, incluídos os saberes tradicionais
Limita-se a um período da vida de uma pessoa	Dura a vida toda e se inicia com o nascimento
É homogênea, igual para todos	É diferenciada (já que são diferentes as necessidades básicas de aprendizagem dos diversos grupos e culturas)
É estática, mantém-se relativamente inalterada	É dinâmica, muda ao longo do tempo
É responsabilidade do Ministério da Educação	Envolve todos os ministérios e instâncias governamentais responsáveis por ações educativas
Guia-se por enfoques e políticas setoriais	Requer enfoques e políticas inter-setoriais
É responsabilidade do Estado	É responsabilidade do Estado e de toda a sociedade e exige, portanto, construção de consensos e coordenação de ações

Fonte: Torres (1993).

2. A melhoria da qualidade (e da eficiência) da educação como eixo da reforma educativa

> A qualidade da educação de primeiro grau em um país deve ser apreciada a partir do aprendizado de todas as suas crianças. Melhorar a qualidade da educação de primeiro grau implica, portanto, em garantir que um maior número de crianças completem o primeiro grau chegando a dominar aquilo que foi ensinado (Lockheed e Verpoor, 1991: XVI).
>
> O terceiro e provavelmente o mais importante desafio (além do acesso e da eqüidade) é melhorar a qualidade da educação; esta é pobre em todas as esferas nos países de baixa e média renda. Os alunos dos países em desenvolvimento não conseguem adquirir as habilidades requeridas pelos currículos de seus próprios países nem se desempenhar no mesmo nível atingido pelos alunos dos países mais desenvolvidos (...) Melhorar a qualidade é tão importante como melhorar o acesso, porém ainda mais difícil de se conseguir (BM 1995: XII).

Considerada "provavelmente o mais importante desafio" e sem dúvida o mais difícil de ser alcançado, a *qualidade* localiza-se nos resultados e esses verificam-se no *rendimento escolar*. Esse é julgado a partir dos objetivos e metas propostos pelo próprio equipamento escolar (completar o ciclo de estudos e aprender bem o que se ensina), sem questionar a validade, o sentido e os métodos de ensino daquilo que se ensina. Nesse resultado, o que conta é o "valor agregado da escolaridade", isto é, "o benefício do aprendizado e o incremento na probabilidade de uma atividade geradora de renda" (BM, 1995: 25).

A qualidade educativa, na concepção do BM, seria o resultado da presença de determinados "insumos" que intervêm na escolaridade. Para o caso da escola de primeiro grau, consideram-se nove fatores como determinantes de um aprendizado efetivo, nesta ordem de prioridades, segundo a percentagem de estudos que revelariam uma correlação e um efeito positivos (BM, 1995: 51):[8] (1) bibliotecas; (2) tempo de instrução; (3) tarefas de casa; (4) livros didáticos; (5) conhecimentos do professor; (6) experiência do professor; (7) laboratórios; (8) salário do professor; (9) tamanho da classe. Desses pontos, deriva o BM suas conclusões e recomendações aos países em desenvolvimento sobre os insumos a priorizar em termos de políticas e alocação de recursos. Desse modo, ao mesmo tempo que desestimula a investir nos três últimos — laboratórios, salários docentes e redução do tamanho da classe —, recomenda investir nos primeiros e, especificamente, em três deles:

---

8. Como síntese de tais estudos cita-se como fonte um artigo de Fuller e Clarke, 1994.

(a) aumentar o *tempo de instrução*, através da prolongação do ano escolar, da flexibilização e adequação dos horários, e da atribuição de tarefas de casa;

(b) proporcionar *livros didáticos*, vistos como a expressão operativa do currículo e contando com eles como compensadores dos baixos níveis de formação docente. Recomenda aos países que deixem a produção e distribuição dos livros didáticos em mãos do setor privado, que capacitem os professores na sua utilização, além de elaborar guias didáticos para estes últimos; e

(c) melhorar o conhecimento dos professores (privilegiando a *capacitação em serviço* sobre a *formação inicial* e estimulando as modalidades a distância).

A infra-estrutura já não é considerada um insumo importante, tanto em termos de acesso como em termos de qualidade.[9] Em todo caso, a fim de minimizar custos nesse item, recomenda-se: (a) compartilhar custos com as famílias e comunidades; (b) fazer múltiplo uso dos locais escolares (vários turnos); e (c) realizar uma manutenção adequada da infra-estrutura escolar.

3. A prioridade sobre os aspectos financeiros e administrativos da reforma educativa (no contexto mais amplo da reforma administrativa do Estado), dentre os quais assume grande importância a *descentralização*. "Existe uma urgente necessidade em todos os países de reformular a administração da educação. As reformas educativas encontram-se bloqueadas em diversos países devido a ineficiências internas" (Husain, 1993: 14). Propõem-se, especificamente: (a) a *reestruturação orgânica* dos ministérios, das instituições intermediárias e das escolas; (b) o *fortalecimento dos sistemas de informação* (apontando de maneira específica a necessidade de recolher dados em quatro itens: matrícula, assistência, insumos e custos); e (c) a *capacitação de pessoal em assuntos administrativos*.

4. Descentralização e instituições escolares autônomas e responsáveis por seus resultados. Junto com um importante e acelerado esforço de descentralização, o BM aconselha os governos a manter centralizadas quatro

---

9. No último documento setorial, afirma-se expressamente que "estas despesas (em construção) não são imprescindíveis para a obtenção dos resultados acadêmicos desejados" e recorre-se a Platão e à antiga Grécia para argumentar: "Em verdade, a primeira 'academia' na Europa foi um lugar aberto com árvores onde ensinava Platão" (BM, 1995: 33). Afirma-se também, utilizando o caso da Índia rural, o que é certo para grande número de países em desenvolvimento: "Ainda hoje, a aprendizagem se faz na ausência de edifícios em muitos países, incluída a Índia rural".

funções para melhorar a qualidade da educação (BM, 1995: XV): (a) fixar *padrões*; (b) facilitar os insumos que influenciam o rendimento escolar; (c) adotar estratégias flexíveis para a aquisição e uso de tais insumos; e (d) monitorar o desempenho escolar.

Para conseguir a autonomia das instituições escolares, recomendam-se medidas financeiras e administrativas. As medidas financeiras propostas são: (a) utilizar os impostos do governo central e dos governos locais; (b) compartilhar os custos com as comunidades locais; (c) efetuar doações às comunidades e às escolas sem estabelecer requisitos para o uso de tais doações; (d) cobrar taxas na educação superior; (e) estimular a diversificação das receitas; (f) certificados e empréstimos educativos; e (g) financiamento baseado em resultados e qualidade. No plano administrativo, recomenda-se maior autonomia tanto para as direções escolares como para os professores: no caso das direções escolares, é proposto que estas gozem de autoridade para definir certos assuntos tais como alocar recursos, contratar ou dispensar pessoal, e determinar questões tais como calendário, horário escolar e língua de instrução, a fim de conseguir uma adaptação maior às condições locais; no caso dos professores, propõe-se que eles tenham autonomia para definir as práticas de aula, embora dentro de certos limites fornecidos por um currículo nacional, sujeito a normas e *padrões*, exames, avaliações de aprendizagem e supervisão de ensino (BM, 1995: XXI).

É lícito destacar que a procura de tal autonomia escolar está centrada em fatores financeiros e administrativos, porém não foram contempladas medidas dirigidas especificamente à qualificação e profissionalização dos recursos humanos (especialmente docentes e diretores) que são, em última instância, os que tornam ou não possível a autonomia da instituição escolar.

5. A convocação para uma maior participação dos pais e da comunidade nos assuntos escolares. Tal participação, vista sobretudo como uma condição que facilita o desempenho da escola como instituição (mais que como um fator de correção e como uma relação de mútuo benefício entre escola/família e escola/comunidade), refere-se a três âmbitos: (a) a contribuição econômica para a sustentação da infra-estrutura escolar;[10] (b) os critérios de seleção da escola; e (c) um maior envolvimento na gestão escolar. A noção de

---

10. O tema da gratuidade ou não dos serviços básicos, e da educação em particular, está hoje no centro da discussão internacional. O princípio de gratuidade da educação básica está instituído, de fato, em boa parte das constituições e leis educativas dos países, e foi ratificado na Convenção dos Direitos da Criança (1989).

"participação" (da família, da comunidade) na educação está cada vez mais fortemente contaminada pelo aspecto econômico. Quatro "riscos" são atribuídos a essa maior participação das famílias no âmbito escolar: (a) uma maior dificuldade para impulsionar objetivos nacionais amplos (tais como a educação da menina); (b) incremento da segregação social; (c) estímulo à desigualdade (ao depender cada escola das condições econômicas da comunidade e das famílias); (d) limitações derivadas da falta de informação e educação dos pais (BM, 1995: XX).

6. *O impulso do setor privado e os organismos não-governamentais (ONGs) como agentes ativos no terreno educativo* tanto nas decisões como na implementação.

> [...] a participação das ONGs na subministração da educação deverá ser considerada como outro elemento da descentralização, um complemento ao papel do Estado... é necessário propiciar um ambiente que facilite a participação do setor privado na operação de instituições educativas, tenham estas fins lucrativos ou operem como serviço social (Husain, 1993: 14).

Esse conceito insere-se numa proposta de diversificação da oferta educativa, a fim de introduzir a concorrência no terreno educativo (concorrência esta considerada como mecanismo chave da qualidade).

7. *A mobilização e a alocação eficaz de recursos adicionais para a educação de primeiro grau* como temas principais do diálogo e da negociação com os governos. As propostas do BM em relação a este tema partem de uma premissa central: a atual distribuição da despesa educativa — entre os níveis e dentro de cada nível do sistema — é desigual e injusta, privilegiando

> os interesses dos sindicatos de professores (na medida em que a maior parte da despesa educativa aplica-se a salários e a sua negociação ocupa boa parte das energias dos governos; é por isso que nos últimos anos aumentou grandemente o número de professores e reduziu-se — ao invés de aumentar, junto com a matrícula escolar — a relação professor-aluno etc.), os estudantes universitários (que provêm em sua maioria de setores médios e altos), a elite e o governo (BM, 1995: XXII).

O BM propõe uma redefinição do papel tradicional do Estado em relação à educação, uma redefinição dos parâmetros e prioridades da despesa pública, e uma contribuição maior das famílias e das comunidades nos custos da educação.

8. *Um enfoque setorial.* O modelo de diagnóstico, análise e ação que propõe o BM traz um enfoque eminentemente setorial (e, como já foi mencionado, eminentemente escolar). Nesse caso, mais uma vez, o BM afasta-se do estabelecido no contexto da iniciativa de Educação para Todos da qual um dos pontos fortes é a ênfase na necessidade de um enfoque interssetorial no tratamento da educação e na consecução da meta da Educação para Todos, em particular: "Já que as necessidades básicas de aprendizagem são complexas e diversas, satisfazê-las requer estratégias e ações multissetoriais integradas aos esforços globais para o desenvolvimento".[11]

9. *A definição de políticas e prioridades baseadas na análise econômica.* O BM recomenda fazer uma melhor e mais exaustiva análise econômica na tomada de decisões políticas e na priorização dos insumos instrucionais a investir. Tal análise econômica, aplicada à educação, opera comparando os benefícios dos custos tanto ao nível de cada indivíduo como da sociedade como um todo. Esta comparação é feita calculando a taxa de retorno e ela mede-se em termos do aumento do salário de quem se educa. Existem, por outro lado, como já foi mencionado, evidências contraditórias na literatura que se refere à relação tempo de instrução-rendimento escolar (Reimers, 1993).

A "melhoria da qualidade da educação" como paradigma

Uma proposta formulada por economistas para ser executada por educadores: o discurso econômico versus o discurso pedagógico[12]

As propostas do BM para a educação são feitas basicamente por economistas dentro da lógica e da análise econômica. A *relação custo-benefício* e a *taxa de retorno* constituem as categorias centrais a partir das quais se define a tarefa educativa, as prioridades de investimento (níveis educativos e fatores de produção a considerar), os rendimentos, e a própria qualidade.

---

11. PNUD, UNESCO, UNICEF, BANCO MUNDIAL, 1990.

12. Para uma análise crítica da teoria econômica subjacente às políticas educativas do BM, ver Coraggio (cap. III da presente publicação).

O modelo educativo que nos propõe o BM é um modelo essencialmente escolar e um modelo escolar com duas grandes ausências: os professores e a pedagogia. Um modelo escolar configurado em torno de variáveis observáveis e quantificáveis, e que não comporta os aspectos especificamente qualitativos, ou seja, aqueles que não podem ser medidos mas que constituem, porém, a essência da educação. Um modelo educativo, por fim, que tem pouco de educativo. O papel técnico especializado de uma agência como a UNESCO, continua, então, fazendo sentido.

O discurso econômico chegou a dominar o panorama educativo a tal ponto que o discurso propriamente educativo — o das realizações na escola e no sistema educativo como um todo, o das relações e dos processos de ensino-aprendizagem na aula, o da pedagogia, o da educação como tal — e seus portadores— professores, pedagogos, especialistas em educação e áreas afins — são apenas considerados nesse discurso e na sua formulação.[13] Tanto na esfera nacional como internacional, a política educativa encontra-se em geral e principalmente nas mãos de economistas ou de profissionais vinculados à educação mais a partir da economia ou da sociologia do que relacionados ao currículo ou à pedagogia. Boa parte de quem opina hoje sobre o que tem ou não tem de ser feito em educação, tomando importantes decisões neste campo, tanto no âmbito local como mundial, carece do conhecimento e da experiência necessários para lidar com os campos sobre os quais se pronuncia e decide: a educação básica, o ensino e a aprendizagem em sala de aula, a aprendizagem infantil, a capacitação docente, o desenvolvimento e a reforma curricular, as políticas lingüísticas, a aquisição da lecto-escrita, a elaboração de textos escolares e outros materiais instrucionais, a avaliação da aprendizagem etc. Poucos deles estiveram alguma vez na frente de uma classe e de um grupo de alunos numa instituição escolar. Poucos mantêm seus filhos no sistema público para o qual são pensadas e supostamente desenhadas as propostas. A virtual ausência do professorado na definição, discussão e tomada de decisões de política educativa termina por selar este discurso formulado por economistas para ser implementado por educadores.

Apesar de todas as políticas de melhoria e reforma afirmarem definir-se em nome da aprendizagem, o mundo da escola, da sala de aula e da aprendizagem é visto como uma caixa preta, e o conhecimento e a discussão pedagógicas como "tecnicismo", como "a árvore que não deixa ver o bosque". No bosque das macrovisões e das macropropostas mundiais e

---

13. Com relação a este tema, ver o interessante artigo de Ratinoff (1994) sobre a evolução das retóricas educativas em América Latina.

nacionais, assume-se como óbvio o esquema vertical acima-embaixo na formulação e aplicação das políticas educativas e, portanto, que "caem de pára-quedas" na sala de aula, por meio de leis e normas, currículos e textos, disposições institucionais e capacitação docente, o que, pressupõe-se, será recebido e assimilado pela instituição escolar, dirigentes, docentes, pais e alunos.

A educação passa a ser analisada com critérios próprios do mercado e a escola é comparada a uma empresa. O ensino resume-se a um conjunto de insumos (*inputs*) que intervêm na caixa preta da sala de aula — o professor sendo mais um insumo — e a aprendizagem é vista como o resultado previsível da presença (e eventual combinação) desses insumos. Cada insumo se valoriza em separado e é priorizado ou não em virtude de duas questões: sua incidência sobre a aprendizagem (segundo estudos empíricos que mostrariam tal incidência) e seu custo. É sob estes parâmetros que é definido um conjunto de "avenidas promissoras" e "becos sem saída" para a reforma da escola de primeiro grau, priorizando, por exemplo, o livro didático (alta incidência e baixo custo) sobre o docente (alta incidência mas alto custo), a capacitação em serviço sobre a formação inicial, ou o livro didático sobre a biblioteca escolar.

Os documentos de política setorial do BM, em geral, deixam transparecer uma compreensão e um conhecimento insuficientes do educativo, da teoria e da pesquisa acumuladas neste campo e inclusive da sua terminologia específica. De fato, é freqüente encontrar em documentos do BM, incluído o último documento setorial, imprecisão no uso de (inclusive falta de diferenciação entre) conceitos tais como *educação* e *capacitação, ensino* e *aprendizagem, educação* e *aprendizagem, educação* e *ensino, educação* e *instrução, rendimento escolar* e *aprendizagem, currículo* e *conteúdos, conhecimentos* e *habilidades, pedagogia* e *métodos, métodos* e *técnicas, métodos de ensino* e *estilos de ensino, textos escolares* e *materiais de leitura, educação inicial* (ou *infantil*) e *educação pré-escolar, educação formal, não-formal* e *informal, educação de adultos, educação não-formal* e *alfabetização*, e inclusive entre *educação de primeiro grau* e *educação básica*.[14] Persiste, também, a tradicional associação entre "universalização da educação de primeiro grau" e "universalização do *acesso* à educação de primeiro

---

14. A esta situação somam-se, no caso do espanhol, os problemas usuais de tradução do original em inglês. No documento de 1995 encontramos, por exemplo, *attitudes* (atitudes) traduzido como *aptidão, schooling* (escolaridade) indistintamente como *aprendizagem* ou *ensino, learning* (aprendizagem) como *conhecimentos* etc.

grau", o que exclui de fato o tema da qualidade dessa educação, a retenção, a conclusão e a aprendizagem efetivas.[15]

As análises setoriais continuam pouco se beneficiando dos avanços da pesquisa educativa e da contribuição de ciências afins — a lingüística, a psico e a sociolingüística, a antropologia, a história — às modernas concepções e teorias da aprendizagem. Predomina a visão da educação como um campo sem especificidade, sem antecedentes nem história, órfão de tradição teórica e discussão pedagógica, no qual confluem e interatuam insumos ao invés de pessoas, resultados ao invés de processos, quantidades ao invés de qualidades.

É no âmbito curricular e pedagógico — âmbito no qual se define e se baseia essencialmente o elemento educativo — onde se tornam mais evidentes as fragilidades dos economistas e técnicos do BM. A própria noção de *currículo* que se discute e que subjaz às propostas de política do BM é estreita, entendendo-se por *currículo* basicamente *conteúdos* (e reduzindo os *conteúdos*, por sua vez, a disciplinas).[16] "O currículo define as matérias a serem ensinadas e fornece um guia geral em torno à freqüência e duração da instrução" (BM, 1995: XVI).[17] As definições amplas de *currículo* entendem como tal não somente os conteúdos mas também os objetivos, as estratégias, os métodos e os materiais de ensino, bem como os critérios e métodos de avaliação do referido ensino. Quer dizer, esta concepção de currículo vê como um todo inseparável o que se ensina e aprende (conteúdos), o como se ensina e aprende (relações, métodos, procedimentos, práticas), o para que se ensina e se aprende (objetivos), e o que e como se mede aquilo que se aprende (avaliação) (Bacchus *et al.*, 1991; Coll, 1991, 1993; Torres, 1993).

---

15. A afirmação no sentido de que "na Ásia Oriental e na América Latina e Caribe, a educação de primeiro grau é quase universal" (BM, 1995: XII), refere-se, evidentemente, à matrícula. Na realidade, tanto Ásia como América Latina e Caribe estão longe de haver conseguido a universalização da educação de primeiro grau, isto é, uma escola de primeiro grau na qual não somente ingressam todas as crianças, mas naquela em que permanecem até completar e aprender, no tempo determinado, o que fora definido no currículo desse nível.

16. No estudo sobre a África Sub-Saariana, pode-se encontrar inclusive a seguinte definição de currículo: "Um conjunto de cursos em um campo de estudo, que com freqüência constituem uma área de especialização nos níveis superiores da educação" (BM, 1988: IX).

17. A redução de *currículo* a *conteúdos* assim como a redução de *conhecimentos* e *competências* à categoria de *habilidades* (*skills*) — também predominante no discurso educativo do BM — é próprio da tradição educativa norte-americana.

A estreita visão da educação como conteúdos (o ensino como informação a ser transmitida e a aprendizagem como informação a ser assimilada) é a que subjaz à concepção tradicional, transmissora e "bancária" da educação, e é coerente com a noção de "qualidade da educação" como "rendimento escolar". Nesta concepção, explica-se também, em parte, por que se pode ver o texto escolar como o portador por excelência do currículo (ou seja, dos conteúdos explícitos), desconhecendo-se o papel central do professor na definição e concretização do currículo (incluído o "currículo oculto") na sua relação com os alunos dentro e fora da sala de aula.

O BM em geral limita-se a enunciar os conteúdos e habilidades a serem incluídas no currículo, sem aprofundar sua análise, seja esta em propostas mais elaboradas sobre seus alcances, seja em modalidades de ensino. Quando o faz — e são poucos os casos —, é gritante a escassa familiaridade que os funcionários do BM têm com estes temas e a pouca participação dos especialistas do próprio BM nas decisões de política e na configuração final dos documentos. A área da leitura e da escrita, mencionada constantemente pelo BM (e outras agências internacionais) como a necessidade básica de aprendizagem por excelência e componente essencial da educação básica, é um exemplo claro. Poucos campos como o da aquisição escolar da leitura e da escrita geraram de fato, nos últimos anos, um movimento tão importante de pesquisa e questionamento aos enfoques e métodos convencionais de ensino e um avanço tão grande no conhecimento, na teoria e na experimentação pedagógicas. No entanto, as extensas bibliografias consultadas tanto para o livro dedicado à educação de primeiro grau (1992) como para o último documento setorial (1995), ignoram este fenômeno. Autores renomados no campo da alfabetização e da alfabetização infantil, em particular, inclusive norte-americanos e europeus, não constam na bibliografia. No último documento setorial, o BM menciona (em dois parágrafos) o tema da lecto-escrita com uma visão estreita e atrasada, baseada em referências de um único autor, pouco representativo deste movimento.

Embora havendo se pronunciado de forma categórica a respeito da conveniência da reforma curricular, nos documentos do BM não se encontra nenhuma análise sobre a complexidade de implementar a mudança curricular (tanto nos planos de estudo como nos livros didáticos) ou as diferentes alternativas e modalidades de reforma curricular. Frente à reforma centralizada e vertical (modalidade considerada paradigmática), a única opção que se visualiza e apresenta é um "enfoque combinado" (currículo elaborado centralmente mas com flexibilidade para a adaptação e variação local), o que se exemplifica com a experiência de dois países: o Quênia e a Índia.[18] Longe das considerações do BM existe abundante literatura que, tanto na teoria como nas tentativas concretas de mudança curricular, conclui pela sua enorme complexidade e pela necessidade de melhor estudar a dinâmica e os fatores de tal mudança (Bacchus *et al.*, 1991).

Enquanto o BM não inclui em sua definição de currículo o como ensinar e enquanto as próprias políticas educativas concedem pouca importância à pedagogia, se já é pouco o que se fala dos conteúdos, muito menos se diz dos métodos, das diferenças entre ensinar e aprender, das práticas docentes e das atividades na sala de aula. Mudança curricular, na perspectiva do BM, equivale essencialmente à mudança nos conteúdos, em vez de mudança nos modos e estilos de fazer (e avaliar o que se faz em) educação, reforçando então a tradicional separação entre conteúdos e métodos, entre currículo e pedagogia, e a também tradicional ilusão da reforma educativa sem transformação profunda da pedagogia e da cultura escolar no seu sentido mais amplo.[19]

Uma proposta que se apresenta como contundente e universal, apoiada no conhecimento científico e nas lições da experiência internacional

As análises e o pacote de propostas feitos pelo BM em matéria educativa aparecem amparados num conjunto de estudos, boa parte dos quais foram promovidos e financiados pelo próprio BM,[20] assim como na experiência internacional, incluídas as lições que o BM extrai de sua ação

---

18. Este "duplo enfoque", na verdade, está bastante generalizado — ao menos em teoria — em muitos países em desenvolvimento, particularmente na América Latina. Falta, porém, uma análise e uma discussão sobre as diferentes variações que pode adotar este enfoque no eixo currículo centralizado/descentralizado, assim como as tentativas concretas, com seus problemas e fracassos.

19. No documento setorial de 1995, dá-se um passo à frente ao se mencionar, embora marginalmente, que não somente importam os resultados senão também o fato de como se aprende. É significativo notar que o argumento se apresenta como "uma opinião de educadores": "A qualidade em educação é difícil de se definir e de se medir. Uma definição adequada deve incluir os resultados dos alunos. A maior parte dos educadores são da opinião de que a definição deveria incluir também a natureza das experiências educativas que colaboram para produzir esse resultados, ou o ambiente de aprendizagem" (BM, 1995: 24).

20. Os referidos estudos centraram-se até o momento ao redor de três eixos principais: (a) a vinculação entre educação e crescimento econômico, saúde, fertilidade e redução da pobreza; (b) os fatores que contribuem para melhorar a qualidade da educação; e (c) o impacto da educação pré-escolar sobre o rendimento escolar.

de mais de trinta anos no setor educativo. Existem, porém, fragilidades e vazios importantes na fundamentação de tais políticas tanto nos estudos quanto na experiência, como se sublinha inclusive em alguns dos trabalhos promovidos pelo próprio BM e como é assinalado por vários autores (Coraggio, 1993, 1994 a, b, c 1995 a, b; Plank, 1994; Reimers, 1993; Schwille, 1993; Torres, 1994, 1995b).

1. Um viés ocidental e anglo-saxão

A maior parte dos estudos em que se fundamentam as propostas do BM e das referências bibliográficas que se mencionam em suas publicações (pelo menos para a educação básica) referem-se ao Terceiro Mundo; porém, a maioria desses estudos e publicações provêm de autores do Primeiro Mundo e dos bancos e agências internacionais. São escassas as referências a estudos provenientes dos países em desenvolvimento, ali publicados e/ou elaborados por especialistas que trabalham nesses países. A bibliografia que serve de fundamentação às políticas é em sua maioria anglo-saxônica, ignorando-se virtualmente a importante produção em outras línguas (espanhol, francês, português etc.).[21] No caso da América Latina, especificamente, os autores de renome na região e as publicações citadas no âmbito regional, com poucas exceções, não formam parte do referencial bibliográfico do BM. Existe, portanto, um abismo entre o discurso internacional sobre a educação dita universal, adotado pelo BM, e o discurso educativo produzido nas esferas regionais e nacionais. Isto é válido não só para América Latina mas também para outras regiões do mundo.

Por outro lado, a maioria das publicações selecionadas são de data recente (anos 90 ou fins dos 80), sacrificando-se nesta seleção uma visão

---

21. O último documento setorial (BM, 1995), considerado nesse trabalho como um eixo para a análise do pacote de políticas proposto pelo BM, e o livro que serve de base às propostas para a melhoria da qualidade da educação de primeiro grau (Lockheed e Verspoor, 1991), um dos livros mais consultados e citados atualmente na literatura educativa internacional, são exemplos claros disto. O documento de 1995 apóia suas conclusões e recomendações em 261 estudos; destes, 243 são publicações em inglês e 17 em espanhol, estas últimas sendo traduções dos originais em inglês de documentos do próprio Banco Mundial (13), UNESCO (2), UNICEF (1) e a OIT (1). A maioria dos estudos sobre América Latina tomados como referência pertencem a autores norte-americanos. Não há uma única publicação consultada em francês ou português (os três estudos sobre o Brasil que se incluem são de autoria norte-americana). Com referência ao livro de Lockheed e Verspoor: dos 446 títulos citados na bibliografia final, 441 são títulos em inglês. Os cinco restantes dividem-se da seguinte forma: dois em francês, dois em espanhol (ambos provenientes da Colômbia e referidos a um programa financiado pelo BM) e um em português (publicado em 1980). Esquece-se de vez a rica produção sobre educação e sobre a educação de primeiro grau em particular, que existe e vem aumentando nestas três línguas.

mais dinâmica, sólida e analítica do campo educativo, da sua evolução e do seu desenvolvimento. A seleção privilegia os estudos empíricos, instrumentais — capazes de fornecer dados úteis e conclusões taxativas sobre temas previamente escolhidos com a finalidade de formular políticas — em detrimento de estudos de caráter mais metodológico, conceitual ou teórico, dispostos a conceituar, aprofundar ou tornar mais complexa a compreensão de um determinado tema, formular questões, contradições ou dilemas em lugar de proporcionar respostas únicas e conclusivas. Por esta via, de fato, excluem-se não só autores importantes do Terceiro Mundo como também autores reconhecidos do Primeiro Mundo, incluindo o próprio mundo anglófono. De fato, existe um grande abismo entre a bibliografia dos círculos especializados ou as revistas sobre educação nos Estados Unidos, no Canadá ou na Europa e a citada nas publicações do BM.

Diversas propostas de política feitas ao "mundo em desenvolvimento" baseiam-se no pressuposto de que, pelo menos em certos âmbitos educacionais, existem problemáticas comuns e necessidades e comportamentos diferentes daqueles do "mundo desenvolvido".[22] Porém, tanto os problemas como as soluções, e o próprio modelo de desenvolvimento educativo, foram pensados sobretudo a partir dos enfoques e modelos dos países desenvolvidos,[23] embora as propostas sejam ilustradas geralmente através da experiência de outros países em desenvolvimento. Além das óbvias inconsistências que este duplo jogo acarreta na análise e na proposta, criam-se percepções e expectativas contraditórias nos países devedores; ao mesmo tempo em que manifestam interesse em entrar em contato com as realidades e experiências de outros países em desenvolvimento, estão também interessados em aprender com a experiência dos países desenvolvidos.[24] Nesse sentido, seria útil que

---

22. Citamos como exemplo a afirmação de que a provisão de insumos tem efeito sobre o rendimento escolar nos países em desenvolvimento e não assim nos desenvolvidos. Isto justificaria o grande investimento em insumos no primeiro tipo de países e outro tipo de ações, supostamente mais qualitativas, no segundo.

23. Os parâmetros utilizados com relação ao tempo ideal de instrução, por exemplo, nos quais se baseia a conclusão que o tempo dedicado é baixo em grande parte dos países em desenvolvimento e particularmente na América Latina, são geralmente fixados por países da Europa e pelo Japão (Schiefelbein, 1995; Schiefelbein e Tedesco, 1995).

24. A iniciativa dos "Nove Países Mais Povoados", organizada no final de 1993 por UNESCO, UNICEF e como uma subiniciativa no contexto de Educação para Todos, foi particularmente reveladora neste sentido. Altos funcionários de países como o México ou o Brasil manifestaram desinteresse na iniciativa que reunia nove países em desenvolvimento (Bangladesh, Brasil, China, Egito, Índia, Indonésia, México, Nigéria e Paquistão) dos quais, em sua opinião, pouco ou nada havia para aprender. Surgiu, ao contrário, o interesse por uma iniciativa da qual participassem Japão, Estados Unidos ou os países europeus.

tanto o BM como outras agências internacionais assumissem como parte de suas funções colocar à disposição do Terceiro Mundo informação atualizada e sistematizada sobre a experiência e os processos de reforma educativa nos países desenvolvidos, não para fixar modelos do possível ou do desejável mas sobretudo para antecipar problemas e evitar erros já cometidos por esses países. De fato, muitas das estratégias que os países em desenvolvimento hoje propõem e estão testando, — descentralização, diversificação curricular, autonomia da escola, participação dos pais na gestão escolar, educação inclusiva, uso das tecnologias modernas, educação à distância etc. — já foram testadas nos países desenvolvidos, nem sempre com êxito. Conhecer de perto estes processos ajudaria no sentido de tomar consciência de que, em várias destas frentes hoje vistas como inovadoras e como um passo adiante, os países em desenvolvimento estão indo enquanto os desenvolvidos estão já voltando (Torres, 1995b).

2. Omissão quanto às dificuldades subjacentes à informação e à pesquisa educativas contemporâneas

O "problema estatístico" é hoje amplamente reconhecido no campo educativo: as estatísticas disponíveis não são confiáveis e têm presumivelmente uma importante margem de erro.[25] Por outro lado, a pesquisa educativa chegou a um ponto crítico: não é possível, a partir dos resultados disponíveis, tirar conclusões de maneira definitiva sobre nenhum dos temas. E mais: temos à nossa disposição resultados de pesquisa praticamente para todos os gostos, para provar ou para refutar quase todas as teses. Os problemas já conhecidos de falta de confiabilidade e de impossibilidade de comparação que caracterizam a informação e a pesquisa educativa contemporâneas e, concretamente, os estudos citados pelo BM, não são mencionados ou o são apenas ligeiramente na literatura oficial do BM. Na verdade, essa deveria ser uma advertência obrigatória, um requisito tanto metodológico como ético de qualquer exposição orientada a influir na tomada de decisões com relação a prioridades e estratégias no campo educativo.[26]

---

25. É difícil encontrar hoje fontes que coincidam nos dados sobre um mesmo indicador ou fenômeno. Existem diferenças às vezes importantes entre os dados oficiais divulgados na esfera nacional, dentro de cada país, e os que se divulgam no âmbito internacional. Também existem diferenças significativas na informação e nos dados com que trabalham as agências internacionais e inclusive entre publicações de uma mesma agência.

26. No documento BM (1995) o assunto é tratado dentro de um quadro com o título "A pobreza dos dados sobre educação", que está centrado, contudo, na pouca confiabilidade da in-

As afirmações aparecem como monolíticas e os resultados de pesquisa como conclusivos; evita-se mencionar a falta de evidências e inclusive as evidências contraditórias que outras pesquisas revelam sobre os mesmos objetos de estudos. Esse é o caso de numerosas afirmações que o BM faz, por exemplo, sobre os livros didáticos (existem estudos, inclusive promovidos pelo próprio BM, que não mostram essa preponderância do livro didático na qualidade da aprendizagem, ou que sugerem uma importância diferenciada para diversas áreas de estudo,[27] ou que condicionam seu impacto à presença de determinadas condições), a capacitação docente (estudos que apresentam uma correlação positiva entre anos de instrução e qualificação docente e resultados de aprendizagem dos alunos, ou que não apontam as tão famosas vantagens comparativas da capacitação em serviço com relação à formação inicial), o tempo de instrução (estudos revelam que seu aumento não necessariamente resulta em melhor rendimento escolar) etc.

Em vários casos, por outro lado, as conclusões que se aplicam aos países em desenvolvimento derivam de estudos feitos em países desenvolvidos, com situações e contextos bastante diferentes, sem se explicitar esse fato. É o caso, por exemplo, de algumas afirmações e recomendações feitas sobre a repetência escolar, sobre as tarefas de casa e inclusive sobre os livros didáticos, sobre a formação e o salário dos docentes, sem mencionar que os estudos empíricos sobre estes e outros temas realizados nos países em desenvolvimento são raros e pouco consistentes.

Em geral, não se explicita nas publicações do BM a metodologia utilizada para a revisão da literatura em que se apóiam as conclusões e recomendações.

---

formação estatística. Afirma-se aqui que "os dados e a pesquisa sobre educação geralmente são insuficientes para o monitoramento, a formulação de políticas e a alocação de recursos". Essa afirmação e o reconhecimento desse fato não impede que sejam utilizados os dados estatísticos e os resultados da pesquisa disponíveis *como se* fossem suficientes para tal monitoramento, formulação e alocação.

27. Por exemplo: um estudo realizado na Tailândia (Lockheed e Longford, 1989), para examinar os fatores que incidiam nos incrementos no rendimento escolar em matemática na oitava série, encontrou que os altos rendimentos nesta matéria estavam associados, nesta ordem, com: (1) uma maior proporção de professores qualificados para ensinar a matéria; (2) um currículo melhorado, e (3) uso freqüente de livros didáticos por parte dos professores. Por outro lado, apesar de os autores de um estudo do Nordeste do Brasil (Harbison e Hanusheck, 1992) não encontrarem evidência empírica para provar a hipótese da predominância do livro como fator de melhoria do rendimento escolar, suas recomendações finais incluem uma priorização do investimento em textos, atendo-se simplesmente ao já confirmado por outros estudos do BM e ao "conhecimento convencional" gerado pelos mesmos (Plank, 1994).

3. Uma forte tendência à (sobre)generalização

Verifica-se a tendência de afirmar como universais (e de entender como passíveis de aplicar de forma homogênea) uma série de postulados que na verdade são o resultado de alguns poucos estudos realizados em situações e países específicos. É o caso, por exemplo, das afirmações sobre os insumos fundamentais que exercem influência positiva sobre a aprendizagem — conhecimento da matéria por parte do professor, maior tempo de instrução, provisão de livros didáticos e materiais instrucionais —, sobre os quais existem de fato evidências contraditórias. Assim como existem estudos para mostrar que o incremento de dias e horas no calendário escolar está relacionado positivamente com um melhor rendimento, existem também estudos — tanto em países em desenvolvimento como em países desenvolvidos — que revelam que essa relação não se dá necessariamente, ou que se dá em determinados casos ou para determinadas matérias (Reimers, 1993). Várias afirmações sobre os tipos de capacitação e os conhecimentos e fontes de conhecimento dos professores em relação ao rendimento de seus alunos apóiam-se em estudos realizados em quatro países (o Brasil, o Paquistão, a Índia e a Indonésia) e com marcos teóricos e metodologias diferentes. São feitas afirmações fortes, sem nenhuma fundamentação, como a seguinte: "Nos países de baixa e média renda, as características da escola e da sala de aula são responsáveis por 40% das diferenças no rendimento escolar; o restante deve-se a características individuais ou familiares não atribuíveis à intervenção escolar" (BM, 1995: 50).

A fundamentação empírica utilizada para muitos pontos não é explicitada ou então é extremamente fraca. Para alicerçar um argumento ou uma opção de política recorre-se com freqüência a um ou mais exemplos de projetos ou de experiências que declaram ter adotado tal opção e que ela resultou efetiva (ou não, segundo o interesse) em países selecionados, mas não se descreve o contexto — econômico, social, histórico, cultural, institucional etc. — e as condições específicas que explicitam o êxito (ou fracasso) desta ou daquela intervenção.

Além dos exemplos concretos, é discutível a possibilidade de fazer generalizações válidas para o conjunto de "países em desenvolvimento" ou o assim chamado "Terceiro Mundo"; ele se caracteriza não apenas por um conglomerado heterogêneo de países, mas também por serem países internamente diferenciados e polarizados no âmbito econômico, social e cultural, com segmentos e setores que compartilham características do Primeiro Mundo. A própria divisão do mundo em regiões geográficas é arbitrária: países africanos ou asiáticos podem ter muito mais pontos em comum com alguns países latino-americanos (ou do Primeiro Mundo) do que com outros de sua própria região. Não existe uma opção válida de política educativa para o Brasil como um todo, um país-mosaico no qual condensam-se provavelmente todos os mundos e realidades possíveis. Mas não apenas o Brasil — facilmente identificável como protótipo da heterogeneidade —; quase todos os países em desenvolvimento têm uma heterogeneidade semelhante. A vocação pela generalização — tão cara às visões e políticas do BM e dos organismos internacionais em geral — descansa desafortunadamente, em grande medida, no desconhecimento e na falta de sensibilidade em relação à cultura como dimensão chave e inevitável da política educativa.

No âmbito das agências internacionais, em geral, a realidade africana serve como paradigma para o conjunto do mundo em desenvolvimento. De fato, os elementos essenciais do diagnóstico e o pacote de recomendações que o BM oferece hoje aos países em desenvolvimento estão já incluídos no estudo sobre a África Sub-Saariana realizado em 1985, com base na análise de 39 países. Já nesse documento, para esses países, recomendavam-se as estratégias que hoje constituem o eixo do pacote do BM para a reforma educativa, tais como aumentar o tamanho da classe, conferir hegemonia ao livro didático, recrutar seletivamente os professores e reduzir seus salários (ou então fazer uso mais intensivo de seu trabalho organizando duplas jornadas nas escolas) etc. Naquele momento, por outro lado, mencionavam-se também "fortes evidências" de pesquisa para fundamentar essas e outras recomendações de política.

4. Um tratamento simplista da inovação educativa e das "experiências exitosas" de reforma

As "reformas exitosas", os "programas inovadores", as "boas práticas", as "escolas efetivas" — tipicamente apresentadas nas publicações educativas do BM e de outros organismos internacionais, em quadros (*boxes*) inseridos ao longo do texto para "trazer a realidade" ao papel e exemplificar a bondade de determinadas opções de política — aparecem em geral sem o seu contexto, sem trajetória nem movimento, descritas a partir de seus aspectos mais exteriores e superficiais, sem a descrição dos problemas ou das limitações. Dificilmente encontramos nessas descrições uma visão do que acontece efetivamente dentro do programa, na instituição em si e, muito menos, da dinâmica na escola, ou na sala de aula, inclusive nos casos de inovações assim consideradas no plano especificamente pedagógico. Os aspectos organizacionais da transformação e da reforma educativas, com freqüência fatores críticos de seu êxito ou fracasso, estão geralmente ausentes tanto do diagnóstico como da proposta.

Em vez de analisar os fatores que explicam, em cada caso, os pontos contra ou a favor de determinada opção ou intervenção, opta-se pela afirmação fácil e o denominador comum que facilite a possibilidade da generalização. Os chamados "Tigres Asiáticos" apresentam-se como modelo ideal — exemplo de vontade e determinação na consecução de objetivos ambiciosos, incluído o educativo — sem atenção à especificidade e à impossibilidade (histórica, cultural etc.) de reproduzir tais processos, particularmente em realidades muito diferentes como podem ser a latino-americana ou a africana. Como exemplos contemporâneos de reformas educativas exitosas (ou que começaram bem) mencionam-se, num mesmo parágrafo, os processos atualmente em andamento na Bolívia, na República Dominicana, em Gana, na Guiné, na Índia, na Jordânia, nas Ilhas Maurício, em Moçambique, na Romênia e na Tailândia, que os compartilhariam. Como fator explicativo do "êxito", o fato de que "os interessados estiveram envolvidos no desenvolvimento e na execução das reformas" (BM, 1995: 104), especialmente através de consultas públicas, nas quais se assinala a participação dos sindicatos de professores. Um conhecimento direto de quaisquer desses processos, muito diferentes entre si e sumamente complexos, questionaria não só o simplismo como a validade e o sentido de tais afirmações.

As "experiências exitosas", no contexto dos documentos de política, cumprem uma função clara: ao invés de explicar a dinâmica e mostrar a complexidade e a especificidade dos processos reais de inovação e reforma educativa (o que seria conseqüente com a procura do cientificismo que o BM pretende aplicar à fundamentação de suas políticas por meio de estudos empíricos), tenta-se convencer o leitor e, principalmente, àqueles que tomam decisões sobre política, sobre todos os prós e os aspectos positivos daquilo que se propõe. Essa postura leva necessariamente à simplificação, ao ocultamento e inclusive à distorção. Dessa forma, conhecendo o caminho complexo e tortuoso, com altos e baixos, e também com importantes retrocessos, que geralmente percorrem a inovação e a reforma educativa, elas têm a tendência a aparecer sem história, recortadas e congeladas num presente escolhido como o momento ideal de sua realização; conhecendo os baixos níveis de sobrevivência das experiências inovadoras, em geral, não se menciona sua dimensão temporal (quando foi iniciado o programa, se ainda sobrevive etc.); conhecendo as dificuldades crônicas mostradas pelas inovações para se estenderem e para se generalizarem, assim como a ausência de avaliação de seus resultados e impacto, costuma ser omitida a menção de números (coberturas, população atendida etc.); conhecendo, finalmente, o custo de muitas dessas inovações, dificilmente se encontram referências a custos.[28]

Existe uma tendência a considerar-se tudo aquilo que seja "inovador" como automaticamente "exitoso"; e o "êxito" é incompatível com a presença de problemas. Destacam-se as publicações que optaram por sistematizar e dar a conhecer experiências inovadoras revelando tanto seus pontos fortes como suas fragilidades, "... apesar das convenções culturais desafiadas por esta exposição pública das 'dificuldades'..." (Little *et al.*, 1994).

A visão simplista e superficial da inovação e da reforma educativa e, por último, do que "funciona" ou do que "não funciona" em educação não é certamente exclusiva do BM. Pelo contrário, parece enraizada na lógica de trabalho das agências internacionais e dos ministérios de Educação em geral. Não obstante, partindo de um organismo internacional e especificamente do BM, esta postura ganha um perfil diferente ao transformar a inovação numa ferramenta a mais de um *marketing* que "vende" políticas e propostas "prontas para serem usadas" na esfera internacional, cujo mercado direto é o mundo em desenvolvimento. Como se afirma (Shiefelbein, 1995: 26), "um passo positivo na reforma da educação e da pesquisa seria a discussão em profundidade das experiências exitosas".

5. Um enfoque de manual e de receituário

Em geral, e apesar de tratar de temas e decisões extremamente complexas, que reconhecidamente requerem maior estudo e análise, em particular para o caso dos países em desenvolvimento, o BM "faz poucas

---

28. Poderiam ser citados numerosos exemplos a este respeito. Pode ser útil considerar ao menos dois, sempre mencionados e amplamente citados na literatura internacional do BM: o programa "Escola Nova" na Colômbia, e o atual processo de reforma educativa no Chile, ambos tomados como modelo e mencionados como exemplos bem-sucedidos desta região do mundo. "Escola Nova" é apresentada mais como um modelo a seguir do que como um programa vivo, com mais de vinte anos de vida, que conhece as limitações, fragilidades e contradições próprias de todo o processo real e de uma inovação educativa que se transforma de projeto piloto em política nacional (Torres, 1991). O "outro lado" das reformas introduzidas no Chile, analisado pelos próprios pesquisadores chilenos (entre outros, Espínola, 1989), mostra que nem a privatização nem a descentralização deixam nesse país um saldo claro nem "tomado como modelo"; pelo contrário, o caso chileno parece um caso sumamente interessante para analisar os efeitos perversos do mercado e os efeitos não buscados — e inclusive contrários — que podem resultar de políticas e medidas destinadas a "melhorar a qualidade da educação" através dos incentivos à concorrência.

confissões de ignorância" (Schwille, 1993: 491) em suas propostas de política.[29] Ao invés de formular perguntas, necessidades e linhas de pesquisa para o futuro, estados de arte do conhecimento que deixem vislumbrar a fragilidade na qual se movem ainda o conhecimento e a teoria em educação, tudo parece ter uma resposta, uma recomendação precisa, um mapa claro de opções e prioridades. Aqueles que não têm familiaridade com o tema educativo nem seguem de perto seu desenvolvimento teórico e prático — situação característica da maior parte dos que decidem a política neste campo, os quais precisamente conformam o alvo do discurso e das propostas do BM — podem ter a impressão de que tudo no mundo da educação está devidamente pensado, investigado e resolvido.

Contando com o perfil de um leitor pouco educado na questão educativa, mais que uma análise e uma apresentação de opções possíveis de política diante da variedade possível de objetivos, situações e contextos, recorre-se com freqüência a uma lista ordenada de tarefas e a alguns esquemas simplistas de oposições branco/preto (e.g. centralizado *versus* descentralizado, professores *versus* textos, currículo proposto *versus* currículo efetivo, capacitação *versus* salário docente, formação inicial *versus* capacitação em serviço, merenda escolar *versus* almoço escolar etc.).

Uma proposta que dicotomiza duas opções de política: "becos sem saída" *versus* "avenidas promissoras"[30]

Partindo de uma série de estudos, em sua maioria promovidos pelo BM, assim como de sua própria história de investimentos no setor educativo, o BM extrai várias conclusões sobre o que *não funciona* (becos sem saída) e o que *funciona* (avenidas promissoras) em relação à educação de primeiro grau nos países em desenvolvimento, propondo-as para estes países como opções de política (ver quadro 2).

---

29. No último documento setorial, o único campo sobre o que expressamente se admitem resultados não conclusivos é o da educação vocacional secundária: "Os baixos rendimentos da educação vocacional secundária indicam que um investimento adicional sob as atuais condições não seria eficiente. Mas isto não implica necessariamente que a redução da provisão de vagas seja a resposta correta. Tal conclusão de política requer confirmação adicional" (BM, 1995: 64).

30. As propostas do Banco Mundial aqui analisadas estão desenvolvidas em Lockheed e Verspoor (1991).

QUADRO 2
Recomendações do Banco Mundial para melhorar a educação de primeiro grau

Becos sem saída	Avenidas promissoras
Ajustar o currículo proposto (planejamento e programas de estudo)	Melhorar o currículo efetivo (textos escolares)
Instalar computadores na sala de aula	Proporcionar livros didáticos e guias didáticos para os professores
Tentar reduzir o tamanho da classe	Estabelecer, manter e controlar um tempo fixo de instrução
Longos programas iniciais de formação docente	Formação docente em serviço (contínua, programas curtos, visitas e intercâmbios, educação a distância etc.) Uso do rádio interativo como sistema de ensino na sala de aula (como complemento ou substituto do docente) Uso de instrução programada (com indicações detalhadas passo a passo)
Almoços escolares	Complemento nutricional através de merenda escolar e/ou de pequenos lanches Identificar e tratar outros problemas de saúde (infecções parasitárias, visão e audição) Educação pré-escolar (particularmente para os setores menos favorecidos)

Fonte: Lockheed e Verspoor (1991).

Além disso, como mencionamos anteriormente, é questionável a possibilidade de tirar conclusões e generalizar propostas para o "mundo em desenvolvimento" e a partir da frágil informação educativa disponível, é claro que nenhuma decisão de política se apresenta na realidade como duas opções opostas e sim como um amplo leque de possibilidades.

Por outro lado, como também já foi comentado, os "insumos educativos" não devem ser vistos isoladamente, mas na sua inter-relação dinâmica. Não é apenas a presença ou predominância de determinados insumos que fazem a diferença entre um ensino bom ou ruim; mas também a qualidade dos insumos (existem textos ruins e textos bons, capacitação docente ruim e também boa etc.) e seu modo particular de se relacionarem e se complementarem (o texto escolar sem capacitação docente pode ser um investimento inútil, ampliar o tempo de instrução pode não resultar em um melhor rendimento escolar se não se modificam outras condições e elementos etc.).

1. *Reforma curricular* versus *textos escolares?*

> Os textos escolares são a mais importante — senão a única — definição do currículo na maioria dos países em desenvolvimento [...] a maior parte das reformas curriculares tentam modificar o currículo proposto concentrando-se nos cursos ministrados e no número de horas oficialmente dedicadas aos mesmos. Essas mudanças no currículo proposto são pequenas, ineficazes e enfrentam resistência por parte dos pais e dos professores (Lockheed e Verspoor, 1991: 46-47).

Frente às fragilidades e fracassos reais de muitas tentativas de reforma curricular, o BM propõe um novo viés e possivelmente um novo beco sem saída: a prioridade do livro didático. Se a década de 60 foi a década da infra-estrutura, a década de 90 aparece como a década do texto escolar.

O BM nos coloca diante de uma (falsa) oposição entre *currículo prescrito* (também chamado *oficial, proposto, programado, normativo*, ou *escrito*, e usualmente formatado em planos e programas de estudo) e *currículo efetivo* (o efetivamente realizado na sala de aula, também denominado *currículo real* ou *currículo em ação*). Desaconselha as reformas curriculares empenhadas em modificar o currículo prescrito, argumentando contra sua complexidade e contra o fato de gerar muitas expectativas e, finalmente, por não se traduzir em melhorias na sala de aula. No seu lugar, aconselha melhorar os textos escolares, considerados no currículo efetivo, já que é neles que se condensam os conteúdos e orientam-se as atividades que guiam tanto os alunos como os professores. Como resultado dessa análise, o BM está aumentando notavelmente a dotação orçamentária para o item textos escolares nos seus projetos de melhoria da qualidade.[31] Em grande parte dos países tomadores de empréstimos do BM, o item referente a textos e materiais instrucionais é o segundo e até o primeiro item em importância na alocação de fundos dentro dos projetos financiados pelo Banco, em muitos casos, com uma grande diferença em relação à capacitação docente, que usualmente figura no terceiro (e até no quarto) lugar de prioridade. O peso do texto escolar parece ir aumentando.

Existem várias questões a discutir em relação às disjuntivas colocadas e a seus pressupostos:

• A visão de reforma curricular subjacente à análise e às propostas do BM é a reforma centralizada, parcial e ineficaz, que predominou no

---

31. Para 1990, 66% dos projetos financiados pelo BM para o ensino de primeiro grau incluíam um componente de textos escolares. Entre 1990 e 1994, 6% do montante dos empréstimos ao setor educativo foi destinado para textos; uma década antes, essa percentagem era de 3% (BM, 1995: 54).

passado. No entanto, como mostram algumas tentativas recentes de reforma educativa, existem hoje condições para uma crítica e uma superação desse modelo convencional de reforma. A reforma curricular não precisa ser desenhada de maneira centralizada, elitista e vertical, com conteúdos definidos de forma homogênea e prescritiva para toda uma nação. A tradição da reforma-pacote elaborada de forma centralizada e hermética por um pequeno grupo de especialistas mostrou suas fragilidades e limites, e poucas vezes chegou a modificar práticas e resultados na sala de aula. Mas isto não implica o desconhecimento da necessidade objetiva de uma reforma curricular nos países em desenvolvimento, e sim na revisão do modelo e em uma forma de construção diferente.

Hoje em dia, sustentamos não somente a necessidade de um novo currículo, mas uma nova maneira de pensar, desenhar e fazer currículo, com modalidades mais participativas, buscando o consenso social; superando a visão fragmentária, parcial e de curto prazo das tentativas de reforma curricular realizadas no passado, centralizadas nos conteúdos e em operações superficiais de adição ou eliminação, sem uma compreensão do currículo como uma totalidade e sem uma visão de longo prazo; entendendo que a reforma curricular não é um documento nem um decreto nem um fato meramente escolar mas um processo social, de mudança cultural, sumamente complexo e longo que, como tal, exige o trabalho em várias frentes e em vários níveis e, sobretudo, entendendo que não há possibilidade de pôr em prática uma reforma curricular sem colocar no centro o professor, não somente como capacitando e executor, mas também como protagonista da proposta e do processo de mudança. (Torres, 1993).[32]

A visão de um currículo e de uma reforma curricular concebidos de maneira mais participativa está, de fato, estabelecida nos documentos da iniciativa de Educação para Todos, onde se recomenda que os países organizem mecanismos internos de participação e consulta, para a identificação e definição das "necessidades básicas de aprendizagem" de crianças, jovens e adultos (PNUD, UNESCO, UNICEF, BANCO MUNDIAL, 1990a).[33] Não

---

32. Processos contemporâneos de reforma educativa em vários países hispânicos revelam, de fato, alguns desses elementos. A reforma em andamento na Espanha e as que estão se iniciando na Argentina e na Bolívia abriram espaços organizados e inéditos de consulta, informação e discussão pública sobre a definição do novo currículo para a educação básica. Nessas e em outras reformas, porém, o calcanhar de Aquiles continua o mesmo: o fraco papel do professorado na definição e discussão da reforma.

33. O Marco de Ação da Conferência diz textualmente: "O primeiro passo consiste em identificar — de preferência através de um processo participativo e ativo que inclua os grupos

é essa, porém, a visão e a proposta do BM. À luz do pragmatismo e da análise econômica, o texto escolar aparece como uma via mais fácil e mais rápida que um processo sustentado de participação, informação, discussão e elaboração social como o que é requerido por uma reforma curricular efetiva. O BM recomenda enfaticamente a elaboração e desenvolvimento do currículo como uma tarefa restrita ao poder central ou regional, sem participação local e sem formar parte do pacote de funções delegadas pela descentralização.

• A proposta de privilegiar o texto escolar baseia-se em duas teses centrais: (a) os textos escolares — "na maioria dos países em desenvolvimento" — constituem em si mesmos o currículo efetivo (tese que, por sua vez, supõe um determinado tipo de texto, programado, auto-instrutivo); e (b) trata-se de um insumo de baixo custo e alta incidência sobre a qualidade da educação e o rendimento escolar.[34] Em ambos os casos, o que está em jogo, explícita ou implicitamente, é outra falsa opção: textos escolares *versus* professores.

Currículo efetivo é aquele que se realiza na sala de aula, com ou sem a mediação de textos escolares, e depende essencialmente das decisões tomadas pelo professor (é ele quem decide inclusive utilizar ou não um texto, quando e como usá-lo). Nesse sentido, a maneira mais segura e direta de incidir sobre o currículo é incidir sobre os docentes, sobre a sua formação e as suas condições de trabalho. Embora não se trate de optar entre o professor e o texto, já que ambos são fundamentais para a aprendizagem, mais importante que garantir textos de boa qualidade é garantir professores de boa qualidade. É o texto que deve estar a serviço do professor e não o contrário.

Por outro lado, a idéia do livro didático como currículo efetivo repousa na concepção de um texto programado, fechado, normativo, que orienta passo a passo o ensino e oferece tanto ao professor como aos alunos todas as respostas. Esse tipo de texto, embora pensado para o professor de escassa formação e experiência (e benvindo por ele) homogeneíza os docentes e perpetua a clássica (e crescente) dependência do professor com relação ao

---

e a comunidade — os sistemas tradicionais de ensino existentes na sociedade e a demanda real por serviços de educação básica, expressados já em termos de escolarização formal ou de programas de educação não-formal" PNUD, UNESCO, UNICEF, BANCO MUNDIAL (1990b).

34. É importante ressaltar que a afirmação de que o texto escolar constitui o insumo mais importante e de melhor custo-benefício para melhorar a qualidade da educação de primeiro grau nos países em desenvolvimento foi apresentada pela primeira vez no estudo feito pelo BM na África Sub-Saariana (BM, 1988), região com os indicadores educativos mais baixos do mundo.

livro didático, reservando-lhe um papel de simples manipulador de textos e manuais, limitando de fato sua formação e crescimento. A necessidade de um currículo aberto e flexível, ferramenta de (auto)formação antes que camisa-de-força para os professores é, portanto, uma reivindicação e uma procura contemporâneas,[35] coerentes com o "papel protagonista", a "autonomia profissional" e o "novo perfil docente" que proclama o moderno discurso educativo vislumbradas pelos que estudam e formulam propostas para a educação no século XXI. Um professor capaz de ajudar seus alunos a desenvolverem a criatividade, a receptividade à mudança e à inovação, a versatilidade no conhecimento, a antecipação e adaptabilidade a situações variáveis, a capacidade de discernimento, a atitude crítica, a identificação e solução de problemas etc. requer, no mínimo, que ele mesmo tenha aprendido e seja capaz de dominar essas habilidades no seu exercício profissional.

Por outro lado, os textos escolares não podem ficar à margem de um currículo proposto; devem se enquadrar e responder a um determinado currículo (nacional, regional, local) coerente com a política educativa. Pretender trabalhar num país sobre os textos escolares independentemente do currículo vigente (ou em revisão) implica promover um desequilíbrio interno ainda maior do sistema escolar — um Departamento de Currículo e um Departamento de Textos Escolares, um de Formação Docente e um de Elaboração de Guias Didáticos para os Professores, Equipe Curricular e Pedagógica trabalhando sem se comunicarem entre si, o que já está de fato acontecendo em vários países — e, mais grave ainda, uma invasão e uma interferência comercial sem controle das editoras privadas de livros didáticos que, com freqüência, definem a orientação e o caráter da reforma.

Finalmente, efetuar uma reforma curricular é assunto complexo, mas proporcionar *bons* textos escolares às escolas, assegurar seu uso efetivo e seu impacto positivo sobre a aprendizagem tampouco é um assunto simples, como reconhecem os próprios técnicos do BM.[36] Os "poucos indivíduos"

---

35. Este é o caso da Reforma Espanhola, que apostou num currículo relativamente aberto (o Desenho Curricular Base só inclui conteúdos, procedimentos e atitudes, por etapas), deixando às regiões e às próprias instituições e equipes escolares uma parte importante da elaboração do currículo. Esta aposta na autonomia escolar apóia-se na decisão de dar prioridade, dentro da reforma, à formação e capacitação docentes. Em todo caso, a tensão entre o desejável e o possível está instalada. Como era previsível, muitos professores — produtos de um modelo de relação com o docente em que tudo "vem" de cima — reclamam por maiores definições no currículo.

36. Transladar as especificações de um currículo à elaboração de bons textos escolares requer um considerável conhecimento especializado. Um texto escolar deve ter o nível apropriado de

capazes de elaborar bons livros didáticos não estão precisamente concentrados no Terceiro Mundo e, assim, a opção pelo texto escolar como opção privilegiada de reforma curricular implica, com freqüência, a contratação de especialistas internacionais ou na importação de livros estrangeiros, o que não estimula nem fortalece as capacidades nacionais de produção de bom material escolar, numa visão a médio e longo prazo.[37]

A própria experiência do BM é reveladora quanto ao número e à complexidade dos problemas encontrados nos projetos de textos escolares e quanto às lições aprendidas neste campo: má qualidade material e pedagógica dos livros; sistemas inadequados de distribuição; incapacidade para manter um ritmo contínuo de produção; procedimentos inadequados para a compra de papel; falta de coordenação entre a preparação dos programas de estudo e os textos; falta de sincronização entre a publicação dos novos textos escolares e a formação dos professores; e incapacidade de estabelecer instituições que mantenham a produção de livros de boa qualidade uma vez terminado o projeto (Verspoor, 1991).

Merecem discussão em separado as afirmações sobre a importância primordial do livro didático na melhoria da qualidade da educação e no rendimento escolar (e, no outro extremo, sobre o menor impacto do fator docente e, em particular, do salário e da formação inicial dos docentes, na referida qualidade e no rendimento). Por outro lado, como já foi assinalado, tomando a pesquisa empírica como parâmetro para confirmar a validade ou não de determinadas opções de política, existem estudos — inclusive promovidos pelo próprio BM — que contradizem ou, pelo menos, relativizam as afirmações tanto em relação ao livro didático quanto o fator docente na aprendizagem e no rendimento escolares. Por outro lado, como revelam vários estudos, alguns promovidos pelo próprio BM (Farrell e Heyneman,

---

conteúdo e de dificuldade de leitura: deve ser consistente no enfoque, no método e na exposição; deve estar adequadamente seqüencial; motivar os alunos; e, finalmente, estar desenhado de maneira que possa ser utilizado por professores pouco qualificados e, ao mesmo tempo, permitir que os bons professores possam ir mais além do texto [...] no mundo inteiro, poucos indivíduos possuem a competência necessária para elaborar bons livros didáticos. A maioria deles são, portanto, escritos por comitês de especialistas. Melhorar o conteúdo dos livros didáticos é uma grande promessa na melhoria do aprendizado das crianças nos países em desenvolvimento" (Lockheed e Verspoor, 1991: 47).

37. De fato, já que esses e outros elementos constam na prescrição, muitos projetos de "melhoria da qualidade da educação" financiados pelo BM e que contêm um componente de textos escolares foram concebidos desta forma. Além disso, projetos que inicialmente contemplavam a produção nacional de textos foram definidas e optaram por importá-los (este é, por exemplo, o caso do projeto EB/PRODEC do Equador).

1989), na qualidade da aprendizagem incide não apenas a *acessibilidade*, mas também a *quantidade* e a *variedade* do material de leitura.[38]

A importância da biblioteca, em comparação com o livro didático único fica estabelecida na própria análise comparativa de Farrell e Heyneman: ao confrontar a disponibilidade de livros em vários países, os autores concluem que a presença de um só ou de muitos livros determina estilos e qualidades muito diferentes de ensino e aprendizagem, das aprendizagens decoradas e passivas (características dos sistemas escolares dos países em desenvolvimento) até o domínio de habilidades cognitivas e o desenvolvimento de hábitos autogerados de estudo (ver quadro 3). Embora a biblioteca ocupe o primeiro lugar conforme o esquema de priorização de insumos para o ensino de primeiro grau considerado pelo BM, o livro didático — e não a biblioteca — está em primeiro lugar nas recomendações do BM para os países em desenvolvimento.

QUADRO 3
Despesas com livros didáticos e número de livros por aluno como indicador da qualidade da educação

Custo anual	Número de livros por aluno	Estilos/resultados de aprendizagem	Países
US$ 1	1 por sala de aula	memorização	Uganda/Haiti
US$ 3	1 por aluno	boa exposição à informação	China
US$ 40	vários por sala de aula	domínio de habilidades cognitivas	Malásia
US$ 200	40 por aluno	hábitos de estudo autogerado	Estados Unidos

Fonte: Farrell e Heyneman (1989).

Por fim, não é possível evitar a questão curricular nem lhe dar um tratamento marginal ou encontrar saídas "fáceis", de curto prazo, em nome do pragmatismo. É preciso insistir em que:

• A reforma educativa passa, essencialmente, pela reforma curricular: a menos que se atualizem e modifiquem os "quê" e os "como" do

---

38. A diferenciação entre *livro didático* e *material de leitura* é difícil de encontrar na literatura do BM, na medida em que o livro didático tende a ser visto como o protótipo tanto do livro como do material de leitura em geral. No documento de 1995, faz-se um avanço importante neste sentido ao se reconhecer que "particularmente crítico para melhorar o rendimento em leitura é proporcionar material de leitura suplementar" (BM, 1995: XVI).

ensino e da aprendizagem, ou seja, as relações e práticas concretas na sala de aula, todo o resto — a reforma administrativa, legal, institucional não tem sentido.

- Reformar o currículo implica em trabalhar tanto no currículo proposto como no currículo efetivo, de maneira integrada e de um modo diferente do que predominava em ambos os casos no passado.
- Modificar o currículo efetivo implica em trabalhar com todos os elementos que intervêm no processo de ensino-aprendizagem: os docentes, os textos e materiais educativos, o espaço escolar, o tempo de estudo, os modos de gestão escolar etc. O professor ocupa lugar de destaque dentro desses elementos.
- Modificar o currículo efetivo implica no trabalho tanto interno como externo ao equipamento escolar: pais, comunidades e sociedade em geral.

2. *Formação inicial* versus *capacitação em serviço?*[39]

O conhecimento das matérias por parte dos professores está fortemente associado e consistentemente relacionado ao rendimento dos alunos. Professores com amplo repertório de habilidades de ensino são ao que parece mais efetivos que aqueles que têm um repertório limitado. A estratégia mais eficaz para assegurar que os professores tenham um conhecimento idôneo das matérias é contratar aqueles com uma educação adequada e conhecimentos demonstrados através da avaliação do seu desempenho. Essa estratégia é utilizada para os professores de ensino secundário e superior, mas raras vezes para o ensino de primeiro grau. A capacitação em serviço também pode melhorar o conhecimento da matéria e das práticas pedagógicas pertinentes. Ela é ainda mais eficaz quando se vincula diretamente à prática da sala de aula e é realizada pelo diretor da escola (BM, 1995: XVI).

O tema docente, em geral, é um tema que incomoda atualmente o BM — e a sociedade geral — e sobre o qual o Banco mantém posições ambíguas, inconsistentes e inclusive contraditórias. Os professores costumam ser vistos principalmente como um sindicato, e sindicato magisterial lembra automaticamente reivindicação salarial, corporativismo, intransigência, greve, quando não simples corrupção e manobra política.[40] Os professores (e seus

---

39. O termo em inglês *training* tem em espanhol duas acepções: *formação* e *capacitação*. Usaremos aqui *formação* para nos referirmos ao processo global e permanente de formação do professor e falaremos de *capacitação* para nos referirmos à capacitação em serviço.

40. "Os professores são geralmente o maior grupo de funcionários públicos nos países em desenvolvimento. Mais ainda, já que as finanças e a gestão educativas estão usualmente sob a

sindicatos) são vistos como problema antes que recurso, "insumo" educativo necessário porém caro, complexo e difícil de lidar. Os mesmos professores, e não somente a sua formação, costumam de fato ser vistos como um "beco sem saída".

Dentro do tema docente, duas questões são particularmente embaraçosas: o salário e a formação/capacitação. Embora o BM tenha visões e propostas para esses dois assuntos, e também estudos que lhe permitem fundamentar a não prioridade do investimento nesses itens, existe de fato discussão, posições diversas e mudanças importantes no discurso do BM com relação a esses e outros temas relacionados com o magistério.

Na recente trajetória do BM encontra-se, de fato, um avanço; partindo das posições que negam o impacto da formação docente sobre a qualidade da educação e o rendimento escolar (apoiadas num conjunto de estudos que mostrariam tal ausência de impacto), chega-se a reconhecer cada vez mais que o saber dos docentes é um fator determinante em tal rendimento (e inclusive a reconhecer que os estudos disponíveis em torno da relação formação docente/rendimento escolar não mostram um molde muito claro). No entanto, a formação/capacitação docente continua ocupando um lugar (e um investimento) marginal entre as prioridades e estratégias propostas pelo BM aos países em desenvolvimento, frente à infra-estrutura, à reforma institucional e à provisão de textos escolares. Por outro lado, a formação/capacitação docente continua sendo vista de forma isolada, sem atender às mudanças que seria preciso introduzir em outras esferas a fim de fazer do investimento em capacitação um investimento útil e efetivo em termos de custo. De fato, face às condições vigentes, a capacitação com freqüência transforma-se em plataforma para encontrar um emprego melhor ou para abandonar a profissão. Esse é, hoje em dia, um efeito perverso que enfrentam precisamente os programas de capacitação mais exitosos.[41]

Estudos (e a própria experiência prática) demonstram que docentes com maior número de anos de estudo e maiores qualificações não neces-

---

responsabilidade do governo central, os sindicatos de professores são atores importantes na cena política nacional. Os sindicatos docentes na América Latina, no Leste Europeu e em alguns países asiáticos, por exemplo, estabeleceram seus próprios partidos políticos ou formaram alianças com partidos que representam movimentos sindicais. Quando os governos não conseguem acordos com sindicatos centrais fortes sobre as condições de emprego dos professores, a ação coletiva pode interferir na educação e em certas ocasiões levar à paralisia política, como aconteceu na Bolívia, no Peru e em outros países em anos recentes" (BM, 1995: 102). Esta é a visão resumida do BM com relação ao conflito docente, conflito que evidentemente se acentua na América Latina.

41. Este efeito é descrito, por exemplo, para o caso do Programa das 900 Escolas no Chile (Filp, 1994).

sariamente conseguem melhores rendimentos com seus alunos. Sobre essa base, o BM desaconselha o investimento na *formação inicial* dos docentes e recomenda priorizar a *capacitação em serviço*, considerada mais efetiva em termos de custo — "Em geral, a capacitação em serviço é mais determinante no desempenho do aluno que a formação inicial" (Lockheed e Verspoor, 1991: 134)[42] — e recomenda que ambas aproveitem as modalidades a distância, também consideradas mais efetivas em termos de custo que as modalidades presenciais. Fazendo uma separação entre conteúdos e métodos, também para o caso da formação docente, o BM afirma que o conhecimento da matéria tem maior peso sobre o rendimento dos alunos que o conhecimento pedagógico, este último reduzido a um problema de utilização de "um amplo repertório de habilidades de ensino".

Na verdade, formação inicial e capacitação em serviço são diferentes etapas de um mesmo processo de aprendizagem, profissionalização e atualização permanentes do ofício docente. Em se tratando de um papel tão complexo e de tanta responsabilidade como o do ensino, e falando do objetivo da melhoria da qualidade da educação, não podemos optar: tanto formação como capacitação são necessárias e se complementam. Assim como são necessários, complementares e inseparáveis num bom ensino ambos saberes: o das disciplinas (o que se ensina) e o pedagógico (o como se ensina). Porém, além disso, como sugerido por diversos estudos — muitos deles realizados na América Latina —, a atitude e as expectativas do professor podem ser mais determinantes sobre a aprendizagem e o rendimento do aluno do que o seu domínio da matéria ou das técnicas de ensino.[43]

---

42. Citam-se três exemplos com relação ao impacto da capacitação em serviço: o programa Escola Nova da Colômbia, um estudo para o caso do ensino das ciências nas Filipinas e outro para o caso da matemática em Botswana. Curiosamente, no caso da Escola Nova, ao mesmo tempo em que o BM destaca este modelo de capacitação como efetivo, adverte uma e outra vez que se trata de um modelo caro (atribuindo seu custo ao sistema de séries múltiplas em geral): "Os custos do ensino em séries múltiplas são maiores que os do ensino tradicional devido à necessidade de capacitação especial para os professores, guias de estudo e materiais de ensino. Na Colômbia, os custos elevam-se em 5 a 10% em comparação com o ensino tradicional, em grande parte devido ao fato de que a capacitação docente é três vezes mais cara" (BM, 1995: 35). Como vemos, o próprio BM não é conseqüente no uso do conceito de custo-benefício. Frente a um programa que, sendo efetivo, é ao mesmo tempo mais caro que o programa não efetivo, os analistas do BM aparentemente não sabem o que fazer.

43. Nenhum desses estudos é conhecido (ou ao menos lembrado e mencionado) pelos técnicos e analistas do BM. As características pessoais dos docentes não constituem um fator considerado "insumo" no processo de ensino.

A educação à distância — e, de maneira específica, o uso de programas de rádio interativos para a instrução na sala de aula, particularmente em matemáticas, leitura e escrita, e para o ensino de uma segunda língua — recomenda-se como uma alternativa de baixo custo (entre outras, já que requer uma certa capacitação docente mínima). No entanto, a educação à distância ainda é uma alternativa pouco explorada no âmbito da educação básica e para fins instrucionais na sala de aula. Não existe informação suficiente nem avaliações confiáveis para afirmar que mesmo os programas considerados exitosos estejam apresentando melhores resultados em termos de aprendizagem e sejam mais efetivos em termos de custo. A fascinação com a tecnologia conduz muitas vezes a esquecer que também a tecnologia de ponta pode ser mal utilizada e mal aproveitada, que também a educação a distância pode reproduzir o modelo de ensino tradicional e transmissor do qual se pretende fugir. De fato, programas de educação à distância que estão sendo divulgados e promovidos na literatura internacional, com freqüência não têm a mesma acolhida em seus próprios países.[44]

Desperta a nossa atenção o fato de que tanto para a reforma curricular, como para o caso da formação docente, em vez de analisar os problemas e propor vias de superação para os mesmos — como faz para tantos outros temas — o BM opte por desconsiderar uma e outra como se, em si mesmas e por si mesmas, fossem ineficazes. Evidentemente, não é a formação inicial a que deve ser desconsiderada e sim o modelo de formação docente, tanto inicial como em serviço, que tem prevalecido e que mostrou claramente sua ineficiência e sua ineficácia (ver quadro 4).

QUADRO 4
O modelo de formação docente que não funcionou

cada nova política, plano ou projeto parte do zero	(ignoram-se e desconsideram-se os antecedentes, o conhecimento e a experiência acumulados)
pensa a formação como uma necessidade fundamental e principalmente dos docentes	(e não do conjunto dos recursos humanos vinculados ao sistema educativo: diretores, supervisores, funcionários etc.)
vê a formação isolada das outras dimensões do ofício docente	(salários, condições trabalhistas, aspectos organizacionais etc.)

---

44. Pode ser o caso, por exemplo, do programa Um Salto para o Futuro, no Brasil, que foi objeto de vários *boxes* em publicações dos organismos internacionais nos últimos anos. Não obstante, a descrição que ali se faz e a que pode ser encontrada na documentação do programa nem sempre coincide com a percepção de muitos professores e diretores de escola que conhecem e que participam do programa no Brasil.

ignora as condições reais do magistério	(motivações, inquietudes, conhecimentos, tempo, recursos disponíveis etc.)
é vertical, vendo os professores unicamente num papel passivo de receptores e capacitandos	(não consulta nem busca a participação ativa do professorado para a definição e o desenho do plano)
apela a incentivos e motivações externas	(tais como pontuações, promoções, hierarquia, antes que ao objetivo mesmo da aprendizagem e da profissionalização docentes)
dirige-se aos professores individualmente	(não a grupos ou equipes de trabalho, ou à escola como instituição)
realiza-se fora do local de trabalho	(tipicamente, tira-se o professor de sua escola, em lugar de levar a capacitação à escola)
é pontual e não sistemática	(não está inserida num esquema de formação e atualização contínuas do magistério)
centralizada no evento — curso, seminário, conferência, oficina como a modalidade privilegiada e inclusive única de formação	(desconhecendo ou vendo como secundárias outras modalidades: intercâmbio horizontal entre professores, trabalho em grupos, estágios, estudo individual, educação a distância etc.)
dissocia gestão administrativa e gestão pedagógica	(os professores são capacitados na segunda e os diretores/supervisores na primeira, sem reconhecer a necessidade de um enfoque integral para todos)
dissocia conteúdos e métodos (saber a matéria e saber ensinar) e privilegia os conteúdos	(ignorando a necessária complementaridade de ambos saberes e a especificidade do saber pedagógico no perfil e na prática docentes)
está centralizada na perspectiva do ensino	(ao invés do ponto de vista da aprendizagem)
ignora o conhecimento e a experiência prévia dos professores	(em vez de construir a partir e sobre eles)
está orientada a corrigir e mostrar debilidades	(em vez de valorizar e reforçar pontos fortes)
é academicista e teoricista, centralizada no livro	(nega a prática docente como espaço e matéria-prima para a aprendizagem)
baseia-se no modelo de ensino tradicional e transmissor	(o ensino como transmissão de informação e a aprendizagem como recepção passiva dessa informação)
é fundamentalmente incoerente e contraria o modelo pedagógico que se propõe aos professores para sua própria prática em sala de aula	(fala-se de ensino ativo, participação, desenvolvimento do pensamento crítico, criatividade etc., o que não são experimentados por eles em seu próprio processo de formação)

Fonte: Torres (1995a).

A importância do sistema escolar e da educação secundária, em particular, como fonte principal de educação geral, é ressaltada no último documento setorial relativo à formação docente. Por um lado, constata-se empiricamente que os professores tendem mais a se comportar na sala de aula de acordo com o que observaram e experimentaram quando alunos, ao freqüentar o equipamento escolar, do que segundo o que aprenderam no magistério ou na faculdade. Também se constata que, frente a um equipamento escolar deficiente, tanto a formação inicial como a capacitação em serviço têm uma função apenas compensatória e paliativa. Neste sentido, um bom sistema formal e, em particular, um bom ensino secundário constituem o melhor e mais seguro investimento na formação docente.

Reconhecendo a importância do conhecimento geral no desempenho docente e a importância do sistema escolar como fornecedor desse conhecimento geral, a proposta atual do BM para o recrutamento e a formação docentes é: (a) garantir um ensino secundário de boa qualidade; (b) complementar a educação geral com uma curta formação inicial centralizada nos aspectos pedagógicos;[45] e (c) contratar os professores tomando por base conhecimentos e competências comprovadas — chegando a sugerir a possibilidade de uma prova nacional aplicada aos docentes — com critérios e procedimentos similares aos utilizados para a contratação dos professores universitários.[46] Os pontos (b) e (c), de fato, estavam já presentes nas recomendações feitas pelo BM aos países do Sub-Saara, na África, em fins da década de 80.[47] Obviamente, atrair esse perfil de docentes e em número suficiente implica uma guinada radical dos parâmetros sobre os quais vem

---

45. O raciocínio é o seguinte: "A formação inicial consiste em educação geral e capacitação pedagógica. Esta combinação a torna muito cara, especialmente devido ao tempo investido na educação geral [...] Esta educação geral — o conhecimento das matérias — pode ser fornecida no ensino secundário a mais baixo custo, entre 7 e 25 vezes mais barato do que a formação inicial. A capacitação pedagógica, pelo contrário, é muito apropriada para as instituições de formação docente. Para os professores da escola de primeiro grau, portanto, o caminho que apresenta melhor relação custo-benefício é uma educação secundária seguida de cursos curtos de formação inicial centralizados na capacitação pedagógica" (BM, 1995: 134).

46. "A estratégia mais efetiva para garantir professores com um conhecimento adequado da matéria é recrutar professores adequadamente educados cujos conhecimentos tenham sido avaliados [...] O recrutamento dos professores de primeiro grau e secundários poderiam se assemelhar mais ao recrutamento dos professores da educação universitária, baseado quase totalmente no conhecimento da matéria, como na França ou no Japão, onde os professores são recrutados sobre bases sumamente seletivas" (BM, 1995: 52).

47. Nesse informe, assinalava-se: "Seria desejável que a admissão à profissão [docente] se fizesse a partir de testes sobre o conhecimento das matérias, para logo depois fornecer uma formação inicial curta e capacitação em serviço" (BM, 1988: 41).

operando o sistema educativo e a profissão docente, e supõe, entre outros, revisar drasticamente os salários dos professores e os critérios para sua definição. O BM limita-se, neste ponto, a insistir no que já vem propondo anteriormente — que os salários dos professores devem se vincular ao desempenho e esse deve ser medido através do rendimento dos alunos — mas não considera a análise de viabilidade e os custos desta proposta.

O tema salarial, estreitamente vinculado à qualidade docente, constitui sem dúvida o tema mais evitado e escorregadio de toda a argumentação. O BM insiste em que o incremento do salário docente, por si só, não tem incidência sobre o rendimento escolar.[48] O argumento — enganoso, já que nenhum insumo por si mesmo, e de maneira isolada, tem efeito sobre esse rendimento — foi levado ao limite, sendo que em muitos casos uma condição para a negociação dos empréstimos do BM com os países era não rever os salários.[49]

Emaranhado na defesa de suas opções de política e em seus esquemas limitados de custo-benefício, e ao mesmo tempo confrontado com o desenvolvimento prático dessas políticas nos países devedores, assim como com a incessante produção de análises e estudos (com nuances e conclusões muito mais variadas do que uma proposta que se pretende universal pode aceitar e assimilar), o BM chegou a um ponto crítico em que se vê forçado a revisar posições: não é possível continuar sustentando que a capacitação em serviço é mais efetiva quando, ao mesmo tempo, se reconhece que essa é apenas uma estratégia paliativa com relação a um mau sistema escolar e uma má (ou inexistente) formação inicial, sendo ela quem garante o domínio de conteúdos, variável fundamental no desempenho docente; não é possível continuar defendendo a formação docente em termos da oposição

---

48. No documento de 1995, reconhece-se pela primeira vez a possível inconsistência da informação a respeito do tema salarial: "A maior parte dos estudos sobre os salários docentes comparam-nos em relação à renda *per capita* dos países, sem atenção às diferenças entre as estruturas econômicas e as condições do mercado de trabalho que afetam a renda *per capita* e as rendas alternativas" (BM, 1995: 132).

49. No caso da América Latina, a deterioração salarial dos professores é grande e notória, reconhecendo-se que, durante a última década, no contexto das políticas de ajuste do FMI, "a variável de ajuste tem sido o salário docente" (Schiefelbein e Tedesco, 1995: 10). Num de seus últimos trabalhos, Schiefelbein (1995: 24-25) adverte que "o aumento dos salários dos professores só vai melhorar a qualidade da educação a longo prazo porque as mesmas pessoas continuarão ensinando e ainda não apareceram sistemas bem sucedidos de incentivos". Tanto mais forte o motivo, então, para tomar as medidas necessárias o quanto antes já que, como por sua vez adverte Tedesco, "o longo prazo é urgente".

entre formação inicial e capacitação em serviço, quando se reconhece que é o próprio sistema escolar (e a sua melhoria) a fonte mais segura de uma educação geral sólida dos professores; não é possível propor novos parâmetros de recrutamento docente — os melhores, os mais competentes — esquivando-se das questões salariais e profissionais associadas a esse perfil docente. Não é possível continuar afirmando, em definitivo, que se pode melhorar a qualidade da educação sem melhorar substancialmente a qualidade dos docentes, o que por sua vez leva a reconhecer o quanto é inseparável a qualidade profissional da qualidade de vida.

3. Reduzir o tamanho da classe versus ampliar o tempo de instrução?

> As escolas nos países de baixa e média renda poderiam economizar custos e melhorar a aprendizagem aumentando o número de alunos por professor, utilizando deste modo menos professores e alocando os recursos destinados aos professores a outros insumos que melhoram o rendimento, tais como livros didáticos e capacitação em serviço (BM, 1995: 33).

• *O tamanho da classe*

Segundo estudos citados pelo BM, o tamanho da classe (número de alunos por professor) não incide — ou tem uma incidência pouco significativa — sobre o rendimento escolar: acima de vinte alunos por sala, afirma-se, não faz diferença se são trinta ou cinqüenta ou mais. Sobre essa base, o BM recomenda aos países em desenvolvimento não empenhar esforços em reduzir o tamanho da classe — tendência que vem se verificando nos últimos anos —[50] e, pelo contrário, incrementar o número de alunos por sala a fim de baixar custos e utilizar esses recursos em livros didáticos e capacitação em serviço.

A afirmação (e as recomendações que dela derivam) sobre o tamanho da classe é uma das mais contundentes e repetidas pelo BM e seus seguidores, e ao mesmo tempo uma das mais polêmicas, acirrando os ânimos nos círculos de educadores. Sem dúvida, porque contradiz a sabedoria tradicional — adotada na maioria dos países industrializados — que afirma que, quanto maior o grupo de alunos, piores (e não melhores) são as

---

50. Com exceção do sul da Ásia, o número de alunos por professor tanto no primeiro grau como no secundário está diminuindo no mundo todo.

condições para a aprendizagem.[51] Sem dúvida, também, porque "não fazer diferença" não leva em consideração a perspectiva do professor e do ensino. Schiefelbein (1995), por seu lado, adiciona o argumento pedagógico que falta à tese simples e puramente numérica do BM: ele sustenta que um grupo numeroso de alunos é viável *apenas se* for modificado o modelo frontal de ensino, ou seja, o modelo convencional do professor frente ao grupo, dirigindo e controlando todas as atividades, substituído por um modelo de ensino ativo em que o papel do professor seja mais o de facilitador do que o de instrutor (trabalho em pequenos grupos, materiais auto-instrucionais etc.).[52]

É evidente que a medida, aplicada de maneira homogênea aos sistemas escolares dos países em desenvolvimento, provocaria uma deterioração ainda maior da qualidade, considerando não só que existem países (e regiões dentro desses países) com um altíssimo número de alunos por professor, mas também que são precisamente os níveis e séries mais baixos da pirâmide educativa — aqueles onde se concentram a repetência e a evasão — os que têm os grupos mais numerosos, os docentes menos capacitados e com menor experiência, e as condições gerais, enfim, mais precárias. Exemplificar com três países — Bangladesh, Malawi e Namíbia — a situação de "mais de sessenta alunos nas duas primeiras séries" é ignorar a realidade escolar dos países em desenvolvimento, nos quais essa situação é bastante comum no sistema público (e crescentemente, no privado) e desconhecer que são precisamente os países e zonas mais pobres e com indicadores educativos mais alarmantes os que têm as salas de aula mais cheias. Ampliar o tamanho do grupo nessas primeiras séries, dadas as condições atuais e a perspectiva fraca de uma mudança pedagógica e institucional profunda, como seria necessário, é propiciar índices ainda maiores de repetência, evasão e fracasso escolar.[53]

Se as afirmações sobre o tamanho da classe são discutíveis, não é menos discutível o sentido e o objetivo de tal "economia": salas de aula

---

51. Para exemplificar que inclusive com grupos numerosos (cinqüenta alunos ou mais) pode-se trabalhar bem, mencionam-se tipicamente os casos da Coréia e do Japão. Omite-se mencionar a realidade escolar de países como Estados Unidos, onde os grupos são reduzidos (trinta alunos ou menos) e toda tentativa de aumentá-los é vista como uma ameaça ao sistema, à qualidade do ensino e da aprendizagem.

52. O modelo alternativo que o autor propõe está inspirado no modelo de séries múltiplas do programa *Escola Nova* da Colômbia (ver Schiefelbein, 1991).

53. Devemos lembrar que, na América Latina, conforme estimativas da UNESCO-OREALC, cerca da metade dos alunos que ingressam na primeira série repetem de ano.

mais congestionadas em favor de alguns livros didáticos a mais e alguma capacitação em serviço dos professores, no melhor dos casos para ajudá-los a aliviar o trabalho com um grupo numeroso. Toda a argumentação, por último, cai no vazio quando o próprio BM reconhece a seguir que, "na prática, essas economias raramente são alocadas a outros insumos" (BM, 1995: 33).

Torna-se evidente a necessidade de racionalizar a distribuição de alunos por sala de aula e de professores dentro do sistema escolar. No entanto. isso não se resolve com uma política homogênea e universal de aumento do tamanho dos grupos, nem apenas por esse tipo de medida; nem mesmo pela aplicação de uma formulação regulamentada pelo poder central ou pela simples adoção de medidas administrativas. Em alguns casos (países, zonas, setores, níveis e séries, tipos de professor, currículo etc.) pode ser necessário aumentar o número de alunos por aula, em outros, reduzir. Conhecendo a vocação dos sistemas e das autoridades educacionais pelas medidas centralizadas, verticais e homogêneas, sem atenção ao diferente e sem sentido de compensação, em vez de fixar padrões e medidas com pretensão de universalidade, seria útil ajudar as autoridades dos governos centrais e locais a estabelecer critérios claros com relação a quando operar de uma forma ou de outra (quando aumentar ou reduzir o tamanho do grupo) e sob quais condições, e trabalhar com os docentes na compreensão dessa e de outras medidas que afetam seu trabalho cotidiano. Claramente, seria necessário estabelecer medidas diferenciadas e atenção especial às primeiras séries da escola, o que inclui estratégias específicas para evitar ou reduzir a repetição, fator que, em si mesmo, é o grande contribuinte ao inchaço das salas de aula, particularmente nas séries iniciais.

• *O tempo de instrução*

O tempo real dedicado à aprendizagem está relacionado de maneira consistente com o rendimento. Os alunos nos países de baixa e média renda estão expostos a menos tempo de instrução que os alunos nos países da OCDE, como conseqüência de um ano escolar oficial mais curto, fechamentos não programados das escolas, absenteísmo de professores e alunos, e perturbações diversas (BM, 1995: XVI).

Existe consenso em que o tempo destinado à instrução dentro do equipamento escolar é uma das variáveis que diferencia notoriamente os sistemas escolares dos países industrializados daqueles em desenvolvimento: boa parte desses últimos estariam abaixo da média mundial estimada de 880 horas de instrução escolar ao ano, enquanto vários países industrializados teriam até 1.200 horas.[54] Como medidas concretas para incrementar o tempo de instrução, o BM propõe: (a) estender o ano escolar; (b) fixar horários flexíveis para acomodar as necessidades locais, as dos alunos e de suas famílias; e (c) atribuir tarefas para casa. Com referência ao papel daqueles que fazem a política educativa, recomenda-se monitoramento e controle para garantir: (a) que as escolas funcionem efetivamente nos períodos estabelecidos; (b) que os professores cumpram regularmente seus horários; (c) que se evitem distrações em assuntos administrativos ou visitas freqüentes; e (d) que se tomem medidas para assegurar o funcionamento regular das escolas em emergências climáticas (Lockheed e Verspoor, 1991). Em particular, destaca-se como um problema a variável "absenteísmo docente" — atribuída a "trabalhos adicionais", "baixa moral ocasionada pelas deficientes instalações e a falta de textos escolares", assim como à "falta de responsabilidade pelos resultados" —, face ao qual aconselham-se incentivos para estimular a assiduidade dos professores e um controle mais estrito pela comunidades e pelas autoridades educacionais.

Tanto o diagnóstico dos problemas como as estratégias sugeridas para resolver esses problemas pecam pela sua extrema simplicidade. Evidentemente, aumentar o tempo afetivo de ensino precisa de medidas e intervenções complexas e sistêmicas, tanto intra como extra-escolares. Fatores não só institucionais mas também históricos e culturais estão por trás da configuração da atual situação.

Prolongar o ano escolar — para se aproximar ao menos aos padrões europeus colocados como referência — implica numa verdadeira revolução em todas as ordens, que afeta todas as esferas da sociedade. A menos que se adotem medidas integrais em todas as esferas (institucional, trabalhista, salarial, curricular, pedagógica, cultural etc.) nada poderá garantir que mais tempo oficialmente normatizado resulte efetivamente em mais tempo de instrução e num melhor uso do mesmo. Sem um reforma profunda do currículo, dos métodos e dos estilos de ensino, mais tempo de instrução pode significar unicamente mais tempo do mesmo ensino. Não é tanto na quantidade como na qualidade das interações que se dão no equipamento escolar e na sala de aula, especificamente, que existe a possibilidade de uma aprendizagem relevante e efetiva.

---

54. Para o caso da América Latina, estima-se uma média de 640 horas por ano (160 dias, quatro horas diárias) e afirma-se que no setor rural isso pode se reduzir a cem dias de aula de três horas diárias. Estima-se que só a metade do tempo disponível é dedicado à instrução como tal. Como conclusão, afirma-se que "os alunos desta região só têm um terço do tempo para estudar comparado aos alunos na Europa" (Schiefelbein e Tedesco, 1995: 90-91).

De fato, os sistemas educativos estão se ampliando no mundo inteiro: de um lado, agregam-se anos de estudo a ambos extremos do sistema (expansão da educação inicial e pré-escolar, assim como nos níveis adicionais de especialização após o ensino universitário); por outro lado, o aumento nos anos dedicados ao ensino básico (ou à margem definida, em cada caso, como obrigatória) é uma tendência clara nos últimos anos: muitos países estão ampliando essa margem considerada básica de cinco ou seis para oito e até nove anos, e incluindo a educação pré-escolar nessa margem obrigatória como uma série 0. Não existe evidência, porém, de que tal expansão tenha trazido mudanças positivas na quantidade e/ou na qualidade das aprendizagens.[55]

Flexibilizar calendários e horários para se adequar às condições locais e às necessidades dos alunos, dos pais e dos próprios professores tem se mostrado uma medida tão óbvia como difícil de instrumentalizar no sistema escolar. Não em vão, uma das características que costuma ser atribuída aos chamados "enfoques não-formais" de educação de primeiro grau é precisamente o fato de que esses programas e escolas estabelecem calendários e horários flexíveis, capazes de considerar a realidade cotidiana em cujo centro opera a escola: a pobreza, o trabalho infantil, as doenças, as distâncias, as tarefas agrícolas, a migração temporal etc.[56]

As tarefas de casa não são, para os especialistas em educação, o tema e a solução fácil que pode parecer a quem as considera simplesmente como prolongamento do tempo escolar. Na verdade, definir a tarefa adequada (ajustada ao que foi ensinado na aula, às possibilidades do aluno, da sua família e do seu meio cultural etc.) e dosar o tempo requerido/desejável para executá-la em casa é assunto complexo, relacionado com a competência

---

55. O caso do Quênia pode servir como reflexão: a modificação da estrutura do sistema educativo (esquema hoje conhecido como 8-4-4, a fim de ampliar a etapa de educação básica, foi acompanhado ao mesmo tempo por um aumento no número de matérias. Desse modo, mais tempo disponível significa na prática sobrecarga do currículo e do trabalho dos professores. O ensino em horas extras tem se convertido numa prática maciça e extensiva no país, com o conseqüente aprofundamento da desigualdade, na medida em que só podem assistir às aulas extras aqueles que podem pagar pelas mesmas.

56. Essas "escolas não-formais" ou "programas não-formais" de educação de primeiro grau começaram a ser desenvolvidas em várias regiões do mundo e estão particularmente presentes na Ásia, onde o trabalho infantil impede que milhões de crianças, meninas especialmente, matriculem-se na escola e nela permaneçam. O ano escolar costuma ser maior e o horário diário mais reduzido (duas ou três horas diárias, num horário definido junto com os pais e a comunidade). Um dos programas desse tipo mais conhecido internacionalmente na atualidade é responsabilidade de um organismo não-governamental — o BRAC — em Bangladesh. Sobre esse tipo de programas ver: UNICEF, 1993.

profissional de um professor com formação e experiência. Em vez de constituir fator de reforço e compensação, a tarefa escolar é com freqüência, sobretudo para os alunos de setores pobres (falta de tempo, condições e recursos para fazer a tarefa, pais analfabetos ou sem tempo ou capacidade para ajudar etc.), um obstáculo a mais e um fator que acelera a evasão.[57]

Aumentar oficialmente o número de dias ou de horas de aula no ano não é garantia de um uso efetivo e produtivo desse tempo. Evidências de vários países indicam que, em muitos casos, o tempo real de ensino-aprendizagem não chega nem sequer a 50% do tempo disponível. Nesta situação, incidem diversos fatores relacionados não somente com a boa ou má disposição dos professores, mas também com fatores estruturais do modelo educativo vigente e com a crescente sobrecarga de funções e tarefas atribuídas ao equipamento escolar e aos professores, em particular (refeitório escolar, organização comunitária, censos, campanhas, colaboração em tarefas cívicas, de saúde, nutrição, meio ambiente etc.), restando desse modo pouco tempo e dedicação às tarefas especificamente pedagógicas.

Por outro lado, existe evidência de que programas "não-formais" de educação primária bem estruturados e com supervisão estrita, como o BRAC em Bangladesh, conseguem mais em termos de aprendizagem e rendimento escolar em duas ou três horas diárias de aula, com uso efetivo do tempo, do que as escolas regulares com horário ampliado dentro do sistema formal (Ahmed et al., 1993).

Na prática, o estabelecimento de turnos múltiplos e o uso diversificado do local, recomendados pelo BM como uma maneira de minimizar custos de construção e otimizar o trabalho dos professores, significa reduzir tempo de instrução, em vez de aumentá-lo. Esse é um claro exemplo de como duas recomendações políticas produzem efeitos contrários, anulando-se uma à outra.

O tema do absenteísmo docente, pouco estudado, tem arestas diferentes e complexas que não podem ser resolvidas simplesmente com medidas de controle ou coerção (por parte da autoridade central, do supervisor, dos pais ou da comunidade). No absenteísmo docente incidem fatores relacionados com a situação pessoal e trabalhista dos professores (doenças, vários trabalhos para complementar o salário, distâncias e dificuldades de transporte etc.),

---

57. Estudos citados na mesma literatura do BM mostram, pelo contrário, que o tempo de trabalho na própria escola pode ser o fator mais importante do êxito escolar para crianças provenientes de setores pobres. É o caso de um estudo realizado na Indonésia em 1981 (Suryadi, Green e Windham, apud: Lockheed e Verspoor, 1991).

assim como fatores relacionados com as regras e entraves burocráticos impostos pela própria administração escolar (sofridos mecanismos para receber os salários, capacitação fora do local de trabalho etc.). A feminização do ofício docente no primeiro grau, no caso da América Latina, resultado, entre outros, da própria deterioração do ofício como uma opção profissional e salarial atrativa, constitui em si mesmo um fator fundamental de absenteísmo, já que implica na escolha de um perfil específico de docente (mulheres, mulheres de baixa renda, mulheres donas de casa, mulheres que ficam grávidas, têm filhos, cuidam de seus filhos etc.) sem ter assumido, paralelamente, as conseqüências dessa opção e as medidas necessárias para combater o absenteísmo (creches, mecanismos efetivos de substituição ou de trabalho em equipe, apoio emocional, trabalho na escola e na família para revisar os tradicionais papéis masculino e feminino etc.). Em outras palavras, as próprias condições em que se desenvolve o ofício docente promovem o absenteísmo.[58]

Sem dúvida, a forma mais expressiva e devastadora de absenteísmo docente tem sido a greve, à qual recorrem as organizações do magistério no mundo todo. Na América Latina, a greve — cada vez mais violenta e prolongada, em ocasiões por dois, três e até quatro meses — chegou a se constituir num fato corrente na maioria dos países. Frente a essa realidade, esforçar-se por aumentar alguns dias e horas de aula ao ano por caminhos que ignorem os motivos que ativam o mecanismo da greve é como tentar "tapar o sol com a peneira". A "economia" em salários e condições aceitáveis de trabalho dos docentes tem um alto custo não só em termos do tempo disponível para o ensino e a aprendizagem, senão, fundamentalmente, em sua qualidade.

---

58. Os resultados de uma pesquisa de opinião sobre Condições de Trabalho e Saúde dos Docentes realizado pela Confederação de Trabalhadores da Educação (CTERA) em 1995, na Argentina, são esclarecedores. A pesquisa aplicada a 3.455 docentes de 336 escolas urbanas e rurais de nove estados, chegou, entre outras, às seguintes conclusões: 41% dos professores dedica mais de dezesseis horas semanais a tarefas escolares fora da escola; nas aulas, desenvolvem-se atividades extrapedagógicas: 29,5% fazem limpeza, igual porcentagem realiza tarefas administrativas e atende problemas da comunidade, e a metade capta recursos para o estabelecimento; os problemas de saúde mais comuns (considerados "doenças profissionais") são as varizes e os problemas das cordas vocais; 25% têm problemas de perda de memória; 37,9% está angustiado; 49% declara estar permanentemente nervoso; 27% têm insônia; 38,9% experimenta dificuldades para se concentrar; entre as mulheres (maioria na profissão e na amostra, 87,5%) existem problemas ginecológicos agudos; 24,5% das professoras tiveram gravidez interrompida (86% delas foram trabalhar doentes); 14,5% tiveram parto prematuro; 15,5% tiveram filhos abaixo do peso ideal (80% delas foi trabalhar passando mal); 80% dos professores vão às escolas apesar de estarem doentes (CTERA, 1995).

4. Almoço versus *merenda escolar, programas de saúde e educação pré-escolar?*

A capacidade e a motivação dos alunos para aprender está determinada pela qualidade do ambiente familiar e escolar; a situação de saúde e nutrição, as experiências prévias de aprendizagem, incluindo o nível de estímulo proporcionado pelos pais. A aprendizagem pode ser incrementada através de programas de educação pré-escolar de alta qualidade e programas pré-escolares e escolares de saúde e nutrição que se ocupem de: (a) a fome de curto prazo; (b) a desnutrição protéica e energética e a carência de micronutrientes; (c) as deficiências auditivas e visuais; (d) as doenças comuns, tais como as infecções parasitárias; e (e) as práticas sanitárias e nutricionais inadequadas. Se isso for combinado com esforços para melhorar o ambiente físico das escolas pode aumentar consideravelmente o impacto de tais programas (BM, 1995: XVI).

O BM agrupa em cinco tipos os insumos que intervêm na aprendizagem: (a) a motivação e a capacidade para aprender dos alunos; (b) o conteúdo a ser apreendido; (c) o professor; (d) o tempo de aprendizagem; e (e) as ferramentas necessárias para ensinar e aprender (BM, 1995: XVI). O primeiro fator tem relação com a "educabilidade" dos alunos de setores pobres e apresenta-se como uma estratégia de "discriminação positiva" para com esses setores. Para melhorar a motivação e a capacidade de aprender desses alunos, aconselham-se intervenções em três áreas: nutrição, saúde e educação pré-escolar. O complemento nutricional deverá ser oferecido não através de refeições completas mas em forma de merendas ou pequenos lanches escolares; na área de saúde, aconselha-se priorizar as infecções parasitárias e os problemas de visão e audição, considerados os problemas mais comuns e com incidência direta sobre a recepção e a capacidade para aprender; finalmente, a educação pré-escolar é recomendada como uma alternativa para compensar as desvantagens iniciais dos alunos provenientes de famílias pobres.

Prefere-se a merenda ao almoço escolar por razões de custo-benefício: é mais barata e atende à fome de curto prazo, ou seja, a que se experimenta durante o período em que os alunos permanecem na escola; o almoço é mais caro e excede o especificamente educativo, responsabilizando-se pela fome de longo prazo, o que seria uma maneira de transferir renda aos setores pobres e melhorar globalmente suas condições de vida.[59] O raciocínio

---

59. Estudos realizados na América Latina (García-Huidobro e Zúñiga, 1990) confirmam que os setores mais pobres vêem na escola já não apenas um lugar no qual se aprende mas também um lugar onde são resolvidos alguns problemas fundamentais de sobrevivência: comida, atenção médica e/ou dentária, até vestuário em certos momentos etc.

nesse caso, como em todos os outros, responde a uma visão setorial e localizada (busca de impacto específico sobre o rendimento escolar) e a uma lógica economicista (eficiência nas despesas) que não necessariamente coincide com as necessidades do processo educativo e de seus agentes.

- *Desenvolvimento infantil e educação pré-escolar*

> A fim de conseguir uma matrícula alta e um desempenho escolar sustentado, a despesa no primeiro grau pode requerer sua complementação com uma despesa focalizada no desenvolvimento infantil de crianças provenientes de famílias pobres (BM, 1995: 74).

Enquanto na "visão ampliada" da educação básica proposta em Jomtien o desenvolvimento infantil e a educação pré-escolar (0-6 anos) eram vistas como parte e por sua vez alicerces da referida educação básica, na concepção do BM, desenvolvimento infantil e educação inicial constituem um apêndice e uma prolongação antecipada da escolarização, uma estratégia preventiva ao fracasso escolar (mais do que habilitadora do êxito escolar) e, nessa medida, efetiva em termos de custo (economizando recursos que, de outro modo, seriam investidos em repetência, evasão e fracasso escolar). Sua necessidade e lógica definem-se no governo central a partir de sua incidência sobre a escola e sobre o futuro rendimento escolar dos alunos. Em outras palavras, tudo o que a criança é, aprende e sabe antes de entrar na escola aparece como educação pré-escolar, como uma educação cujo objetivo é preparar a criança (particularmente a criança proveniente de setores pobres) para ir à escola e melhor se adaptar a ela. A qualidade e a eficácia da educação pré-escolar mede-se, então, em função do desempenho e do rendimento posteriores das crianças na escola.

Esta visão é não somente um retrocesso em relação ao acordado em Jomtien mas também uma negação da teoria e das experiências mais avançadas no campo do desenvolvimento infantil e da educação inicial. A primeira infância, mais do que "pré-etapa", é a etapa mais importante no desenvolvimento cognitivo, afetivo e motor das crianças e o alicerce de toda aprendizagem posterior. Na concepção tradicional da educação pré-escolar, promovida pelo BM, continua de fato presente a idéia de que é a criança quem tem que se preparar para ir à escola e a ela se adaptar, em vez de aceitar que é a escola quem deve mudar para se adaptar às crianças.[60]

---

60. Um dos expoentes mais claros e radicais com relação a esse tema é o italiano Francesco Tonucci, cujo pensamento (em obras escritas e em caricaturas) está incidindo de maneira importante na América Latina. A este respeito também o UNICEF tem e sustenta posições diferentes, mais avançadas (ver bibliografia).

Uma proposta que contribui para reforçar, em vez de modificar, as tendências predominantes no sistema educativo e na cultura escolar convencionais

Tanto na sua concepção como na sua implementação, em vez de contribuir para melhorar a qualidade, a eqüidade e a eficiência do sistema educativo, o pacote do BM está ajudando os países em vias de desenvolvimento a reforçar e a investir na reprodução ampliada — oculta talvez sob nova roupagem e modernas terminologias — do modelo educativo convencional.

1. O modelo educativo convencional

- Reduz educação à *escola*: assume que a política educativa resume-se à política escolar, que o sistema educativo é a única fonte de aprendizagem, que a educação básica (ou seja: a satisfação das necessidades básicas de aprendizagem de crianças, jovens e adultos) resolve-se dentro das salas de aula, desconhecendo o papel da família, da comunidade, da brincadeira, do trabalho, da experiência, dos meios de comunicação, como espaços educativos tanto ou mais importantes do que o equipamento escolar.
- Tem uma visão eminentemente *setorial* da educação, entendida como monopólio de um ministério da área, sem conexão com outros setores que, por sua vez, determinam e são determinados pelo educativo: saúde, produção, economia, emprego etc.
- Carece de uma visão *sistêmica*, ou seja, uma visão do sistema educativo como um sistema; prevalece a fragmentação e a desarticulação entre os diferentes níveis (educação inicial, de primeiro grau, secundária, universitária); pretende incidir sobre fatores isolados — o fator administrativo, o legal, os textos, a capacitação docente etc. — sem entender que a mudança educativa é uma mudança sistemática.
- Está permeado por uma visão *dicotômica* da realidade e das opções de política educativa: quantidade/qualidade, educação de crianças/de adultos, educação básica/superior, administrativo/pedagógico, conteúdos/métodos, formação inicial/capacitação em serviço, oferta/demanda, centralizado/descentralizado etc. Com freqüência, a inovação e a mudança educativa consistem em movimentos pendulares, ou seja,

na opção pelos opostos, em vez de tentar um maior equilíbrio entre o que se visualiza — erroneamente — como pólos opostos sendo, de fato, aspectos de um mesmo processo.

- Move-se no imediatismo e trabalha para o *curto prazo*, amarrado aos tempos da política, insensível aos tempos da educação, sem visão de futuro e sem uma estratégia de mudança planejada e sustentável que sobreviva a cada período de governo ou a cada administração.

- É *vertical* e *autoritário*, centralizado na tomada de decisões, sem a tradição de informar o público e sem transparência no uso dos recursos. Não inclui políticas ou estratégias de informação, comunicação e debate social sobre a educação, sobre os resultados do sistema escolar ou as políticas adotadas.

- Privilegia a *quantidade* sobre a qualidade, os resultados sobre os processos, o *quanto* se aprende sobre o *que*, o *como* e o *para que* se aprende. A matrícula escolar constitui o indicador por excelência (e só a ele se reduz a compreensão do que significa "universalizar o ensino de primeiro grau"), enquanto se dá pouca ou nenhuma atenção à retenção, à conclusão e a aprendizagem efetiva. A educação é medida e valorizada pelo número de certificados e/ou anos de instrução, e não pelo efetivamente aprendido.

- Ao dissociar oferta e demanda educativas, concentra-se na *oferta* (os fatores intra-escolares) desconsiderando a demanda (os pais, as comunidades, a sociedade como um todo) e desconhecendo a importância de qualificar essa demanda (informação pública, educação de pais, capacitação de líderes comunitários etc.) como fator indispensável para conseguir uma participação substancial, um sistema escolar forte e uma educação de qualidade.

- Ao dissociar o *pedagógico* do *administrativo*, privilegia o último. Subordina o modelo pedagógico ao modelo administrativo, assumindo que as mudanças nesse último acarretarão mudanças no primeiro.

- Prioriza o *investimento nas coisas* (construções, materiais, mobiliário etc.) sobre o investimento nas pessoas (salários, formação, atualização permanente e promoção dos recursos humanos do setor educativo).

- Baseia-se no suposto da *homogeneidade* (todos são cidadãos, todos são professores, todos são crianças, todos os alunos de uma série são da mesma idade e portanto são iguais etc.) e desenha, em conseqüência, políticas e medidas homogêneas para toda a população.

Não está habilitado para reconhecer a diversidade, aceitá-la e lidar com ela, tanto na esfera da política nacional como na sala de aula.

- Não faz diferença entre *ensino* e *aprendizagem*: assume que o que é ensinado é aprendido, que a não-aprendizagem está relacionada somente com o aluno ("problemas de aprendizagem"), e que modificações no ensino produzem modificações automáticas na aprendizagem.

- Vê a educação como um processo de *transmissão, assimilação* e *acumulação* de informação/conteúdos (enciclopedismo), proporcionados por um professor e por um livro didático, em vez de um processo de construção e apropriação de conhecimentos, habilidades, valores e atitudes que acontece não somente na escola nem apenas a partir do professor e do livro.

- Baseia-se num *modelo frontal* e *transmissor* de ensino, no qual ensinar equivale a falar e aprender equivale a escutar. Esse modelo se aplica tanto aos alunos como aos professores em sua formação e capacitação docente. Uns e outros — alunos e professores — têm um papel intelectual passivo, o professor cada vez mais dependente de um livro didático com orientações minuciosas e cada vez mais alienado das decisões que afetam seu trabalho cotidiano.

- Mostra uma grande incompreensão e *negligência ao lidar com a questão docente*, com as condições de vida e de trabalho dos docentes, o seu perfil profissional e a sua formação contínua, desconhecendo o fato de que os professores são os atores fundamentais do fazer educativo e fatores essenciais na qualidade e na mudança na educação. Relega o docente a um papel secundário e passivo; não contempla a participação e a consulta do magistério como condição fundamental no desenho, execução e eficácia das políticas e, em particular, da reforma educativa; tem uma visão estreita e de curto prazo da formação docente; e concebe a capacitação como um problema de adequação dos docentes a fins e objetivos pré-estabelecidos; privilegia no docente o seu conhecimento e a sua atualização em conteúdos, diminuindo a importância de sua formação pedagógica.

- Revela marcada preferência, no momento de desenhar políticas e estratégias, pelas *soluções rápidas* e *fáceis*, com maior potencial de dividendos políticos, sem considerar a sua eficácia e sustentabilidade (o decreto ou a medida legal como substituto do trabalho de comunicação, explicação e persuasão; a reforma elaborada no pequeno círculo de especialistas *versus* aquela elaborada com a participação docente e a consulta social; produzir e distribuir materiais em vez de capacitar professores etc.).

- Vê a *participação* dos pais e da comunidade de maneira *unilateral* e *restrita* (na intervenção em assuntos técnicos, curriculares etc.), e centrada geralmente nos aspectos financeiros. A retórica participativa não é acompanhada de canais e meios de informação e capacitação para torná-la efetiva.

- Entende a formulação de políticas como um eterno *partir do zero,* sem visão retrospectiva, sem recuperar a experiência e a pesquisa disponíveis, inclusive sem dar atenção às condições reais e específicas (políticas, sociais, culturais, organizativas) de implementação. O "fracasso" de determinada política ou programa, portanto, é atribuído mais à falta de vontade ou à incapacidade de quem o implementa (geralmente, os professores) do que aos erros em sua concepção e em seu desenho.

2. O modelo educativo subjacente às propostas do Banco Mundial

O pacote proposto pelo BM, de fato, reforça estas tendências negativas presentes no modelo educativo convencional não apenas porque compartilha, em sua formulação, muitas destas características, mas porque sua aplicação na prática das situações concretas provoca freqüentemente os resultados acima mencionados. De fato, o caminho percorrido pelas políticas e projetos de "melhoria da qualidade da educação" em muitos países em desenvolvimento permite apreciar algumas das fragilidades e contradições do modelo BM em ação.

O BM afirma que seu papel é colocar ao alcance dos países em desenvolvimento um cardápio de opções de política para que estes selecionem a combinação mais adequada a suas necessidades. No entanto, o pacote do BM é essencialmente um pacote homogeneizador e prescritivo. Isso aliado muitas vezes a uma recepção isenta de crítica por parte das contrapartidas nacionais e dos países beneficiários dos empréstimos, resulta na adoção de enfoques, políticas, programas e projetos similares em todo o mundo, inclusive entre realidades muito diferentes. Embora o BM recomende adaptação e flexibilidade, nem todos os seus técnicos têm a capacidade para aceitá-las ou para promovê-las responsavelmente entre seus assessorados em cada país. Freqüentemente, por outro lado, o técnico vê-se limitado por uma política institucional muito mais rígida e prescritiva do que o discurso escrito pode admitir.[61]

Uma das lições extraídas pelo BM no seu trabalho no setor educativo em 51 países (Verspoor 1991) é que: "a experiência educativa é própria de cada lugar, que não é fácil transferir as inovações" e que "a experimentação e a adaptação locais são essenciais. No entanto, a prática contradiz com freqüência essas afirmações. As "experiências inovadoras" assim selecionadas costumam ser tomadas fácil e rapidamente como modelo (com freqüência, sem ter superado a fase de experimentação), apresentam-se como soluções sem referências históricas e fora de contexto, aplicáveis a todas as realidades. Por outro lado, espera-se que a inovação crie raízes, que se estenda e que produza resultados em pouquíssimo tempo. O próprio BM e as agências internacionais pressionam neste sentido — "levar a inovação em escala" — premidos pela ânsia de apresentar números e cumprir metas, sem respeitar muitas vezes os ritmos e as condições de viabilidade dessa expansão e sacrificando, na tentativa, não só a qualidade do processo mas também a própria sobrevivência da inovação como tal.

Repetidas vezes tem sido declarado que uma efetiva descentralização requer estruturas centrais fortes (Tedesco, 1992) e o próprio BM reconhece como condição de êxito da reforma (e de uma descentralização eficaz) o fortelecimento inicial das instituições centrais. O que vem acontecendo, na verdade, é um enfraquecimento das referidas instituições e inclusive, em alguns países, um esvaziamento e um desmantelamento dos ministérios de Educação, em grande parte como resultado tanto direto como indireto do pacote BM/FMI. Em muitos países, os projetos financiados pelo BM (e por outros bancos e agências internacionais) partiram da criação de unidades *ad hoc*, localizadas fora do Ministério da Educação, para desenhar e executar os mencionados projetos de melhoria da qualidade. Essa situação, que responde à premissa de que é muito difícil lidar com a mudança a partir do interior das estruturas convencionais, traz como resultado um deslocamento e uma fragmentação ainda maiores da política educativa dentro de cada país, propiciando a criação de dois (e de até três e quatro, um para cada

---

61. Um exemplo que pode resultar emblemático é o caso da reforma argentina. O processo de Transformação Educativa em andamento nesse país (que inclui uma transformação tanto do modelo de gestão como do modelo curricular e pedagógico vigente) optou expressamente pelo termo "transformação" e não pelo de "melhoria da qualidade" ou inclusive "reforma". Aqueles que negociaram o projeto com o BM tiveram dificuldades para sustentar tal opção. Os técnicos do BM insistiram no nome genérico de "Projeto de Melhoria da Qualidade da Educação", que é o mesmo que vem sendo aplicado ao conjunto de países na região e em outras partes do mundo.

banco, cada agência ou cada projeto) ministérios de educação paralelos: o "velho" ou "tradicional", associado à educação pouco eficiente e de baixa qualidade, marcado pela inércia, a burocracia, os salários baixos e em moeda local, e o "moderno", encarregado da inovação educativa, com pessoal recém contratado, bons salários e em dólares. Em alguns poucos países (como no caso do Chile) conseguiu-se uma imbricação de ambos ministérios (embora isto não necessariamente implique numa imbricação de políticas); na maioria dos casos, não só se mantém o paralelismo como também se aprofundam as diferenças entre o Ministério da Educação e o Ministério de sua Melhoria. As fragilidades e as profundas contradições desse mecanismo de "mudança de fora" são evidentes. Como se assinala em um documento setorial do Peru, elaborado conjuntamente pelos próprios técnicos do Ministério de Educação (MED) e do BM: "A experiência de três décadas nos ensina que não se pode implementar com êxito uma reforma se não se envolve desde o começo a antiga estrutura. A prática de criar estruturas paralelas como veículo para a implantação de reformas fez do MED uma organização carente de visão estratégica e sem poder para implementar uma reforma de caráter nacional" (Peru, 1994: III).

A falta de uma visão sistêmica do educativo se torna evidente na própria lógica aplicada pelo BM para argumentar a favor da priorização da educação básica em relação a outros níveis superiores do sistema educativo: "Na medida em que o sistema de educação básica se desenvolve tanto em abrangência como em eficácia, pode-se dedicar mais atenção aos níveis superiores" (BM, 1995: XXII). Essa lógica ascendente — só os países que têm virtualmente assegurado o acesso universal à escola de primeiro grau deveriam se ocupar com a secundária e só aqueles que tivessem resolvido este nível deveriam se ocupar com a educação universitária — desconhece a inter-relação e a sinergia entre os diferentes níveis do sistema. A partir de uma perspectiva apenas setorial, um bom ensino secundário e uma boa universidade são, de fato, condição de qualidade da própria educação básica, já que nesses níveis formam-se os professores e/ou os professores dos professores que têm sob sua responsabilidade a educação básica. Na ótica global do desenvolvimento desses países, descuidar ou postergar hoje o desenvolvimento e a melhoria dos níveis educativos superiores, a formação de profissionais e técnicos competentes, o desenvolvimento da pesquisa, da ciência e da tecnologia equivale a condená-los ao subdesenvolvimento e dependência para sempre. Não por acaso a discussão sobre o sentido da "prioridade da educação básica" foi um tema arduamente debatido nas conferências regionais que precederam a Conferência Mundial de Jomtien, com a insistência — particularmente da América Latina e da

África — na necessidade de enfocar a educação básica "não como o telhado mas como o chão".[62]

Participação, alianças e *consenso social* destacam-se cada vez mais no discurso nacional e internacional sobre educação. No último documento setorial, o BM afirma que uma maior participação social e a construção de um amplo consenso nacional são condições para a viabilidade da reforma educativa. No entanto, a relação do BM com os governos e a negociação dos empréstimos destinados à reforma do sistema educativo não se atêm a essa lógica. Tipicamente, as políticas e os projetos financiados pelo BM nos países em desenvolvimento são discutidos e negociados no hermetismo, nas cúpulas, sem informação e muito menos discussão, participação ou busca de consenso social. Empréstimos e projetos são definidos a portas fechadas e a documentação é zelosamente protegida do acesso público. A "transparência" e a "prestação de contas" que o BM aconselha aos governos e aos sistemas escolares como características de uma gestão educativa moderna e eficiente não são aplicáveis a seus próprios estilos de gestão. O BM, ao mesmo tempo em que é atualmente o ator internacional mais influente na formulação da política educativa nos países em desenvolvimento, é o mais velado e o menos visível na cena pública dentro de cada país.[63]

As tensões entre o "barato" e o "melhor" — o mais efetivo, sustentável, estratégico etc. — são enormes e constituem fonte permanente de ambigüidades e contradições tanto no discurso como na realidade. Assim, enquanto, de um lado, reconhece-se como essencial iniciar a instrução em língua materna, por outro lado, adverte-se que: "a produção de livros didáticos em línguas nativas pode incrementar os custos da educação" (BM, 1995: 48). A estratégia recomendada no sentido de propiciar ou aumentar a contribuição econômica das famílias e das comunidades à educação de seus filhos, a fim de minimizar custos de infra-estrutura, entra de fato em conflito com o princípio e a busca expressa de maior eqüidade no serviço educativo. A utilização intensiva dos locais escolares em vários turnos, destinada

---

62. A expressão foi cunhada na Reunião Latino-americana de Consulta da Conferência Mundial sobre "Educação para Todos", realizada em Quito no final de 1989 e incorporada ao informe final da mesma.

63. A Consulta Nacional "Equador Século XXI" realizada no Equador em 1992 selecionou seis temas de consulta (educação e trabalho, o papel do estado e da sociedade civil na educação, a multiculturalidade, a qualidade e a eficiência em educação, a orientação e as propostas globais, a educação e as necessidades básicas). A proposta de submeter à discussão pública, como parte da consulta, os projetos de melhoria da qualidade financiados nesse país pelo BM, que sem dúvida afetarão de maneira substantiva a educação no próximo século, foi rejeitada pelas autoridades nacionais encarregadas nesse momento da direção de tais projetos e da organização da consulta.

a reduzir custos, resulta inevitavelmente em jornadas reduzidas de instrução, redução considerada pelo próprio BM nociva e contrária à melhoria da qualidade. A "economia" em professores contribui para o baixo rendimento escolar, para o absenteísmo docente e para o abandono da docência por parte dos melhores professores, para suspensão de aulas e greves que diminuem drasticamente o tempo de instrução, tempo cuja ampliação é recomendada pelo BM como uma forma segura para melhorar a qualidade da educação. A "economia" em salários e em formação docente, definitivamente acaba por ser investida em tentar melhorar, com muito sacrifício, a qualidade de uma educação que seria melhor caso contasse com recursos humanos qualificados e bem remunerados.

Na ótica do BM, a formulação de políticas consiste na identificação e aplicação das políticas tecnicamente "corretas", o que leva à diminuição da importância das condições reais e específicas (políticas, sociais, culturais, organizativas) de implementação, guiando-se apenas pelas condições econômicas, neste caso as únicas realmente levadas em consideração. Nessa medida, no eixo êxito/fracasso, o "fracasso" de determinada política ou programa é invariavelmente atribuído à execução (falta de vontade ou incapacidade, geralmente dos professores) em vez de se considerar o diagnóstico e a proposta (erros de concepção, de pesquisa, de diagnóstico, de técnicos e organismos nacionais e internacionais). Além do mais, o desenho e a formulação de políticas educativas, são vistos como patrimônio das cúpulas tanto na esfera nacional como na internacional. Dessa forma, também a reforma educativa proposta pelo BM representa o modelo clássico de reforma vertical, de cima para baixo. O que se delega e descentraliza são, na verdade, decisões já tomadas; o que resta para decidir nos âmbitos intermediários e locais são as possíveis adaptações e variações dessas decisões tomadas pelo poder central.

Não deveríamos nos surpreender com a distância que geralmente existe entre a reforma proposta e a reforma em ação. De fato, além do acordo e da aceitação formais, destaca-se com freqüência a falta de atenção às recomendações formuladas pelo BM. Assim, por exemplo, o estudo realizado na África Sub-Saariana em 1985 concluía pela necessidade de aumentar o tamanho da classe evitando dessa forma a contratação de novos professores, na perspectiva de reverter a diminuição da matrícula que vinha se observando como uma tendência clara. No entanto, segundo o próprio BM, entre 1985 e 1990, o número de professores na África aumentou em 24% enquanto a matrícula escolar, em vez de crescer, continuou diminuindo em 3% (BM, 1995: 33). No caso da América Latina, a contínua formulação de políticas educativas sem atenção aos resultados de pesquisa é mencionada como uma das causas que impede melhorar a qualidade e reduzir a desigualdade nos sistemas educativos. Em particular, ressaltamos também aqui a falta de atenção à alternativa de aumentar (ou não reduzir) o tamanho da classe, para racionalizar o sistema e economizar recursos para aumentar os salários docentes (Schiefelbein, 1995).[64]

O tema da infra-estrutura é outro exemplo palpável. Apesar da mudança de políticas do BM no sentido de diminuir a ênfase na construção escolar dentro das políticas educativas, ela continua sendo um componente importante nas políticas educativas nacionais de muitos países e inclusive em boa parte dos projetos de melhoria da qualidade financiados pelo BM. Não é raro encontrar que a distribuição dos montantes e das prioridades continua correspondendo, nesta ordem, a: 1) construção escolar, 2) textos e materiais escolares, e 3) capacitação docente.[65] O atrativo da construção (ganhos políticos e econômicos) parece ser muito grande para poder competir com a lógica da eficiência técnica.

Sem dúvida, com conhecimento amplo e direto do assunto, o BM conclui que a reforma educativa — nos termos em que ele a propõe — está ao alcance dos países em desenvolvimento e que as medidas necessárias "geralmente não são tomadas devido aos padrões vigentes de gasto e gestão educativos e aos interesses criados vinculados aos mesmos" (BM, 1995: XV). Em outras palavras — e revelado por primeira vez com todas as letras num documento público e de ampla difusão mundial —, o principal obstáculo à reforma não é nem econômico nem técnico e sim político e, finalmente, cultural.

> A educação é intensamente política porque afeta a maioria dos cidadãos, envolve todos os níveis do governo, quase sempre constitui o maior componente da despesa pública nos países em desenvolvimento e conta com subsídios públicos distorcidos em favor da elite. Os sistemas predominantes de despesa e gestão da educação com freqüência protegem os interesses dos sindicatos de professores, dos estudantes universitários, da elite e do governo central, em detrimento dos interesses dos pais, das comunidades e dos pobres (BM, 1995: XXII)

Convém não esquecer que os "interesses criados" não são patrimônio exclusivo dos países e dos governos mas que envolvem todos os atores

---

64. Na América Latina, entre 1980 e 1989, o tamanho das classes reduziu-se de 29 a 26 alunos. Isto aconteceu paralelamente a uma redução da percentagem do PIB destinado à educação e a uma redução dos salários docentes, maior que a de outros setores públicos (Schiefelbein e Tedesco, 1995: 89).

65. Este é o caso, por exemplo, de vários projetos financiados no Brasil: o projeto Nordeste II ou o projeto assinado com o Estado do Paraná. O CEM (Centro Educativo Matriz), no projeto EB/PRODEC, financiado pelo BM no Equador, inicialmente pensado como um conceito e um modelo de gestão, passou a priorizar o CEM físico (as licitações de contratos de construção estimavam o valor de cada local em 400 a 600 mil dólares).

que pertencem ao setor educativo de um país, incluindo os organismos não-governamentais nacionais e os organismos internacionais que intervêm e influem nas decisões de política educativa nos países em desenvolvimento. O próprio BM, sem dúvida, é tudo menos um ator neutro, representante da racionalidade científica e da eficiência técnica. É, fundamentalmente, um banco, um banco mundial, e é a partir dessa identidade (para a qual é preciso olhar) que define seu papel técnico.

Em todo caso, é essa a realidade de partida com a qual e apesar da qual é preciso trabalhar para a melhoria da educação — de uma educação diferente — tornando-a uma realidade para todos. A reforma educativa — acesso, qualidade, eficiência, eqüidade — refere-se e ao mesmo tempo condiciona uma profunda transformação em todas as esferas da sociedade. Apesar de seu próprio diagnóstico, o pacote de políticas e estratégias sugeridas pelo BM não aponta nessa direção. A "melhoria" da educação como bandeira não pode ser senão uma bandeira para o curto prazo, o primeiro passo de uma estratégia destinada a essa transformação de fundo que reclamam os sistemas educativos e a educação dos países em desenvolvimento.

De fato, as prioridades ditadas pela lógica econômica parecem não coincidir com as prioridades propostas pela construção de um modelo educativo legitimamente centralizado na qualidade e na eqüidade, autenticamente comprometido com a aprendizagem e com sua melhoria. Supõe um enfoque sistêmico da educação, uma visão de longo prazo, uma estratégia de mudança muito mais radical do que o BM parece disposto a sustentar e apoiar. Supõe reverter, em vez de reforçar, as prioridades e as ênfases tradicionalmente conferidas no setor educativo, colocar a escola efetivamente no centro, partir dela mais que "cair de pára-quedas" nela, contar com os professores como interlocutores e atores privilegiados da reforma educativa.[66]

---

66. O seguinte testemunho da Secretária Geral da Confederação de Trabalhadores da Educação da República Argentina sintetiza com lucidez, em nossa opinião, o sentir de milhões de professores e professoras hoje em dia, ao menos na América Latina: "Eu quero uma teoria que se adapte à realidade. Não quero que a realidade se adapte a uma teoria elaborada em um escritório. Quero a capacidade de um ministério de interpretar a realidade em que vivem os docentes argentinos e a escola argentina e de oferecer uma proposta baseada nessa realidade para chegar à transformação necessária do sistema educativo. Os docentes queremos mudar a escola. Mas queremos ser partícipes dessa mudança. Não queremos ser executores de uma mudança decidida sem a menor participação dos trabalhadores da educação nem das organizações que representam os trabalhadores [...] O que os professores sentem hoje é uma mistura de temor, preocupação e insegurança [...] e parte dessa incerteza faz com que os professores entrem na escola ou na capacitação com mais medo do que certezas sobre a função que devem cumprir dentro da escola" (Maffei, 1995).

Estudos e avaliações de rendimento escolar realizados recentemente em vários países (Gatti, 1994; Filp, 1994; Carron e Govinda, 1995) indicam que as políticas, estratégias e projetos destinados a melhorar a qualidade da *educação*, vários deles iniciados no final da década de 80, ainda não se traduzem em melhoria da qualidade da *aprendizagem*, terreno no qual haverá de ser julgada sua validade e sua eficácia.

Referências bibliográficas

AHMED, M. et al. (1993). *Primare Education for All:* learning from the BRAC Experience: a Case Study. Washington, Project ABEL.

ARGENTINA, Ministerio de Cultura y Educación. Secretaría de Programación y Evaluación Educativa. (1994). *Informe de Evaluación de Lenguaje*. Buenos Aires, Sistema Nacional de Evaluación, Primer Operativo Nacional, mar.

BACCHUS, Kazim et al. (1991). *Curriculum Reform*. Londres, Commonwealth Secretariat.

BANCO MUNDIAL. (1988). *Education in Sub-Saharan Africa*: policies for adjustment, revitalization, and expansion. A World Bank Police Study.

_____. (1990a) *Update on Implementation of the World Bank Police Study*: education in Sub-Saharan Africa. Washington, D. C., Information Note n. 5, África Region.

_____. (1990b). *The Dividends of Learning*: World Bank support for education. Washington D. C.

_____. (1992). *Educação primária*. Documento de política do Banco Mundial, Washington D. C.

_____. (1995). Priorities and strategies for education: a World Bank sector review. Washington D. C. (mimeo).

BANCO MUNDIAL. BANCO INTERNACIONAL DE RECONSTRUCCION Y FOMENTO (BIRF). (1993). *Cómo lograr resultados*: el programa del Banco Mundial encaminado a aumentar la eficacia del desarrollo. Washington D. C.

BENNETT, John. (1993). *Jomtien revisited*: a plea for a differentiated approach". Haia (mimeo).

CARRETERO, Mario. (1995). La reforma española: balance y perspectivas. *Novedades Educativas*, n° 56, Buenos Aires, ago.

CARRON, G. e GOVINDA, R. (1995). Cinco años después de Jomtien: ¿Dónde estamos?. *Carta informativa do IIPE*, v. XIII, n. 3, Paris, jul.-set.

CEPAL. (1991). *¿Qué aprenden y quiénes aprenden en las escuelas de Uruguay?*: los contextos sociales e institucionales de éxitos y fracasos. Montevidéu. Informe al Consejo Directivo Central de la Administración Nacional de Educación Pública.

CEPAL. UNESCO. (1992). *Educación y conocimiento*: ejes de la transformación productiva con equidad. Santiago.

COLDEVIN, Gare e NAIDU, Som. (1989). In-service education at a distance: trends in third World Development". *Open Learning*, fev.

COLL, César. (1991). *Psicología y currículum*. Barcelona, Paidós.

_____. (1993). *La reforma del sistema educativo español*: la calidad de la enseñanza como objetivo. *Colección Educación*, n. 4, Quito.

CONSEJO NACIONAL DE EDUCACION-UNICEF. (1992). *Informe Final de la Consulta Nacional Siglo XXI*. Quito.

CONTRERAS DOMINGO, José. (1990). El currículum como formación. *Cuadernos de Pedagogía*, n. 184, Barcelona.

CORAGGIO, José Luis. (1993). Economía y educación en América Latina: notas para una agenda para los 90. *Papeles do CEAAL*. nº 4, Santiago.

_____. (1994a). Towards a Sustainable Social Development. Nova Iorque, UNICEF/Seção de Serviços Urbanos (mimeo).

_____. (1994b). Human capital: The World Bank's approach to education in Latin America. *Beyond Bretton Woods*. Washington, IPS/TNI.

_____. (1994c). Las nuevas políticas sociales: el papel de las agencias multilaterales. (Trabalho apresentado no Seminário-Oficina sobre estratégias de luta contra a pobreza e o desemprego estrutural.) Buenos Aires. CEUR-Instituto de Geografia de la Universidad de Buenos Aires (mimeo).

_____. (1995). *Desarrollo Humano, Economía Popular y Educación*. Buenos Aires, Aique Grupo Editor.

COX, Christian e GYSLING, Jacqueline. (1990). *La formación del profesorado en Chile 1824-1987*. Santiago, CIDE.

CTERA (Confederación de Trabajadores de la Educación de la República Argentina). (1995). Condiciones de Trabajo y Salud de los Docentes. *Página/12*, Buenos Aires, set.

CUNHA, Luiz Antonio. (1991). *Educação, Estado e Democracia no Brasil*. São Paulo, Cortez; FACSO.

DATT, Krishna. (1994). Strengthening the Role of Teachers and Reasserting the Value of the Teaching Profession. (Contribution to the Work of the International Commission on Education for the 21 st Century.) Fiji, Council of Pacific Teachers Organizations, mar.

EDWARDS, Verónica. (1991). *El concepto de calidad de la educación*. Quito, Instituto Fronesis-Libresa. (Colección Educación, n. 2).

ESPINOLA, Viola. (1989). Los resultados del modelo económico en la enseñanza básica: la demanda tiene la palabra. In: García-Huidobro, J. E. (ed.). *Escuela, calidad e igualdad*. Santiago, CIDE.

ESPELETA, Justa. (1989). *Escuelas y maestros*: condiciones del trabajo docente en Argentina. Santiago, UNESCO/OREALC.

ESPELETA, Justa e FURLÁN, Alfredo (comp.) (1992). *La gestión pedagógica de la escuela*. Santiago, UNESCO/OREALC.

FARRELL, Joseph P. e HEYNEMAN, Stephen P. (ed.). (1989). *Textbooks in the Developing World: Economic and Educational Choices*. Washington, D. C., Economic Development Institute of the World Bank.

FERREIRO, Emilia e TEBEROSKY, Ana. (1979). *Los procesos de escritura en el desarrollo del niño*. México, Siglo XXI.

FERREIRO, Emilia. (1989). *Los hijos del analfabetismo*: propuestas para la alfabetización escolar en América Latina. México, Siglo XXI.

FILP, Johanna, CARDEMIL, C. e VALDIVIESO, C. (1984). *Profesoras y profesores efectivos en Chile*. Santiago, CIDE.

FILP, Johanna. (1989). "El primero año de la escuela: ¿puerta a um mundo nuevo?". In: García-Huidobro, J. E. (ed.). *Escuela, calidad e igualdad*. Santiago, CIDE.

_____. (1994). Todos los niños aprenden: evaluaciones del P-900. *Cooperación internacional y desarrollo de la educación*. Santiago.

FORO EDUCATIVO. (1992). *Descentralización Educativa*. Lima, TAREA.

FULLER, Bruce e CLARKE, P. (1994). Raising school effects white ignoring culture?: local conditions and the influence of classroom tools, Rules and Pedagogy. *Review of educational Research*. Washington D. C.

FULLER, Bruce e LOCKHEED, Marlaine. (1987). *Police choice and school efficience in Mexico*. Washington D. C., Banco Mundial. (Discussion Paper 78.)

GADOTTI, Moacir. (1992). *Escola cidadã*. São Paulo, Cortez.

GAJARDO, Marcela. (ed.). (1994). *Cooperación internacional y desarrollo de la educación*. Santiago, AECI-CIDE.

GARCÍA-HUIDOBRO, Juan Eduardo. (ed.). (1989). *Escuela, calidad e igualdad*: los desafíos para educar en democracia. Santiago, CIDE.

_____. e ZÚÑIGA, Luis. (1990). *¿Qué pueden esperar los pobres de la educación?*. Santiago, CIDE.

GATTI, Bernardette. (1994). Avaliação educacional no Brasil: Experiências, problemas recomendações. *Estudos em Avaliação Educacional*. n. 10, São Paulo, jul.

GIMENO SACRISTAN, José. (1992). Investigación e innovação sobre la gestión pedagógica de los equipos de profesores. *La gestión pedagógica de la escuela*. Santiago.

HALLAK, Jacques. (1991). *Invertir en el futuro*: definir las prioridades educacionales en el mundo en desarrollo. Paris, UNESCO.

HARBISON, R. W. e HANUSHECK, E. A. *Educational Performance of the Poor*: lessons from Northeast Brazil. Nova Iorque, Oxford University Press.

HEVIA, Ricardo. (1991). *Política de descentralización en la educación básica y media en América Latina*: Estado del arte. Santiago, UNESCO; REDUC.

HIIED, *The Forum*. (1993). Teacher Training for Teacher Learning, v. 2, n. 1.

HUSAIN, Shahid Husain. (1993). Discurso pronunciado na sessão inaugural de PROMEDLAC V, Santiago, junho de 1993. UNESCO/OREALC.

KING, Kenneth e SINGH, Jasbir Sarjit. *Quality and Aid*. Londres, Commonwealth Secretariat.

LAGOS, Ricardo. (1993). Quality and equity in educational decentralization: the case of Chile". *The Forum*. HIID, mai.

LITTLE, Angela et al. (eds.). (1994). *Beyond Jomtien*: Implementing Primare Education for All. Londres, Macmillan Press.

LOCKHEED, Marlaine e LONGFORD, Nicholas. (1989). *A multilevel model of school effectiveness in a developing country*. Washington, D. C. (World Bank Discussion Papers, 69.)

_____. e VERSPOOR, Adriaan. (1991). *Improving Primare Education in Developing Countries*. Washington D. C., Oxford University Press; World Bank.

MAFFEI, Marta. (1995). *Novidades educativas*, n. 57, Buenos Aires, set.

MAGINN, Noel et al. (1992). *Repitencia en la escuela primaria*: un estudio de la escuela rural en Honduras. Cambridge, Mass; BRIDGES/USAID.

MUÑOZ IZQUIERDO, Carlos. (ed.). (1988). *Calidad, equidad y eficiencia de la educación primaria*: estado actual de las investigaciones realizadas en América Latina. México, CEE; REDUC.

MYERS, Robert. (1993). School repetition and dropout: case studies of two rural schools in the state of Oaxaca, Mexico". México. (Informe preparado para o Barco Mundial) (mimeo).

O.C.D.E. (1991). *Escuelas y calidad de la enseñanza*: informe internacional. Barcelona, Paidós; MEC.

OCHOA, Jorge. (1990). *Textos escolares*: un saber recortado. Santiago, CIDE.

PALAFOX, Juan Carlos, PRAWDA, Juan, e VELEZ, Eduardo. (1994). Primare School Quality in Mexico. *Comparative Education Review*. v. 38, n. 2, mai.

PATRINOS, Harre A. e PSACHAROPOULOS, George. (1992). *Socioeconomic and ethnic determinants of grade repetition in Bolivia and Guatemala*. Washington, D. C. The World Bank.

PERU. Ministerio de Educación. Division de Recursos humanos del Banco Mundial. (1994). "Perú: Calidad, eficiencia, equidad. Los desafíos de la educación primaria". Lima, jun. (mimeo).

PLANK, David. (1994). Resenha do livro Educational Performance of The Poor: Lessons from Rural Northeast Brazil de R. W. Harbison e E. A. Hanushek, Washington D. C. Oxford University Press for the World Bank. *Comparative Education Review*, v. 38, n. 2, mai.

PNUD/UNESCO/UNICEF/BANCO MUNDIAL. (1990). *Satisfacción de las necesidades básicas de aprendizage*: una visión para el decenio de 1990: documento de referencia. Nova Iorque, Conferência Mundial sobre Educação para Todos.

_____. (1990b). *Declaración Mundial sobre "Educación para Todos" y Marco de Acción para Satisfacer las Necesidades Básicas de Aprendizaje*. Nova Iorque.

PRAWDA, Juan. (1993). Lessons in educational decentralization: a note for policymakers. *The Forum*, v. 2, n. 3, Cambridge, mai.

PURYEAR, Jeffrey M. e BRUNNER, José Joaquín. (1994). (ed.). *Education, equity and economic competitiveness in the Americas*: an inter-american dialogue project. Washington, OEA, v. I.

RATINOFF, Luis. (1994). Las retóricas educativas en América Latina: la experiência de este siglo. *Boletín del Proyecto Principal de Educación en América Latina y el Caribe*. n. 35, Santiago.

REIMERS, Fernando. (1993). Time and opportunity to learn in pakistan's schools: some lessons on the links between research and policy". *Comparative Education*, v. 29, n. 2.

ROMAIN, Ralph e ARMOSTRONG, Leonor. *Review of World Bank Operations in Nonformal Education and Trainig*. Washington, D. C. (World Bank Discussion Paper: Education and Training Series.)

SHAEFFER, Sheldon. (1994). *Participation for educational change*: a synthesis of experience. Paris, UNESCO-IIEP.

_____. (1995). Workshop on Education for All: five years after Jomtien. *Education News*. n. 13, Nova Iorque, jul.

SCHIEFELBEIN, Ernesto. (1991). *In search of the school of the XXI Century*: is the Colombian Escuela Nueva the Right Pathfinder? Santiago, UNESCO/OREALC, UNICEF.

SCHIEFELBEIN, Ernesto e WOLFF, Laurence. (1992). *Repetition and inadequate achievement in latin america's primare school*: a review of magnitudes, causes, relationships and strategies. Banco Mundial, UNESCO/OREALC.

_____. (1995). Reforma da educação na América Latina e no Caribe: um plano de ação. Santiago, UNESCO/OREALC, mai. (mimeo.).

_____. e TEDESCO, Juan Carlos. (1995). *Una nueva oportunidad*: el rol de la educación en el desarrollo de América Latina. Buenos Aires, Santillana.

SCHWILLE, John R. (1993). Resenha do livro Improving Primare Education in Developing Countries de M. Lockheed e A. Verspoor, Banco Mundial, Oxford University Press, 1991. *Comparative Education Review*, v. 37, n. 4, nov.

SECRETARIA DE EDUCACION PUBLICA. MEXICO. (1992). *Acuerdo Nacional para la Modernización de la Educación Básica*. México.

TATTO, Maria Teresa. (1993). Policies for teachers working in the periphery: an international review of the literature. *Reaching Peripheral Groups: Community, Language and Teachers in the Context of Development*. Washington, D. C., (Special Studies in Comparative Education, n. 31.)

TEDESCO, Juan Carlos. (1991a). Estrategias de desarrollo y educación: el desafío de la gestión pública. *Boletín del Proyecto Principal en América Latina y el Caribe*, n. 25, Santiago.

_____. (1991b). *Algunos aspectos de la privatización educativa en América Latina*. Quito, Instituto FRONESIS. (Colección Educación n. 1.)

_____. (1992). Nuevas estrategias de cambio educativo en América Latina. *Boletín del Proyecto Principal en América Latina y el Caribe*, n. 28, Santiago.

_____. (1994). Tendencias actuales de las reformas educativas. *Boletín del Proyecto Principal en América Latina y el Caribe*, n. 35, Santiago.

TONUCCI, Francisco. (1994). *¿Enseñar o aprender?:* la escuela como investigación quince años después. 2. ed. Buenos Aires, Rei.

TORRES, Rosa María. (1991). *Escuela Nueva*: una innovación desde el Estado. Quito, Instituto FRONESIS. (Colección Educación, n. 3.)

_____. (1993). ¿No que consiste a *visão ampliada* da educação básica?. *Educação nos meios*, n. 19, Quito.

_____. (1994). Que (e como) é necessário aprender?: necessidades básicas de aprendizagem e conteúdos curriculares. São Paulo, Papirus.

_____. (1995a). Hacia un nuovo modelo de formación docente. *Educación en los Medios*, n. 30, Quito.

_____. (1995b). *Los achaques de la educación*. Quito, Instituto Fronesis-Libresa.

TOVAR, Teresa. (1989). *Ser maestro*: condiciones del trabajo docente en el Perú. Lima, DESCO, UNESCO/OREALC.

UNESCO. (1991). *Cuarta reunión del Comité Regional Intergubernamental del Proyecto Principal en la Esfera de la Educación en América Latina y el Caribe*: informe final. Quito, abr.

UNESCO. (1990). *Sobre el futuro de la educación hacia el año 2000*. Madri, Narcea Ediciones.

UNESCO. (1991). *World Educacion Report*. Paris.

UNESCO. (1993a). *Fuentes UNESCO*, "Comisión Delors: ¿Qué educación para el año 2000?", Paris, n. 52, nov.

UNESCO. (1993b). Technical Consultation on Basic Learning Materiais, Paris, nov-dez. (mimeo.).

UNESCO. (1993c). *World Education Report 1993*. Paris.

UNESCO. (1994a). *Education for All: Status and Trends*. Paris.

UNESCO. (1994b). *Quinta Reunión del Comité Regional Intergubernamental del Proyecto Principal de Educación en América Latina y el Caribe*: informe final. Santiago.

UNESCO. (1994c). *Quality Education for All*: final report: second meeting of the International Consultative Forum on Education for All. Paris.

UNESCO, IIEP, UNICEF. (1993). *Jomtien, trois ans aprés: l'education pour tours dans les pays du Sahel*. Paris.

UNESCO/OREALC. (1992). *Situación educativa en América Latina y el Caribe*: 1980-1989. Santiago.

UNESCO/OREALC, IDRC. (1993). *Necesidades básicas de aprendizaje*: estrategias de acción. Santiago.

UNICEF. (1990). *Children and development in the 1990s*: a UNICEF sourcebook on the occasion of the World Summit for Children. Nova Iorque.

UNICEF. (1993). *Llegar a los excluidos*: enfoques no-formales y educación primaria universal. Nova Iorque, Sección Educación.

UNICEF. (1995). *UNICEF y la educación básica*. Nova Iorque, Sección Educación.

VERSPOOR, Adriaan M. (1991). Veinte años de ayuda del Banco Mundial a la educación básica. *Perspectivas*, v. 21, n. 3, Paris.

Capítulo V

Financiamentos do Banco Mundial no setor educacional brasileiro: os projetos em fase de implementação

Livia De Tommasi

Introdução

O interesse pelas ações do Banco Mundial no setor educacional se justifica pela influência crescente que este organismo vem tendo sobre a definição das políticas educativas nos países em desenvolvimento.

O Banco Mundial considera a educação como um instrumento fundamental para promover o crescimento econômico e a redução da pobreza.[1]

> La inversión en educación lleva a la acumulación de capital humano, que es fundamental para aumentar el nivel de ingreso y lograr un crecimiento económico sostenido (Banco Mundial, 1995b: XV).

> En el plano internacional, el Banco es la mayor fuente de asesoramiento en materia de política educacional y de fondos externos para ese sector. Suministra cerca de un 15% del flujo total de la ayuda destinada a educación y alrededor de 30% del total de la asistencia para enseñanza primaria (Banco Mundial, 1992: 7).

Especialmente depois da Conferência Mundial sobre Educação Para Todos (patrocinada pelo Banco junto com o PNUD, a UNESCO e o

---

1. Para uma análise crítica sobre a questão, remeto ao trabalho de José Luis Coraggio, publicado neste volume.

UNICEF, e realizada em Jomtiem em 1990) o Banco tem dado prioridade aos investimentos em educação básica. Entre 1990 e 1994 os empréstimos para este setor representaram um terço do total dos empréstimos para a educação (Banco Mundial, 1995b, p. 117).

De fato, mesmo se o total dos empréstimos do Banco chegam a somar somente cerca de 0,5% do total dos gastos em educação dos países em desenvolvimento (Banco Mundial, 1995b: XXIX), através dos financiamentos o Banco visa influenciar as políticas educativas desses países, em particular impulsionando mudanças nas formas de gestão e na alocação dos recursos.

No Brasil, a partir de final da década de 80, os empréstimos do Banco para o setor educacional têm aumentado consideravelmente: enquanto nos anos 87-90 constituíam somente 2% do total dos empréstimos, nos anos 91-94 chegaram a representar 29% do total (SOARES, 1995).

Atualmente, neste setor estão sendo implementados projetos com financiamento do Banco Mundial nos nove Estados do Nordeste e em São Paulo, Paraná, Minas Gerais e Espírito Santo, chegando a somar empréstimos de mais de 1 bilhão de dólares. É de grande importância, portanto, dispor de informações sobre esses projetos, para permitir a reflexão crítica e a abertura de debates entre os atores da sociedade civil, potencializando sua capacidade de intervenção e controle sobre as políticas públicas educacionais, assim como a formulação de propostas alternativas.

De fato, os projetos são fruto de negociações realizadas no seio de cúpulas restritas de funcionários das secretarias de Educação, junto com os técnicos do Banco. No geral, é muito difícil ter acesso a informações sobre o andamento das negociações e o seu resultado. Os documentos elaborados têm uma distribuição extremamente limitada.

Este trabalho foi portanto concebido com o objetivo de divulgar informações sobre os projetos financiados. Não se pretende, neste momento, fazer uma análise aprofundada sobre os mesmos.

O trabalho está dividido em três partes:

1) as linhas de ação, estratégias, objetivos e prioridades do Banco Mundial no Brasil no setor educacional;

2) um quadro geral sobre os projetos financiados;

3) uma apresentação mais detalhada dos projetos de Minas Gerais e Nordeste II, escolhidos por serem, o primeiro, o que exemplifica da forma mais clara as propostas e estratégias de ação do Banco Mundial e, o segundo, por ser, ao contrário, um exemplo de como

existem profundas incoerências entre o discurso e a definição dos projetos financiados.

Para finalizar, faremos algumas considerações conclusivas.

Linhas de ação do Banco Mundial no Brasil no setor educacional

A estratégia de ação do Banco Mundial no Brasil é apoiar investimentos que "encorajem o crescimento econômico e o desenvolvimento social num contexto de estabilidade macroeconômica" (Banco Mundial, 1995a: 11). São enfatizadas melhorias na eficiência dos gastos públicos e, nos setores sociais, melhor escolha da população alvo e ampliação da prestação de serviços aos pobres.

Os empréstimos ao setor social cresceram significativamente nas últimas décadas e, em particular, foram incrementados nos últimos anos os empréstimos para o setor educacional, dando-se prioridade, em conformidade com as orientações estabelecidas em nível mundial, à educação primária.

> Considerando que níveis de baixa renda estão associados a baixos níveis de educação, os esforços de redução da pobreza continuarão a ser limitados no Brasil, a não ser que paralelamente a esses esforços sejam feitos significativos investimentos em educação (Banco Mundial, 1994: 10).

Para o Banco Mundial,

> como em outras partes do mundo, a pesquisa no Brasil mostra que o retorno social do investimento em educação primária (36%) é consideravelmente maior que o investimento quer na educação secundária (5%) quer na superior (21%) (Banco Mundial, 1995a: 11).

O Banco afirma, inclusive, estar se engajando em uma discussão com as autoridades brasileiras a respeito da iniquidade representada pelos subsídios à educação superior.

O diagnóstico do Banco sobre o sistema de educação brasileiro ressalta que o maior problema é a baixa qualidade, causa dos altos índices de repetência e evasão.

Portanto, o objetivo perseguido pelo Banco é melhorar a qualidade e a eficiência do ensino, através de:
- melhoria da capacidade de aprendizagem do aluno;

- redução das altas taxas de repetência;
- aumento das despesas por aluno.

Baseando-se na experiência acumulada com os projetos anteriores (em particular nas pesquisas realizadas no âmbito do Projeto EDURURAL, ou Nordeste I, desenvolvido entre 1980 e 1987) o Banco define que os fatores que mais contribuem para a baixa qualidade e a ineficiência da educação pública no Brasil são:

a) falta de livros didáticos e outros materiais pedagógicos;

b) prática pedagógica inapropriada, que estimula os professores a reprovar (os índices de repetência, constantes através dos Estados e regiões, mostram que essa prática reflete as expectativas dos professores em relação à proporção dos alunos que deveriam passar, em vez do nível efetivo do desempenho escolar);

c) baixa capacidade de gestão (superposição das ações entre os três níveis de governo, clientelismo e nepotismo que permitem a contratação de funcionários em números excessivos).

Um outro elemento, esporadicamente levantado, são os gastos inadequados ou ineficientes: o financiamento da educação por todos os níveis de governo totaliza cerca de 4% do PIB, o que é relativamente baixo considerando que a média para América Latina é de 4,24% do PIB; a média nacional dos gastos por aluno (cerca de US$ 250) é também relativamente baixa. Isso resulta em baixos salários para os professores. Além disso, considera-se que os funcionários raramente são chamados a prestar contas e carecem de incentivos para melhorar sua *performance* (Banco Mundial, 1993: 19-20).

Portanto, o Banco estabelece como prioritárias, para suas ações no Brasil, as seguintes medidas:

a) Providenciar livros didáticos e outros materiais de ensino (livros de leitura, jogos e brinquedos pedagógicos). O Banco quer que os Estados se responsabilizem pelo fornecimento dos livros didáticos às escolas. Como parte do Projeto Nordeste, é prevista uma revisão do Plano Nacional do Livro Didático.

b) Melhorar as habilidades dos professores em técnicas de sala de aula. Os projetos prevêem várias formas de capacitação (em sala de aula e à distância) tendo em vista o estabelecimento de uma capacitação permanente; prevêem também a avaliação dessas atividades e de sua eficácia em mudar o comportamento dos professores em sala de aula.

c) Elevar a capacidade de gerenciamento setorial (os projetos prevêem, por exemplo, estímulos à integração estado-municípios), incluindo o estabelecimento da capacidade de monitorar e assessorar o desempenho dos alunos. Nesse quadro, os projetos prevêem fortalecer a capacidade federal e estadual para implementar o Sistema de Avaliação da Educação Básica (SAEB).

Como veremos, esses três itens são componentes de todos os projetos financiados. Outro componente comum a todos os projetos é o financiamento da infra-estrutura (construção e/ou reforma de escolas) que, ao contrário, não é um componente indicado como prioritário nas definições estratégicas do Banco.

De fato, os projetos que este organismo está financiando no Brasil refletem de forma fiel as orientações de ação estabelecidas pelo Banco em nível mundial.[2] Num documento de política de 1992, o Banco definiu três frentes de trabalho no setor da educação primária:

1) A melhoria do contexto da aprendizagem, através de:

— melhoria do currículo;

— fornecimento de material didático;

— aumento do tempo de instrução;

— melhoria do ensino em sala de aula, através da capacitação dos professores em serviço, da instrução a distância e de materiais didáticos programados;

— aumento da capacidade de aprendizagem dos alunos, mediante programas de ensino pré-escolar, programas de saúde e nutrição nas escolas.

2) Melhoria da preparação e motivação dos professores, através de:

— transferência da preparação das escolas normais de nível superior às escolas secundárias gerais;

— redução do tempo de capacitação prévia, concentrando-se na aquisição de atitudes pedagógicas;

— fortalecimento da motivação dos professores através de políticas e melhorias salariais e das condições de trabalho, e aumento das oportunidades profissionais.

3) Fortalecimento da administração do sistema educativo, através de:

---

2. Para uma análise crítica sobre as propostas do Banco Mundial, remeto ao trabalho de Rosa María Torres, publicado neste volume.

— reestruturação orgânica;

— fortalecimento dos sistemas de informação;

— aumento das atitudes administrativas, através do aumento das oportunidades profissionais, de uma definição clara dos planos de carreira e do estabelecimento de sistemas de avaliação do desempenho.

Os projetos que o Banco está financiando no Brasil contemplam medidas relativas ao fornecimento de livros didáticos, aumento do tempo de instrução, capacitação dos professores, reestruturação da gestão e fortalecimento dos sistemas de avaliação e informação. Não incluem, entretanto, medidas que visem a influir sobre a motivação dos professores e o aumento das oportunidades profissionais.

Nos documentos relativos aos projetos apoiados, o Banco afirma que sua política no setor educacional no Brasil visa a:

a) apoiar as regiões do país em que os problemas educacionais são mais agudos (Projeto Nordeste); e

b) apoiar o desenvolvimento de projetos estaduais que implementem experiências inovadoras para a melhoria da qualidade da educação primária e que podem servir de modelo para o resto do país (projetos dos estados de São Paulo e Minas Gerais).

A inovação que atualmente está sendo apoiada nos projetos estaduais é o Ciclo Básico (ou Bloco Único).

Para o Banco, a experiência indica que os fatores chaves para o sucesso de projetos no setor educacional são:

1. *Desenho de projetos simples e sólidos*, com *extensão e objetivos modestos*, com *flexibilidade* suficiente para atender a mudanças circunstanciais e que concentrem os recursos em insumos chave de ensino-aprendizagem.

A experiência do Projeto Monhagara (*projeto de apoio ao ensino básico, desenvolvido entre 1983 e 1991*) sugere que os governos perdem interesse em projetos quando os recursos são pulverizados sobre vários componentes ou áreas (isto é, quando o financiamento do Banco é marginal quando comparado ao financiamento global) (Banco Mundial, 1995a: 59).

2. *Equilíbrio entre reformas políticas e investimentos*. Os investimentos do Banco são desenhados no sentido de promover um equilíbrio adequado entre mudanças de políticas, investimentos em *hardware* e *software*, desenvolvimento institucional e atividades de assistência técnica.

3. *Provisão adequada de insumos educacionais*, tais como: livros didáticos, treinamento de professores, tempo alocado para aprendizagem e desenvolvimento curricular. Com relação aos professores, nos documentos se afirma que

> em vista das dificuldades macrofiscais que prevalecem na América Latina e os salários geralmente baixos dos professores na região, deve-se pensar em montar, na estrutura salarial, incentivos baseados em desempenho e/ou providenciar aumentos salariais gradativos de acordo com o desempenho acadêmico de seus alunos. Isso poderia ser muito importante na medida em que minimiza a tentação de professores treinados pelo projeto aceitarem empregos mais bem remunerados (Banco Mundial, 1995a: 60).

De fato essa questão é mencionada em todos os projetos financiados, mas nunca são estabelecidas modalidades concretas para melhorar os salários. Pelo contrário, no contexto das políticas de ajuste, os recursos para o setor educacional tendem a diminuir. O problema é posto em termos de como baratear os custos das políticas sociais, mobilizando alternativas de recursos através do setor privado.

4. *Estabelecimento de sistemas de programação, monitoramento e avaliação*.

> Isto é especialmente verdadeiro no Brasil, onde não estão disponíveis dados sistemáticos de desempenho dos alunos ou produtividade dos sistemas. Ênfase maior deve ser feita no monitoramento e na avaliação regulares e sistemáticos em vez de pesquisa educacional básica (Banco Mundial, 1995a: 60).

É importante não somente que as informações sejam produzidas, mas também que os tomadores de decisão sejam capacitados para utilizar essa informação no gerenciamento e no planejamento das ações, e sejam incentivados a fazê-lo.

5. *Gerenciamento competente do projeto*. Entre outras observações, faz-se menção à importância de reduzir a rotatividade dos gerentes dos projetos, fator que prejudica a execução dos mesmos.

6. Outros fatores, dentre os quais citam-se: a *melhoria do desempenho do Banco na supervisão do projeto*, com visitas regulares nas escolas, nos centros regionais e nos centros de treinamento; e a *participação comunitária*, que, "em municípios em que tal tradição já existe, tem sido visto como instrumental importante para ganhar o apoio popular para as reformas educacionais, reduzindo custos de manutenção" (Banco Mundial, 1995a: 61).

Panorama geral dos projetos em andamento[3]

TABELA 1
Brasil: Projetos do Banco Mundial em fase
de implementação — cronograma

	São Paulo	Paraná	Minas Gerais	Espírito Santo	Nordeste II	Nordeste III
Início das negociações	1987	1992	1992	1992	1988	1988
Preparação do projeto	1988-1989	1993	1993	1993	1990-1991	1990-1991
Aprovação	junho 91	outubro 94	maio 94	(?)	maio 93	novembro 93
I depósito	junho 92	(?)	junho 95	(?)	(?)	(?)
Duração prevista	5 anos	5 anos	5 anos	5 anos	5 anos	5 anos
Desembolso	15 anos	15 anos	15 anos	15 anos	15 anos	15 anos
Abrangência	pré-escola ciclo básico	1º grau	1º grau	pré-escola e ciclo básico em 12 municípios	1ª a 4ª séries do 1º grau	1ª a 4ª séries do 1º grau

(?) Dados não encontrados nos relatórios consultados.

TABELA 2
Brasil: Projetos do Banco Mundial em fase de implementação —
valores globais (em US$ milhões)

	São Paulo	Paraná	Minas Gerais	Espírito Santo	Nordeste II*	Nordeste III**
Total	600	198,4	302	45	378,6	366,98
BIRD	245	96	150	21	211,9	207,12
Estado	323,7	102,4	152	16,2	91,4	84,41
Municípios	31,3	—	—	7,8	—	—
FNDE	—	—	—	—	75,3	75,45

* Abrange os Estados: MA, CE, PE e SE.
** Abrange os Estados: PI, RN, PB, AL e BA.

Como se pode ver (tabela 1), o tempo que corre entre a negociação do projeto e a sua efetiva aprovação é muito longo, requerendo elaborações sucessivas para adequar o projeto aos novos contextos.

Nesse tempo ocorrem várias mudanças de governo, cada um dos quais reformula o projeto segundo suas prioridades (o projeto de São Paulo, por exemplo, passou por três diferentes elaborações, correspondentes aos distintos governos) e os novos governantes, às vezes, não se sentem comprometidos com empréstimos contraídos pelo governo anterior, o que provoca atrasos nos gastos e pagamentos de juros.

Durante o ano de 1992, o Banco realizou uma Missão de Identificação de Projetos, para estabelecer um canal de empréstimos à educação no Brasil.

---

3. Quadros compilados a partir de dados constantes nos documentos citados na bibliografia.

Dessa missão resultou a negociação dos projetos de Minas Gerais, Paraná e Espírito Santo.

De um modo geral, os projetos focalizam as primeiras séries do 1º grau.

O Projeto do Estado de Espírito Santo é um exemplo de projeto focalizado, para atingir as populações mais pobres nas áreas mais pobres: abrange doze municípios, escolhidos por serem os mais pobres e os mais populosos, e atinge nesses municípios as escolas onde os alunos vêm de famílias cuja renda é de três ou menos salários mínimos.

TABELA 3
Brasil: Projetos do Banco Mundial em fase de implementação — componentes (em US$ milhões)

Componentes dos projetos	São Paulo	Paraná	Minas Gerais	Espírito Santo	Nordeste II	Nordeste III
TOTAL	600	198,4	302	45	378,6	366,98
1º grau	459,815	178	228,7	18,3	342,2	342,03
- melhoria da rede física	343,226	75,4	49,9	X*	198	191,64
- capacitação	17,442	27,1	57,2	X	28,2	28,24
- livros didáticos e material pedagógico	80,442	75,5	121,6	X	116	122,15
- merenda escolar	18,731	-	-	-	-	-
Educação pré-escolar	70,354	-	-	23,5	-	-
Desenvolvimento institucional	7,984	18	68,8	3,2	20,4	19,93
Saúde escolar	31,98	-	-	-	-	-
Avaliação e disseminação do projeto	3,62	2,4	X	-	-	-
Gerenciamento do projeto	1,748	X	4,5	X	X	X
Inovações educacionais	-	X	X	-	4	5
Componente nacional	-	-	-	-	11,6	-

X valores contidos em outros componentes.
- não contempla o componente.
* construção de dez Centros de Apoio Pedagógico.

TABELA 4
Brasil: Projetos do Banco Mundial em fase
de implementação — componentes (%)

Componentes dos projetos	São Paulo	Paraná	Minas Gerais	Espírito Santo	Nordeste II	Nordeste III
1º grau	76,6%	90%	75,7%	41%	90,2%	93,2%
- melhoria da rede física	57,2%	38%	16,5%	X*	51,2%	52,2%
- capacitação	2,9%	14%	19%	X	7,6%	7,6%
- livros didáticos e material pedagógico	13,4%	38%	40%	X	31,3%	33,2%
- merenda escolar	3,1%	-	-	-	-	-
Educação pré-escolar	11,7%	-	-	52%	-	-
Desenv. institucional	1,3%	9%	23%	7%	5,5%	5,4%
Saúde escolar	5,3%	-	-	-	-	-
Avaliação e disseminação do projeto	0,6%	1%	X	-	-	-
Gerenciamento do projeto	0,3%	X	1,4%	X	X	X
Inovações Educacional	-	X	X	-	1,7%	1,3%
Componente nacional	-	-	-	-	3,1%	

X valores contidos em outros componentes.
- não contempla o componente.
* construção de dez Centros de Apoio Pedagógico.

O Projeto do Estado de São Paulo, na sua formulação original, segue "ao pé da letra" as orientações estabelecidas pelo Banco na época, incluindo os componentes de merenda, educação pré-escolar e saúde escolar.

Esse projeto prevê a realização de uma série de estudos e a divulgação dos resultados através de conferências anuais.

> O projeto São Paulo, assim como foi o projeto EDURURAL, inclui um componente importante de pesquisa e avaliação que contribuirá para a compreensão de que tipos de investimentos educacionais representam uma maior relação custo-benefício para a melhoria do rendimento escolar de crianças de baixa renda (Banco Mundial, 1995a: 59).

Também nos outros projetos estaduais está prevista a produção de estudos sobre o impacto de diferentes medidas no rendimento escolar dos alunos, assim como a divulgação dos resultados.

O Projeto do Estado do Paraná passou por duas formulações: a primeira era mais próxima daquela do projeto de São Paulo, incluindo os componentes de pré-escolar e saúde escolar; a segunda é mais próxima daquela do projeto de Minas Gerais.

Parece portanto ter acontecido um corte na definição dos projetos, que se produz com a elaboração do Projeto do Estado de Minas Gerais. É importante considerar que assessores desse projeto foram pessoas cujas orientações de política educativa tinham uma significativa concordância com aquelas do Banco. O próprio Walfrido dos Mares Guia Neto, então Secretário de Estado da Educação, foi quem assimilou e reproduziu com mais eficácia no país algumas orientações que caracterizam o discurso do Banco: a importância de investir em educação para sustentar o crescimento econômico, a rentabilidade desse investimento em termos de uma análise de custos-benefícios, a questão da "qualidade total" e da reforma do sistema gerencial para atingir níveis de eficiência comparáveis àqueles das empresas.[4]

Podemos dizer que, de uma forma mais "tradicional" de pensar e implementar projetos educativos, que inclui ainda traços de um modelo anterior (ênfase na construção da infra-estrutura — projetos de São Paulo e do Nordeste), tem se passado a um modelo mais inovador, focalizando as ações em alguns elementos considerados chaves (projetos de Minas Gerais e Paraná).

O Projeto Nordeste é o único que contém um componente nacional: ele foi negociado pelo MEC e não pelos Estados, o que representa, como veremos, uma contradição no próprio discurso do Banco, que reconhece como uma das principais dificuldades, para o desenvolvimento de sistemas educativos eficazes e eficientes no Nordeste, a dependência dos Estados com relação à União. Delegando o gerenciamento do projeto ao MEC, o Banco de fato contribui a perpetuar este estado de coisas.

Em todos os projetos, destina-se uma parte importante dos recursos para o fornecimento de material pedagógico. No caso do projeto de Minas Gerais, este é o componente com mais recursos. No projeto do Paraná, os recursos para esse componente são equivalentes àqueles destinados para a "melhoria da rede física".

Nos projetos de São Paulo e Nordeste II e III, o componente ao qual se destinam mais recursos é aquele referente à construção e equipamento

---

4. Cf. entre outros: GUIA NETO (1994).

de escolas que, como vimos, não é mencionado nas definições estratégicas do Banco.

A capacitação prevê o treinamento de professores, dirigentes escolares, técnicos e funcionários das Secretarias.

O Banco estabelece, como fator de risco para a implementação dos projetos, o fornecimento adequado dos livros didáticos às escolas. No caso dos projetos de Minas Gerais e Paraná, o Banco requer que os estados se responsabilizem pelo fornecimento dos livros às escolas, independentemente do cumprimento de suas obrigações por parte do Governo Federal.

Em relação à questão dos livros didáticos é importante ressaltar as observações feitas por David Plank, da Universidade de Michigan, numa resenha ao livro *Educacional Performance of the Poor*: Lessons from Rural Northeast Brazil, publicado pelo Banco Mundial, onde são relatados os resultados das investigações realizadas no âmbito do projeto EDU-RURAL. Essas investigações são freqüentemente citadas como referências para sustentar muitas das análises realizadas nos documentos de política do Banco. Plank observa que a análise dos dados indica que o efeito do componente livros didáticos sobre o rendimento dos alunos é pequeno, estatisticamente insignificante ou até nulo. Bem mais significativos são os efeitos positivos de outros fatores, como mobiliário escolar e material de escrita. "Apesar de seus achados, porém, os autores relutam em desistir dos livros didáticos, porque 'sabemos de outras fontes que o uso do livro didático é um poderoso componente de desempenho educacional'." (Plank, 1995: 104). Mas os autores não indicam quais são essas "outras fontes".

O componente "inovações educacionais" prevê o financiamento direto para escolas que apresentem projetos inovadores (em particular no combate à repetência), estabelecendo uma forma de competição entre as escolas e introduzindo, desta forma, no sistema educativo, os valores de "eficiência" do mercado.

Todos os projetos prevêem influir sobre a relação entre estados e municípios, apoiando a municipalização (projetos de Espírito Santo e do Paraná) e o planejamento integrado estado/municípios (projeto Nordeste).

Os projetos dos estados de Minas Gerais e Paraná visam apoiar a descentralização para as escolas de algumas das competências da Secretaria (autonomia escolar).

A participação das ONGs (que, para o Banco, são as entidades privadas sem fins lucrativos que executam programas sociais, como as creches comunitárias) está prevista no componente pré-escolar, que visa beneficiar creches comunitárias selecionadas pelas secretarias de Educação. Chega-se a afirmar que devem ser priorizados os municípios onde existam esse tipo de ONG. A elas são oferecidos apoio técnico, recursos para melhoria da infra-estrutura, material didático e treinamentos para professores. No Projeto do Estado de Espírito Santo está previsto apoiar cinqüenta ONGs.

Esta determinação segue as orientações do Banco sobre a necessidade de baratear os custos da educação pré-escolar.

É importante portanto refletir sobre o fato de que a existência de creches e de outros serviços educativos (as chamadas "atividades complementares") organizados pelas comunidades se afina com as definições do Banco sobre a necessidade de realizar políticas sociais de baixo custo, retirando a responsabilidade do Estado e delegando à população a solução de seus problemas.

O projeto Nordeste é o único que não prevê o apoio à criação de uma capacidade local de avaliação do rendimento escolar. Só se estabelece o apoio ao Sistema de Avaliação do Ensino Básico (SAEB), criado pelo MEC.

Apresentação do projeto "Melhoria da Qualidade da Educação Básica em Minas Gerais" (Pró-Qualidade)[5]

O financiamento do Banco Mundial para o estado de Minas Gerais se sustenta, para o Banco, sobre o fato de ser esse o primeiro Estado brasileiro que simultaneamente implementou as seguintes medidas:

1) Ciclo Básico (promoção automática da 1ª à 2ª série);

2) Programa de Avaliação da Escola Pública (testes padronizados);

3) eleição dos diretores pela comunidade escolar (da qual participam pais, professores, funcionários da escola e alunos acima de dezesseis anos);

4) criação dos Colegiados Escolares (compostos por representantes do pessoal da escola, professores e funcionários, pais, alunos acima de dezesseis anos e presididos pelos diretores das escolas);

---

5. Reproduzimos aqui trechos do documento Banco Mundial (1994a).

5) autonomia escolar: caixa escolar, descentralização de funções administrativas para as escolas (cada escola prepara seu plano de desenvolvimento, visando a melhoria do desempenho no que diz respeito à gestão, qualidade da infra-estrutura e produtividade). Às escolas, são transferidos recursos vinculados, destinados a projetos e pedidos específicos (na maioria referentes a renovação e manutenção das instalações físicas) e recursos não vinculados, que constituem a maior parte das transferências diretas às escolas e são utilizados principalmente nos gastos com manutenção das instalações físicas e assistência aos alunos carentes.

O Governo de Minas Gerais gasta cerca de 35% de sua receita em educação (cerca de US$ 760 milhões por ano). O objetivo do projeto é a melhoria do desempenho do sistema educacional. Objetivos específicos:

a) proporcionar aos administradores centrais e regionais instrumentos para tomadas de decisão baseadas em informação adequada;

b) ajudar os diretores de escola a assumir seus novos papéis de líderes e administradores num sistema de educação estadual mais descentralizado;

c) aumentar o acesso dos professores a oportunidades de treinamento;

d) distribuir um pacote de materiais de instrução, especialmente livros didáticos e de leitura, aos alunos das escolas públicas;

e) melhorar a administração das instalações físicas, de modo a assegurar o acesso eqüitativo dos alunos às escolas assim como racionalizar a utilização do espaço escolar.

São estabelecidos indicadores para medir a consecução dos objetivos do projeto:

- Indicador primário: o número de alunos que chegam anualmente à 5ª série com não mais de uma repetência. A meta é aumentar em aproximadamente 50% a proporção de alunos nessa situação.
- Indicadores secundários: a aprendizagem dos alunos aumentará consistente e gradualmente durante o projeto, a promoção de alunos da 1ª para a 2ª série será de aproximadamente 95% na ocasião da revisão intermediária do projeto e os índices de repetência nas primeiras séries diminuirá cerca de 5-10% em cada uma das primeiras séries.

O projeto é constituído pelos seguintes subprojetos:

- *Subprojeto A — Fortalecimento da gestão do sistema educacional — US$ 21,5 milhões*

    1) Implantação de um sistema de monitoramento — US$ 13 milhões.

    Objetivando capacitar os administradores a acompanhar o desempenho do sistema escolar, o projeto apoiará *melhorias na coleta de dados, geração de informação e sistemas de comunicação dos resultados* do sistema estadual de educação. Além de monitorar os níveis de aprendizagem dos alunos, repetência e conclusão, o sistema de acompanhamento educacional acompanhará o perfil do corpo de funcionários e a relação alunos/funcionários, o equilíbrio entre gastos com salários e despesas gerais na educação pública estadual, matrícula e custos unitários. O projeto custeará a compra de equipamento e *software*, e a assistência técnica.

    2) Avaliação do desempenho dos alunos — US$ 18,8 milhões.

    O projeto aperfeiçoará e consolidará o novo programa de avaliação de alunos, o *Programa de Avaliação da Escola Pública* de Minas Gerais, estabelecido em 1981 pela Secretaria Estadual de Educação (SEE). Serão implementados três ciclos de avaliação, cada um com duração de dois anos (três rodadas de testes abrangendo cerca de 900 mil alunos). A partir do segundo ciclo serão avaliados também os alunos das escolas municipais. Está previsto também um apoio ao desenvolvimento de recursos humanos em medidas de avaliação e testes educacionais. Será nomeado um Comitê Técnico de Avaliação de alto nível para supervisionar o desenvolvimento da competência técnica da SEE de empreender a avaliação de alunos.

    3) *Estudos e pesquisas* sobre a gestão da escola — US$ 1,4 milhões.

    Esse componente financiará de doze a quinze estudos, sobre planejamento de desenvolvimento escolar, gerência de qualidade total, monitoramento educacional, Ciclo Básico e uso de informação pelos administradores educacionais.

- *Subprojeto B — Melhoria da infra-estrutura e gestão da escola — US$ 47,3 milhões*

    Apoio ao programa de *descentralização da SEE*, envolvendo a *transferência de responsabilidades para as escolas* (autonomia escolar) e o *aumento da participação da comunidade* através dos colegiados escolares.

O projeto apoiará o governo no seu compromisso de dotar as escolas estaduais de meios administrativos necessários ao desempenho de suas novas funções de planejamento, gerência e monitoramento da qualidade da escola (Banco Mundial, 1994: 24).

1) Fortalecimento do planejamento escolar — US$ 10,1 milhões

Cada escola deve formular seu *Plano de Desenvolvimento da Escola* (PDE). O projeto vai apoiar essa política através do financiamento da produção de normas e instruções para elaboração do PDE e o treinamento de técnicos das DREs em como ajudar as escolas na elaboração do mesmo.

O projeto alocará cerca de 8 milhões para o *Programa de Apoio às Inovações Escolares* destinado a incentivar uma participação local maior na busca de soluções para os problemas de baixa produtividade da escola. Será dada preferência às propostas que: incluam contrapartida de financiamento pelos colegiados escolares; proponham metas de desempenho; estejam diretamente relacionadas a fatores responsáveis pela baixa produtividade da escola.

2) Desenvolvimento do gerenciamento escolar — US$ 13,3 milhões.

Os diretores receberão cerca de 160 horas de *treinamento* num período de dois anos (quatro módulos de quarenta horas) abrangendo as seguintes áreas: elementos chaves do programa de educação de Minas Gerais, gestão da qualidade total, administração e manutenção de patrimônio, licitação e contabilidade no nível das escolas. Como parte desse componente, o projeto apoiará o desenvolvimento de um *programa de Gestão de Qualidade Total* em cerca de mil escolas que desejarem participar do treinamento. Serão realizados dois seminários por ano para funcionários das escolas, pais de alunos e professores com o propósito de informar e motivar para a utilização da Qualidade Total.

3) Fornecimento de *equipamentos de apoio à administração escolar* (fotocopiadoras, microcomputadores e telefones) — US$ 23,9 milhões.

Espera-se que o monitoramento do desempenho escolar venha a ser uma rotina. As escolas necessitarão de instrumentos adequados para manter um banco de dados simples porém completo, capaz de controlar os registros dos alunos e professores, incluindo características gerais, freqüência, desempenho em sala de aula e custos.

- *Subprojeto C — Desenvolvimento do ensino — US$ 57,2 milhões*

1) Desenvolvimento curricular — US$ 8,7 milhões.

Desenvolvimento, impressão, revisão e distribuição aos professores de cerca de 200 mil *guias curriculares*, elaborados por quatro instituições especializadas (uma por matéria: matemática, português, estudos sociais e ciências naturais).

2) Capacitação de professores — US$ 45,6 milhões.

Treinamento básico para professores da 1ª à 4ª séries das escolas estaduais, seguido por uma reciclagem permanente para um grupo de cerca de metade desses professores. Os professores das escolas municipais serão estimulados a participarem. O treinamento básico será na própria escola para promover a idéia de responsabilização da escola pelo desenvolvimento e desempenho de seus professores. Os *workshops* serão focalizados na utilização dos guias curriculares desenvolvidos pelo projeto, incluindo o uso de materiais didáticos e o conhecimento específico do conteúdo das matérias. A maioria (85%) dos professores estaduais e todos os professores municipais receberão 96 horas de treinamento na escola num período de cerca de dois semestres. A reciclagem será constituída de quarenta horas anuais de treinamento para cerca de um quarto (20 mil) do total de professores das quatro primeiras séries. A SEE estimulará a criação de *Centros de Referência do Ensino no interior do Estado*, para realizar alguns desses cursos de curto prazo.

A participação dos professores nos treinamentos é voluntária, porém estimulada através de incentivos. O treinamento está a cargo da SEE.

3) *Estudos e pesquisas* — US$ 2,9 milhões.

Pesquisas para avaliar a efetividade dos programas de treinamento de professores e outras intervenções nas salas de aula, assim como o estabelecimento de correlações entre essas intervenções e a aprendizagem dos alunos medida pelo sistema de avaliação.

- *Subprojeto D — Fornecimento de materiais de ensino-aprendizagem — US$ 121,6 milhões*

O Estado assumiu a responsabilidade final de assegurar que cada aluno da escola fundamental pública receba um conjunto de livros didáticos no início de cada ano letivo, independentemente do apoio do governo federal.

1) Suprimento de *livros didáticos* — US$ 53,7 milhões.

A seleção dos livros será feita pelos professores nas escolas, de acordo com suas preferências, porém deverá ser levada em conta a padronização dos livros usados na mesma escola. O projeto financiará também estantes e armários, feiras de livros periódicas e *workshops* para os professores sobre a utilização desses materiais.

2) Organização de *cantinhos de leitura e bibliotecas* (cada uma das 28 mil salas de aulas de 1ª a 4ª séries terão um cantinho de leitura com 35 livros; cada uma das 4 mil escolas de 5ª a 8ª terão pequenas bibliotecas) — US$ 37,2 milhões.

Depois de um investimento inicial necessário para organizar os cantinhos de leitura e as bibliotecas, que será feito através de uma licitação central, as escolas receberão uma média de 1,4 dólar por aluno, por ano, para renovar ou enriquecer sua coleção de livros.

3) Fornecimento de *materiais pedagógicos* — US$ 30,7 milhões.

• *Subprojeto E — Reorganização do atendimento escolar — US$ 49,9 milhões*

1) Aumento do número de salas de aula, para que todas as escolas de 1º grau funcionem em dois turnos de quatro horas e meia cada — US$ 49,4 milhões.

Estima-se que o projeto financiará a *construção de cerca de 1.500 novas salas de aula*.

2) Racionalização da rede física (melhorar a coordenação com os sistemas municipais) — US$ 0,5 milhão.

O objetivo é capacitar a SEE na administração da rede física de modo que ela possa *racionalizar a utilização das instalações*. A SEE adquirirá equipamentos e *software* juntamente com assistência técnica e treinamento, com a finalidade de mapear as escolas, fazer projeções de futuras demandas e definir os padrões de utilização da rede física atual.

• *Gerenciamento do projeto — US$ 4,5 milhões*

Com os componentes de materiais pedagógicos, treinamento de professores e avaliação dos alunos são atingidas também as escolas municipais.

O primeiro depósito estava previsto para junho de 1994. De fato, foi realizado só depois de um ano dessa data. Houve muito atraso na assinatura do contrato por parte do Governo Federal, que aconteceu em fevereiro de 1995.

Calcula-se que o Estado de Minas Gerais gasta 21 anos-recurso para produzir um concluinte de 8ª série a um nível de educação de 5ª série, com um custo agregado de 150% a mais do que custaria se a repetência fosse zero. Estima-se que os alunos repetentes custem para o sistema de educação pública de Minas Gerais mais de 280 milhões de dólares por ano, ou seja, 30% dos gastos atuais com educação pública primária. Esse tipo de cálculo custo-benefício é feito para sustentar as propostas que visam acelerar o fluxo dos alunos no sistema educativo.

Com uma despesa adicional de US$ 20 por aluno por ano, o projeto prevê melhorar a qualidade do processo de escolarização de cerca 3 milhões de crianças por ano.

É criado, através do decreto de 3 março 1994, um *Comitê de Assessoramento* (CA) para servir como um agente na resolução de eventuais problemas de coordenação entre os vários órgãos envolvidos e como um guardião dos interesses do projeto ao longo das gestões da SEE. Está previsto que o CA se reúna duas vezes por ano, em abril e outubro (e, extraordinariamente, sempre que necessário), para examinar o progresso na implementação do projeto.

O comitê é composto de dois subcomitês: um interno, integrado pelos responsáveis das instâncias governamentais envolvidas no projeto, e outro externo, composto por representantes da sociedade civil.[6]

A função do subcomitê externo é zelar pela consistência e continuidade na execução do projeto, para a consecução de seus objetivos. De fato, esse comitê externo se reuniu duas vezes em 1994, mas em 1995 ainda não se tem notícias sobre a sua convocação. Parece que o objetivo perseguido com a criação dessa instância era mais de assegurar a continuidade do projeto em caso de vitória dos adversários à disputa pelo Governo Estadual. Esse fator era considerado pelo Banco entre os "riscos" apontados para a implementação do projeto. O Comitê de Assessoramento, e em particular o subcomitê externo, asseguraria a existência de uma "massa crítica"

---

6. São membros do comitê externo: um educador renomado, o presidente da UNDIME de Minas Gerais, o presidente e o vice-presidente da Federação das Associações de Pais, um representante do Conselho Estadual dos Direitos da Criança e do Adolescente, um representante do grupo executivo do Pacto de Minas Gerais para a Educação, um representante do Sindicato dos Professores de Escolas Primárias Públicas, um representante da Associação dos Conselhos das Escolas Estaduais e um representante do UNICEF.

favorável à implementação do projeto. Mas, como o governador conseguiu eleger seu candidato, garantindo portanto a continuidade das políticas implementadas, o compromisso de chamar a população para discutir e acompanhar o desenvolvimento do projeto pode não ser mantido.

Para viabilizar a institucionalização do projeto o governo estadual deverá manter, como recursos orçamentários incrementais da SEE, os mesmos 20 milhões de dólares que representam a contrapartida anual de financiamento que passará a vigorar durante a execução do projeto. Ao final do projeto, espera-se que as despesas de custeio não-salariais da SEE estejam 25% acima do nível atual.

Haverá disponibilidade de recursos para financiamento de atividades relacionadas à informação, educação e comunicação social, tais como campanhas publicitárias, publicação de boletins informativos e de folhetos, promoção das novas iniciativas governamentais junto a clientelas específicas como legisladores, professores e pais. Será dada prioridade às atividades orientadas para a *formação de uma cultura de avaliação* educacional em todos os níveis do sistema.

De fato, a Secretaria Estadual de Minas Gerais está dando bastante publicidade ao Projeto Pró-Qualidade, publicando anúncios nos jornais do Estado. Neste sentido, parece inaugurar uma nova forma de abordar a problemática da educação, montando uma estratégia de *marketing* sobre a política educativa implementada.

Anualmente, a SEE e o Banco farão uma revisão abrangente do progresso na consecução dos objetivos do projeto, que será precedida por uma reunião do CA.

A maioria das licitações para aquisição de bens e contratação de obras serão feitas centralmente através de concorrências nacionais e internacionais. Se o governo requerer, os fornecedores locais participantes das licitações internacionais poderão receber, na avaliação da concorrência, uma margem de preferência. Todas as concorrências nacionais permitirão a participação de fornecedores estrangeiros.

Livros didáticos, manutenção de equipamentos, supervisão e salários serão financiados unicamente pela contrapartida local.

O Banco reverá e aprovará antes da contratação: toda a documentação e contratos de concorrências internacionais; os dois primeiros contratos de concorrência nacional para aquisição de móveis, equipamentos, materiais educativos e construção civil; todos os termos de referência para contratação de consultores; toda a documentação de seleção e os contratos com consultores individuais no valor de US$ 50 mil ou superior e qualquer tipo de listas, cartas-convite, avaliação de propostas e contratos com firmas para realização de tarefas de valor equivalente a US$ 100 mil ou superior.

Os desembolsos serão feitos mediante recebimento de documentação completa. O Estado de Minas Gerais abrirá uma conta especial num banco comercial aceito pelo Banco Mundial. O depósito inicial do Banco nessa conta será de US$ 10 milhões, quantia equivalente a uma média de quatro meses de desembolso. Todas as contas do projeto serão auditadas anualmente por auditores independentes cuja qualificação satisfaça o Banco.

Nos documentos de avaliação do projeto elaborados pelo Banco, salienta-se que o projeto visa a apoiar a política estabelecida pelo governo estadual. De fato, existe uma forte concordância de orientações entre essa política e aquela do Banco.

O projeto de Minas Gerais serviu seguramente como referência para a elaboração dos outros projetos estaduais, assim como para a última renegociação do Projeto do Estado de São Paulo (mesmo porque a atual Secretária de Educação desse estado estava entre os assessores que participaram da elaboração do projeto Pró-Qualidade).

O Projeto Nordeste

Por ocasião das negociações do empréstimo, várias equipes de pesquisadores nacionais e do Banco Mundial realizaram um volume considerável de estudos, a fim de obter um diagnóstico exaustivo sobre a realidade educacional no Nordeste.

O UNICEF resolveu financiar uma consultoria para que se realizasse uma síntese de todos esses estudos. O resultado é um documento muito interessante, que traça com extrema lucidez as características e as falhas dos sistemas educativos dos estados do Nordeste, assim como os entraves postos para sua melhoria.

A principal conclusão do documento é que o problema da melhoria do sistema educativo é, antes de mais nada, um problema político:

> a mais premente necessidade da educação no NE resume-se à conquista da capacidade de planejar e executar políticas de médio e longo prazo, com independência crescente frente às necessidades momentâneas do poder político que, em geral, não age visando horizontes superiores a quatro anos. Se e quando esse requisito for cumprido, então será possível elevar o desempenho dos sistemas estaduais de educação através de políticas monitoradas (UNICEF, 1995: 9).

É como dizer que de nada adiantará elaborar e tentar implementar projetos de melhoria da qualidade do ensino até que não mudem as condições políticas e estruturais necessárias para uma real e correta implementação. Sem isso, corre-se o risco de chegar às mesmas conclusões às quais chegou David Plank, analisando o fracasso do projeto EDURURAL, ou Nordeste I: se esse projeto não conseguiu melhorar a qualidade da educação oferecida às crianças pobres, ele "foi bem sucedido em seu objetivo principal, que foi o de transferir US$ 92 milhões para as mãos de políticos e funcionários públicos do Nordeste" (Plank, 1995: 106).

O documento do UNICEF afirma que

> a ingerência política apenas agrava o quadro de problemas das Secretarias de Educação. Acentua a baixa qualificação técnica, a pequena capacitação do pessoal e os desvios de funções e acirra as distorções estruturais que possam existir [...] Todas as tentativas feitas até então, visando uma distribuição mais racional dos recursos humanos têm sido bloqueadas pela ação dos políticos [...] Neste sentido, a implantação de Conselhos Municipais, onde tanto organizações da sociedade civil como prefeitos e políticos tenham assento, poderia se constituir em *locus* de manifestação de reivindicações e solicitações, normalizando e racionalizando minimamente as interferências externas nos processos da Secretaria (UNICEF, 1995: 47-48).

Outra questão fundamental levantada no documento é a extrema dependência dos estados do Nordeste dos recursos da União, para poder implementar reformas no sistema educativo. Os recursos estaduais (que por sinal não representam, na maioria dos estados, os 25% do orçamento exigido pela Constituição) são quase que inteiramente direcionados para custeio da folha de pagamento.

Mas os recursos provenientes da União chegam com destino já previamente estabelecido, ou são diluídos entre uma série de fontes. Tudo isso comporta uma diminuição significativa da autonomia das Secretarias estaduais para definir e implementar políticas educacionais.

Também nas relações entre estados e municípios observa-se pouca ou nenhuma integração. A relação que os municípios mantêm diretamente com o Ministério de Educação para financiamento de projetos, prejudica qualquer iniciativa de planejamento integrado estado/municípios.

> Se de um lado a ausência de um planejamento integrado criou a superposição dual de redes, de outro, a inadequação do repasse de recursos federais e estaduais, conjugados com a indefinição de metas, vem reforçando a adoção da prática clientelista (UNICEF, 1995: 71).

A análise dos projetos elaborados pelos estados para serem financiados com recursos do Banco Mundial chega a conclusões extremamente duras:

> O exame dos projetos pedagógicos comprova a falta de embasamento no diagnóstico, no planejamento e na gestão. De um modo geral, apresentam pontos em comum, com receitas prontas e pouco aderidas à realidade [...] Em alguns estados, fica a dúvida se a proposta formal e documentada desses projetos, bem como sua justificativa, vão além das formalidades necessárias para cumprir as exigências para viabilizar o desembolso de recursos financeiros. Há um descompasso entre o formal e documentado e a prática do cotidiano (UNICEF, 1995: 50).

No acordo de empréstimo para o Projeto Nordeste, define-se que os objetivos do mesmo são: aumentar a aprendizagem estudantil, reduzir a repetência e a evasão e aumentar os índices de conclusão nos estados participantes, através de melhoria na qualidade do ensino básico estadual e municipal e na eficiência do gerenciamento educacional. Visa também aumentar as despesas por aluno, melhorando a relação custo/eficiência. O custo do projeto seria de aproximadamente US$ 25 por aluno por ano.

O projeto foi elaborado seguindo um modelo competitivo para a seleção dos estados a serem incluídos. Os critérios de seleção estabelecidos foram: a) a qualidade e o caráter inovador dos projetos apresentados pelos estados; e b) o compromisso deles em implementar importantes reformas na administração da educação.

Os estados que ganharam a primeira "corrida" foram incluídos no Projeto Nordeste II. Os outros, no Nordeste III.

Componentes do projeto:

• *Parte A — Nível estadual — US$ 367 milhões (NEII)*

1. Melhoria das capacidades de gerenciamento educacional das Secretarias de Educação (SE) através de:

a) fortalecimento da capacidade de planejamento;

b) melhoria da capacidade de gerenciamento de recursos humanos;

c) melhoria do monitoramento da qualidade das escolas pelas SE;

d) desenvolvimento de um sistema de informações gerenciais para cada SE.

2. Melhoria da qualidade do Ensino Básico nas escolas estaduais e municipais, através do fornecimento de livros, materiais didáticos e assistência

técnica (livros didáticos e cadernos para alunos, guias curriculares e livros didáticos para professores, livros de leituras para salas de aula, treinamento de professores em conservação dos livros). O projeto prevê também realizar uma reformulação institucional do fornecimento de livros didáticos, através de uma assessoria técnica.

3. Aperfeiçoamento do pessoal de ensino básico através do fornecimento de assistência técnica:

a) planejamento, desenvolvimento e fornecimento de treinamento, seminários de reciclagem e materiais auto-instrucionais para professores, visando o uso eficaz dos livros, materiais didáticos e do tempo em sala de aula, e a redução da repetência;

b) planejamento, desenvolvimento e fornecimento de capacitação em liderança para diretores escolares, administradores e pessoal técnico;

c) planejamento, desenvolvimento e fornecimento de treinamento baseado na escola, focalizando: o desempenho da escola como uma unidade, a eficiência dos professores, a interação entre eles, a eficácia dos diretores escolares, o desempenho e entusiasmo dos alunos e a ligação entre a escola e a comunidade. Essa modalidade de treinamento é considerada uma novidade do projeto.

4. Execução dos subprojetos estaduais e municipais (rede física, equipamentos e mobiliário escolar).

5. Estabelecimento de um fundo, no MEC, para fornecer financiamentos a fundo perdido:

a) às escolas que adotam inovações promissoras no ensino básico, especialmente aquelas que visam reduzir a repetência;

b) para a realização de pesquisas avaliativas dos programas inovadores de ensino básico.

- *Parte B — Programa nacional — US$ 11,6 (NEII)*

1. Melhoria do Sistema de Avaliação do Ensino Básico (SAEB), através de:

a) fornecimento de bolsas de estudo para pós-graduação em avaliação educacional;

b) fornecimento de financiamentos a fundo perdido para fomentar o estabelecimento de centros de excelência regionais especializados nas exigências técnicas de avaliação educacional;

c) fornecimento de assistência técnica visando aperfeiçoar e consolidar o SAEB.

2. Capacitação institucional do MEC na formulação, análise e revisão sistemática de políticas, através de:

a) fornecimento de fundos para realização de estudos sobre o ensino básico;

b) disseminação dos resultados e recomendações das pesquisas;

c) estabelecimento de um banco de dados informatizado de informações sobre padrões educacionais básicos (gastos por estudante, notas nas provas, desempenho etc.) e políticas e programas inovadores nos níveis estadual e municipal.

3. Fortalecimento da capacidade do MEC no planejamento e gerenciamento sistemático do ensino básico, através de:

a) fornecimento de assistência técnica para melhorar a eficiência do pessoal da Secretaria de Educação Fundamental e dos gerentes na execução das atividades;

b) desenvolvimento e consolidação de um sistema de informações de gestão educacional, inclusive bancos de dados estatísticos e bibliográficos;

c) fornecimento de treinamento para gerentes de nível médio no planejamento estratégico e tomada de decisões.

4. Avaliação de mecanismos alternativos de financiamento para o programa nacional do livro didático e o programa nacional de merenda escolar.

Uma observação de fundo a fazer em relação ao Projeto Nordeste é que, se o que precisa ser mudada é a cultura política, para acabar com as formas de clientelismo e corrupção na administração (o que seguramente não é exclusivo da região Nordeste do país), devem ser tomadas medidas conseqüentes. Não é através de medidas que incidem sobre a eficiência técnica da gestão (por exemplo, a informatização) que se resolvem problemas políticos.

Além disso, como já notamos, o próprio projeto não faz senão reforçar a dependência dos estados do Nordeste em relação à União, dando o gerenciamento do projeto ao MEC.

Com relação à falta de integração estados/municípios, estava previsto, como condição prévia ao projeto, que cada estado preparasse, junto com os dirigentes municipais, um Programa Integrado de Investimento Estado/Município (PIIEM). Mas, de fato, os dirigentes municipais não tiveram nenhuma oportunidade de participar na elaboração do Projeto Nordeste.

Num documento de 1991,[7] onde há uma primeira elaboração do projeto, sugere-se explicitamente que deve ser evitada a criação de Unidades de Gerenciamento dos Projetos, mas que as mesmas devem ser geridas pela estrutura própria das Secretarias, evitando assim a duplicidade de órgãos e funções, assim como a impossibilidade de incorporar as inovações introduzidas pelo projeto no interior da rede. Mas esta sugestão não foi acolhida pelo Banco.

Algumas considerações conclusivas

Uma primeira e importante questão a ser pensada é: em que medida e de que forma as orientações estabelecidas pelo Banco influenciam as definições de política educativa brasileiras?

De fato, parece existir uma fundamental consonância de orientações entre os atuais dirigentes do MEC, das secretarias estaduais de educação de São Paulo e Minas Gerais e os funcionários do Banco, já que vários formuladores de políticas educacionais passaram de um campo para o outro (nos dois sentidos).

Foram eles que elaboraram as propostas básicas de reforma dos sistemas educativos que orientaram a formulação dos projetos financiados com os recursos do Banco, definindo, entre outras coisas, o que é "qualidade" do ensino.

Nesse sentido, é importante analisar de que forma se construiu (e está se construindo) o consenso em torno dessas propostas, encarnadas principalmente no projeto Pró-Qualidade de Minas Gerais.

Acreditamos que, de fato, existe um espaço de autonomia para os técnicos e os educadores nacionais, para formular e implementar políticas (Cf. Coraggio, 1995). É fundamental, portanto, fortalecer nossa capacidade de propor alternativas de políticas e reformas educacionais.

Nesse sentido, é necessário realizar uma análise crítica sobre o modelo de reforma que está se impondo no país, centrado na prioridade para a educação básica, na busca da maior produtividade do sistema através da definição das prioridades de investimento que respondem a análises de

---

7. Brasil (1991).

custos/benefícios, na descentralização, no fortalecimento da autonomia da escola, na ênfase em "insumos" pedagógicos e em tecnologias educativas, na introdução dos valores do mercado através de formas de competição entre as escolas e entre os professores.

Uma outra questão é ver de que forma e em que medida as propostas de reforma contidas nos projetos serão efetivamente absorvidas e apropriadas pelas rotinas escolares. Sabemos que o caminho que as reformas que partem da cúpula das administrações devem percorrer até chegar nas escolas é longo e cheio de entraves. Além disso, o que acontece efetivamente nas salas de aula depende de muitas variáveis, independentes de decretos e medidas centrais.

No que diz respeito à questão financeira, o problema de fundo a ser analisado é se os estados precisam do dinheiro do Banco para realizar suas reformas educativas. De que recursos dispõem, de fato, as secretárias de educação para realizar investimentos?

E quais os custos reais dos empréstimos do Banco Mundial? Que tipo de condições o Banco impõe para gastar esses recursos? Por exemplo, o Banco exige a realização de licitações internacionais para efetuar qualquer compra de equipamentos e materiais (mesmo de escovas e pastas de dentes). Isso acarreta um volume de burocracia e de trâmites importantes a ser realizados, o que significa em geral atrasos consideráveis na implementação dos projetos.

Por outro lado, parece que a lógica do Banco, enquanto banco, tende a prevalecer quando se trata de tomar decisões que dizem respeito a custos: na escolha do livro didático a ser financiado no âmbito do Projeto Nordeste, em 1995, prevaleceu a escolha do livro mais barato, mesmo sendo um daqueles não recomendados por uma comissão técnica de avaliação criada pelo próprio Ministério de Educação.

Uma outra questão é ver se as formas de controle que o Banco impõe para o uso dos recursos contribuem (ou não) para introduzir maior transparência, evitar o desperdício e as formas de corrupção nos gastos públicos. Isso nos remete à problemática do controle social.

É importante que a sociedade civil, possa ter acesso aos âmbitos de decisão na fase de negociação e preparação dos projetos, para poder interferir na definição dos mesmos, das prioridades e das orientações pedagógicas. É importante também que os resultados das avaliações realizadas pelos órgãos competentes sobre a implementação dos projetos sejam amplamente divulgados, para que a população interessada (pais, alunos, funcionários, professores e comunidade em geral) possa ter acesso às informações.

Isso significa fortalecer e ampliar os espaços democráticos de participação da população na definição e no controle das políticas públicas do setor educacional, em todos os níveis do sistema educativo (conselhos de escola, conselhos municipais e estaduais de educação, fóruns de discussão da problemática educacional), que inclusive podem pressionar pela continuidade das políticas mesmo depois de terem acabado os recursos dos projetos.

Um importante instrumento poderia ser a criação (ao exemplo do Estado de Minas Gerais) de instâncias permanentes de acompanhamento e discussão dos projetos, com composição paritária sociedade civil/Estado, realmente operantes. Isso requer que suas competências e possibilidades de ação sejam claramente estabelecidas.

Nesse sentido, é importante aproveitar os espaços de abertura à "participação" da comunidade e os canais criados para dar publicidade às ações por parte dos governos (o que vem acontecendo em particular em Minas Gerais).

Se, como se coloca inclusive nos documentos do Banco, o problema da melhoria da qualidade do ensino é também um problema de vontade política, a mobilização da sociedade civil é fundamental para pressionar essa vontade.

Consideramos que a questão dos planos de carreira e dos salários dos professores é uma questão chave para a melhoria da qualidade do ensino, que não é tocada pelos projetos implementados com financiamentos do Banco.

Neste sentido, querer dar prioridade à educação e provocar um "choque"[8] no sistema educativo, melhorando sua eficácia e eficiência, sem aumentar os gastos públicos para a educação, parece ser uma empresa impossível.

Uma outra questão a considerar é: por que as inovações educativas devem ser gestadas nos estados mais "desenvolvidos" da federação e depois exportadas pelo resto do país, assim como estabelece o Banco Mundial em suas orientações estratégicas?

Uma última, mas nem por isso menos importante, observação: o que acontece quando os recursos dos projetos acabam? O Projeto do Estado de

---

8. A expressão é de Juan Luis Londoño, do Departamento Técnico para América Latina do Banco Mundial.

Minas Gerais é o único que prevê claramente como assegurar a continuidade das ações e da alocação dos recursos para a melhoria do setor educacional.

ANEXOS
(Valores em US$ milhões)

---

1. Projeto Inovações no Ensino Básico do Estado de São Paulo

COMPONENTE A: fortalecimento da jornada única/Ciclo Básico — US$ 459,82

- Construção escolar - US$ 343,22
- Programa de capacitação de professores - US$ 17,44
- Brinquedos educativos, livros didáticos e materiais pedagógicos em geral - US$ 80,41
- Melhoria da merenda escolar - US$ 18,73

COMPONENTE B: expansão do atendimento ao pré-escolar de baixa renda - US$ 70,35
COMPONENTE C: saúde escolar - US$ 31,98
COMPONENTE D: avaliação e disseminação - US$ 3,62
COMPONENTE E: reforço institucional - US$ 7,98
GERENCIAMENTO DO PROJETO - US$ 1,74

Proposta de reformulação do projeto (maio 1995)

Total: US$ 525,5

BIRD: US$ 245

Estado: US$ 247,7

Municípios: US$ 32,8

1) Fortalecimento institucional - US$ 52,9

2) Reorganização do modelo pedagógico (capacitação e material pedagógico) - US$ 105,9

3) Reorganização da infra-estrutura - US$ 290,4

4) Administração e gerenciamento do projeto - US$ 4,8

5) Saúde escolar (a cargo da Secretaria de Saúde) - US$ 30,8

2. Projeto de Qualidade no Ensino Básico do Paraná

COMPONENTE 1: material pedagógico - US$ 75,5
- Programa do Livro Didático - US$ 35,9
- Material e equipamento didático - US$ 31,2
- Programa de Melhoria de Bibliotecas - US$ 8,3

COMPONENTE 2: treinamento de professores - US$ 27,1

COMPONENTE 3: melhoria na rede física e aumento do acesso - US$ 75,4

COMPONENTE 4: desenvolvimento institucional - US$ 18,0
- Gerenciamento do projeto - US$ 2,6
- Desenvolvimento da capacidade de avaliação - US$ 2,5
- Desenvolvimento de um sistema de gerenciamento de informações integrado e descentralizado - US$ 9,2
- Reforço à administração e ao planejamento - US$ 2,6
- Fundo de prêmio para melhoria da qualidade do ensino - US$ 1,1

COMPONENTE 5: estudos e avaliação - US$ 2,4

3. Projeto de Educação Básica do Estado de Espírito Santo

COMPONENTE 1: melhoria do bloco único - US$ 18,3
- Material didático
- Treinamento de professores e administradores
- Construção de 10 Centros de Apoio Pedagógico

COMPONENTE 2: melhoria e expansão da pré-escola - US$ 23,5
- Material didático
- Treinamento de professores e administradores
- Construção e reforma

COMPONENTE 3: desenvolvimento institucional - US$ 3,2
- Gerenciamento do projeto
- Desenvolvimento da cooperação com o SAEB
- Assistência técnica
- Reforço à administração e ao planejamento

4. Projeto "Pró-Qualidade" do Estado de Minas Gerais

SUBPROJETO A: fortalecimento da gestão do sistema educacional - US$ 21,5

    1) Implantação de sistema de monitoramento - US$ 13

    2) Avaliação do desempenho dos alunos - US$ 18,8

    3) Estudos e pesquisas sobre a gestão da escola - US$ 1,4

SUBPROJETO B: melhoria da infra-estrutura e gestão da escola - US$ 47,3

    1) Fortalecimento do planejamento escolar - US$ 10,1

    2) Desenvolvimento do gerenciamento escolar - US$ 13,3

    3) Fornecimento de equipamentos de apoio à administração escolar - US$ 23,9

SUBPROJETO C: desenvolvimento do ensino - US$ 57,2

    1) Desenvolvimento curricular - US$ 8,7

    2) Capacitação de professores - US$ 45,6

    3) Estudos e pesquisas - US$ 2,9

SUBPROJETO D: fornecimento de materiais de ensino-aprendizagem - US$ 121,6

    1) Suprimento de livros didáticos - US$ 53,7

    2) Organização de "cantinhos de leitura" e bibliotecas - US$ 37,2

    3) Fornecimento de outros materiais pedagógicos - US$ 30,7

SUBPROJETO E: reorganização do atendimento escolar - US$ 49,9

    1) Aumento do número de salas de aula - US$ 49,4

    2) Racionalização da rede física - US$ 0,5

GERENCIAMENTO DO PROJETO: US$ 4,5

5. Projeto Nordeste II

1. Componentes estaduais - US$ 367

- Melhoria da capacidade de gerenciamento educacional das SE - US$ 20,4
- Materiais didáticos para alunos e professores - US$ 116

- Aperfeiçoamento de pessoal - US$ 28,2
- Subprojetos estaduais e municipais (rede física, equipamentos) - US$ 198
- Fundo para inovações pedagógicas - US$ 4
2. Componente nacional - US$ 11,6
- Melhoria do Sistema de Avaliação da Educação Básica - US$ 5,7
- Capacitação institucional do MEC na formulação, análise e definição de políticas setoriais - US$ 1,6
- Fortalecimento da capacidade do MEC no planejamento e gerenciamento do sistema - US$ 3,4
- Avaliação dos programas de fornecimento de livros didático e merenda escolar - US$ 0,9

Referências bibliográficas

BANCO MUNDIAL. (1992). *Educación primaria*. Washington D. C. (Documentos de Política del Banco Mundial).

_____. (1993). *Segundo Projeto Nordeste de Educação Básica*: relatório de avaliação. [Washington D. C.?].

_____. (1994a). *Projeto de Melhoria da Qualidade da Educação Básica em Minas Gerais (Pró-Qualidade)*: relatório de avaliação. [Washington D. C.?].

_____. (1994b). *Projeto de Qualidade no Ensino Básico do Paraná*: relatório de avaliação. [Washington D. C.?].

_____. (1995a). *Brazil: State of Espirito Santo: Basic Education Project*: staff appraisal report. [Washington D. C.?].

_____. (1995b). *Prioridades y estrategias para la educación*: versión preliminar. Washington D. C.

BRASIL. Ministério da Educação e do Desporto (1991). *II Projeto de Educação Básica para o Nordeste*: documento base I. Brasília.

BRASIL. Ministério da Educação e do Desporto. Secretaria de Educação Fundamental (1993). *Projeto Educação Básica no Nordeste*: descrição sucinta. Brasília.

CORAGGIO, José L. (1995). *Las propuestas del Banco Mundial para la educación: sentido oculto o problemas de concepción?* (*Paper* apresentado no Seminário "O Banco Mundial e as Políticas de Educação no Brasil", São Paulo, 28 e 29 de junho). Obs.: artigo publicado neste volume.

GUIA NETO, Walfrido. (1994). Educação e desenvolvimento: conscientização, vontade, política e participação, *Estudos de avaliação educacional*, n. 9, São Paulo, jan.-jul.

PARANÁ. Secretaria de Estado de Educação (1992). *Projeto Qualidade no Ensino Público do Paraná*. Curitiba.

PLANK, David (1995). *Resenha do livro "Educational performance of the poor: lessons from Rural Northeast Brazil"*. Revista Brasileira de Educação, n. 0, São Paulo.

SÃO PAULO (Estado). Secretaria de Estado de Educação (1992). *Projeto "Inovações no ensino básico": contrato 3375 BR: sinopse.* São Paulo.

_____. (1993). *Projeto "Inovações no ensino básico"*: contrato de empréstimo. São Paulo: FDE.

_____. (1994). *Projeto "Inovações no ensino básico"*: contrato 3375 BR: sinopse. São Paulo.

_____. (1995). *Projeto "Inovações no ensino básico"*: proposta de alterações. São Paulo.

SOARES, Maria C. C. (1995). *Banco Mundial: políticas e reformas.* (*Paper* apresentado no Seminário "O Banco Mundial e as Políticas de Educação no Brasil", São Paulo, 28 e 29 de junho). Obs.: artigo publicado neste volume.

UNICEF (1995). *O processo educacional no Nordeste: determinantes do padrão de gerenciamento*. Brasília.

Capítulo VI

O financiamento do Banco Mundial à educação brasileira: vinte anos de cooperação internacional

Marília Fonseca

Introdução

A cooperação técnica e financeira do Banco Mundial (BIRD) ao setor social brasileiro iniciou-se na primeira metade da década de 70. O processo de cooperação do Banco inclui a assessoria aos órgãos centrais de decisão, em áreas de política, planejamento e gestão, assim como o desenvolvimento de projetos setoriais específicos. A dita "cooperação técnica" oferecida pelo Banco Mundial à educação brasileira foi realizada por meio de cinco projetos de co-financiamento, desenvolvidos no período 1970-1990. De acordo com este modelo, o Banco não empresta diretamente, mas ressarce o país pelos gastos antecipados (contrapartida) por conta do futuro crédito. Em tese, a parte nacional deveria corresponder a 50% do custo total do projeto.

A cooperação de órgãos multilaterais (como o BIRD e o BID) à educação brasileira deu seqüência a um processo de assistência técnica entre Brasil e Estados Unidos que se iniciou ainda na primeira metade do século, no qual se distinguem três fases distintas.

A primeira fase da cooperação técnica, que se estende até os anos 50, pode ser considerada como um estágio de intensa integração entre associações de educadores, brasileiras e norte-americanas, por intermédio das quais foram incorporados os ideais democráticos, de acordo com preceitos constitucionais daquele país. O intercâmbio contribuiu para a assimilação do ideal de educação para todos no texto dos primeiros planos educativos do início dos anos 60, assim como da Lei Brasileira de Diretrizes e Bases de 1961.

A partir dos anos 50, a cooperação técnica realiza-se no interior de acordos econômicos entre os governos brasileiro e norte-americano, como, por exemplo, o Acordo para Assistência ao Comércio Agrícola, que destinava 15% dos recursos para as atividades de cooperação técnica. A partir de 1961, os fundos destinados à assistência técnica foram administrados pela USAID (Agência para o Desenvolvimento Internacional, do Departamento de Estado Norte-americano), criada no quadro da Aliança para o Progresso para prover assistência ao desenvolvimento no Terceiro Mundo.

Este segundo estágio caracteriza a cooperação internacional como uma interação política bilateral. Em decorrência, a espontaneidade da primeira fase da cooperação técnica à educação será substituída pelo formalismo que caracteriza os acordos econômicos e seus corolários de inflexibilidade financeira e de condicionalidades políticas e econômicas.

As conseqüências políticas e técnicas desse novo processo geraram resistências sociais e institucionais, inclusive do próprio governo federal e do Conselho Federal da Educação, justificadas pelas interferências indesejáveis nos negócios da educação por parte das agências internacionais.

No final dos anos 60, o governo norte-americano toma a iniciativa de substituir as atividades de cooperação técnica bilateral por outras formas de cooperação, por meio de instituições multilaterais como o BIRD e o BID. Esperava-se que a atuação dessas agências fosse menos propensa à ingerência política, segundo exigências dos próprios usuários latino-americanos.

No entanto, alguns estudos sobre as experiências de desenvolvimento de projetos econômicos do BIRD, no Brasil, desde o final dos anos 40, mostram que estas experiências não são tão irredutíveis a intervenções externas, contrariamente ao que se esperava das relações multilaterais. Para isso contribuem a própria estrutura organizacional e o sistema financeiro do Banco, assim como a natureza de sua política econômica para o Terceiro Mundo, incluindo-se aí desde a definição de condicionalidades macroeconômicas, até a definição de diretrizes setoriais, as quais certamente deverão ser consideradas como pré-requisito aos empréstimos.

A concepção educativa do BIRD: uma proposta integrada ao projeto de desenvolvimento econômico

O projeto de desenvolvimento do Banco Mundial, até os anos 60, pautava-se pelas metas de crescimento econômico. A partir do final dessa década, o Banco Mundial modificará seu conceito de desenvolvimento. O crescimento econômico será considerado como condição necessária, mas não suficiente para garantir distribuição mais justa da riqueza. Para o BIRD, as razões são óbvias: os benefícios do crescimento econômico concentram-se nos setores mais modernos da economia e, em conseqüência, não atingem as populações marginalizadas economicamente. Diante desta evidência, o Banco define, como prioridade, atuar no centro do problema que pode representar uma ameaça à economia dos países centrais: o crescimento descontrolado da pobreza nos países periféricos.

Este arrazoado de caráter humanitário explica apenas uma parte do problema. A preocupação do Banco em relação à marginalização econômica deu-se também pelas reações sociais que eclodiram no Terceiro Mundo, marcadamente na América Latina, a partir da década de 60. Neste caso, as medidas voltadas para a distribuição mais justa da riqueza não constituíam apenas "um objetivo moral mas, antes de tudo, um imperativo político" para resguardar a estabilidade do mundo ocidental, segundo discurso do então presidente do Banco (McNamara, 1972: 1070).

A partir dos anos 70, os projetos do BIRD (que antes limitavam-se ao financiamento de infra-estrutura e energia) voltam-se para o incremento da produtividade, especialmente no setor agrícola, considerado como um dos fatores para conter o crescimento da pobreza. O setor social, incluindo a educação, que até então não era privilegiado no projeto de financiamento do Banco, passa a ter acesso aos créditos dessa agência.

Durante as duas décadas de cooperação, o Banco Mundial definiu um conjunto de políticas educacionais, as quais vêm fundamentando a concessão de créditos para o setor.[1] Duas tendências são perceptíveis: a primeira busca integrar os objetivos dos projetos educacionais à política de desenvolvimento do Banco para a comunidade internacional; nesta modalidade, situam-se os projetos de educação fundamental integrados a projetos setoriais específicos,

---

1. O Banco Mundial produziu quatro documentos setoriais em 1971, 1974, 1980 e 1990, onde são explicitados os princípios, as diretrizes e as prioridades educativas para o financiamento do Banco.

como os de desenvolvimento rural, por exemplo.[2] A segunda atribui à educação caráter compensatório, entendido como meio de alívio à situação de pobreza no Terceiro Mundo, especialmente em períodos de ajustamento econômico.[3]

No início dos anos 70, a Educação foi considerada, no projeto de desenvolvimento do Banco, como fator direto de crescimento econômico, ou seja, como meio para o provimento de técnicos para o setor produtivo, especialmente no nível de 2º grau. Esta diretriz explica a ênfase conferida ao ensino profissionalizante no interior dos projetos desenvolvidos à época pelo Banco junto ao ensino brasileiro.

No final da década de 70, o interesse do Banco direcionou-se para a educação primária,[4] doravante considerada como a mais apropriada para assegurar às massas um ensino mínimo e de baixo custo, para a consecução das novas diretrizes de estabilização econômica que o Banco irá intensificar no decorrer da década de 80: primeiramente, enquanto medida de caráter compensatório para "proteger ou aliviar os pobres" durante períodos de ajustamento. Em segundo lugar, enquanto fator de controle do crescimento demográfico e de aumento da produtividade das populações mais carentes.

Segundo o Banco (Conable, 1986), essas diretrizes constituem condição indispensável para o alcance do desenvolvimento sustentável, pelo fato de que a intensificação do crescimento demográfico agride a integridade dos recursos naturais e, portanto, interfere na qualidade de vida do mundo ocidental. Em seguida, coloca-se a importância da diminuição de taxas de natalidade para a melhoria da saúde feminina e da situação econômica familiar.

Finalmente, enfatiza-se a questão que parece ser a mais determinante para a preocupação do Banco: o aumento populacional enquanto gerador de pressões sociais por alimentos, consideradas como geradoras de desestabilização econômica e social entre os países mais pobres e de pressões inflacionárias nos países centrais (Clausen, 1981). Este arrazoado tem

---

2. Os projetos de "Desenvolvimento Rural Integrado" (PDRI) financiados pelo Banco na Região Nordeste, na década de 70, incluíam entre os componentes financiáveis alguns subprojetos de alfabetização e de educação inicial.

3. No que se refere ao tratamento da Educação enquanto medida compensatória, citamos os documentos: BIRD/FMI, "Fund Supported Adjustment Programs and the Poor", 1988; BIRD, "Protecting the poor during periods of adjustment", 1988; BIRD, *Focus on poverty*, 1983.

4. Para efeitos deste trabalho, utilizamos o termo "educação primária" para significar as quatro primeiras séries do ensino fundamental.

justificado a colaboração do BIRD à mobilização de organismos internacionais na sua cruzada mundial de controle populacional.

A política do Banco para a educação primária tem sido fundamentada por estudos populacionais realizados diretamente pelo BIRD ou sob seus auspícios. Os resultados atribuem ao nível primário maior capacidade de preparação da população feminina para a aceitação das políticas de planejamento familiar e também para o estímulo à intensificação de sua participação na vida produtiva, especialmente no setor agrícola.

De acordo com o documento setorial do BIRD (Banco Mundial, 1980: anexos) a distribuição dos recursos do Banco para os diversos níveis de ensino confirma a importância do nível primário: se, até a metade dos anos 70, esse nível beneficiava-se com apenas 1% dos créditos do Banco, na década de 80 esta taxa cresceu para 43%. A ênfase no nível primário é também perceptível pela seqüência dos projetos financiados pelo Banco Mundial no âmbito do Ministério da Educação. A partir de 1980, dos três projetos que foram financiados pelo BIRD, dois destinaram-se a este nível de ensino.

Se, por um lado, o direcionamento dos projetos para o ensino primário não significa uma pressão direta por parte do Banco, ela certamente resulta da conjunção entre os interesses dessa agência e de determinados segmentos decisórios da administração brasileira. Os depoimentos utilizados para esta pesquisa, incluindo a opinião de gerentes de projetos, de técnicos e de dirigentes do Ministério da Educação, mostram que a decisão sobre os projetos circunscrevia-se sempre ao nível decisório mais alto do governo, embora algumas vezes as propostas fossem rejeitadas no nível dos dirigentes e dos técnicos da administração federal e estadual.

Condições institucionais para cumprimento das exigências do BIRD

O exame dos projetos internacionais indica que os mesmos não têm garantido a eficiência e a eficácia pretendidas, sem considerar as altas despesas adicionais (financeiras e administrativas) que acarretam para o setor educacional e para o País. O fraco desempenho dos projetos pode ser explicado pela incompatibilidade entre a estrutura do financiamento e da organização dos projetos do BIRD em confronto com as características institucionais do Ministério e da própria natureza da ação educativa.

Os créditos concedidos à educação, enquanto partes de projetos econômicos, integram a dívida externa do País para com as instituições bilaterais, multilaterais e bancos privados. Embora a política de crédito do Banco se autodenomine "cooperação" ou "assistência técnica", trata-se, na verdade, de empréstimos do tipo convencional (ou *hard*), tendo em vista os pesados encargos que acarretam e também a rigidez das regras e as pré-condições financeiras e políticas inerentes ao processo de financiamento comercial.

O Banco Mundial conta com outra instituição afiliada, a Associção Internacional para o Desenvolvimento (IDA). Esta Associação foi fundada em 1960 para prestar assistência econômica aos países mais pobres, sob condições financeiras mais brandas. De acordo com os critérios fixados para obter o apoio da IDA, o Brasil não se enquadra entre os clientes prioritários, em razão dos altos indicadores de renda *per capita* que apresenta, segundo interpretação do BIRD.

Por esta razão, o financiamento do Banco Mundial ao Ministério da Educação segue as mesmas regras fixadas para qualquer projeto comercial, segundo modelo de co-financiamento, no qual o Banco Mundial deveria, em tese, participar com 50% dos recursos e o Brasil com a outra metade.

Até 1980, os juros dos empréstimos eram cobrados a uma taxa fixa média de 8% a. a. A partir de 1980, o Banco instituiu a taxa variável, de acordo com o custo do dinheiro no mercado internacional, acrescida de mais 0,5% sobre o total dos empréstimos tomados pelo Banco nesse mercado e que constituirão as reservas para empréstimo aos países receptores. Esta sobretaxa cobrada pelo BIRD vai, naturalmente, encarecer os seus empréstimos em relação aos custos do mercado internacional.

Entre os encargos do financiamento, inclui-se também o pagamento de "taxa de compromisso", correspondente à cobrança de 0,75% a. a. sobre os recursos ainda não retirados pelo tomador. Esta exigência traz uma conseqüência preocupante: qualquer atraso na execução dos projetos resulta em aumento significativo deste encargo, para não falar do pagamento dos juros e dos ajustes cambiais. Nos últimos anos, o BIRD vem abrandando a cobrança de taxa de compromisso, a qual pode ser diminuída mediante certas condições negociadas previamente com o Banco.

Em decorrência das rígidas condições financeiras, o bom desempenho de um projeto, em termos do ritmo de execução, representa fator indispensável para evitar despesas adicionais. A morosidade na sua execução significa a diminuição da captação de divisas externas (desembolso) bem como o aumento do custo do financiamento, em termos da elevação dos encargos (juros e taxas).

O modelo organizacional do Ministério da Educação não tem favorecido esse desempenho: os projetos desenvolvidos em seu âmbito têm uma duração de pelo menos o dobro do tempo previsto, convencionalmente fixado para quatro anos, o que explica o aumento dos custos adicionais.

Para isso contribuem: (a) a complexidade administrativa do Minitério da Educação, a qual não permite a agilidade necessária para o atendimento das regras internacionais de financiamento, especialmente no que se refere ao processo de repasse de recursos e de prestação de contas entre os diversos níveis administrativos; (b) a instabilidade causada pela rotatividade entre as equipes, entre elas, as unidades de gestão dos projetos. Em conseqüência, os projetos internacionais podem ser prestigiados ou relegados, segundo o interesse particular de cada grupo de poder, o que pode acarretar atrasos na execução e até mesmo a interrupção das ações.

Acresce ainda o fato de que o Ministério não conta com um projeto educativo consistente, capaz de resistir à rotatividade do poder. Esta ausência, somada à fragilização sucessiva a que vem sendo submetido o quadro técnico, tem facilitado a prevalência de interesses políticos acidentais nas decisões sobre os acordos internacionais. Em face da inconsistência do quadro institucional, é compreensível que as cláusulas do Banco sejam facilmente assimiladas na definição dos projetos e que venham a trazer conseqüências indesejáveis, tanto na execução das ações finalísticas, quanto no seu desempenho financeiro.

Finalmente, a própria natureza da ação educativa contribui para a morosidade da execução das atividades, especialmente na área do ensino fundamental. O longo prazo requerido para o cumprimento das ações educativas impede o bom desempenho financeiro dos projetos, segundo as exigências de produtividade e de ritmo próprios dos acordos econômicos.

De forma a superar as dificuldades institucionais, os projetos têm sido executados por meio de unidades especiais de gerência, que atuam paralelamente à administração do Ministério. Esta forma de organização, segundo orientação do próprio BIRD, constituiria uma estratégia para a agilização das ações, enquanto fator de eficiência dos projetos.

O desempenho dos projetos

No período 70-80, o Banco financiou cinco projetos junto ao Ministério da Educação. Dois dentre eles destinaram-se ao ensino técnico de nível médio, sendo o primeiro executado no período de 1971 a 1978 e o segundo, de 1984 a 1990. Um terceiro voltou-se para o desenvolvimento de centros interescolares, na linha do ensino profissionalizante obrigatório, preconizado pela Lei nº 5692/71. A partir da década de 80, o Banco passa a privilegiar a melhoria do ensino nas quatro primeiras séries do ensino fundamental.[5]

O primeiro projeto foi executado no período de 1971 a 1978, para assegurar a melhoria e a expansão do ensino técnico de 2º grau, industrial e agrícola. Os objetivos do projeto para o ensino agrícola visavam ao desenvolvimento de metodologias de ensino segundo o modelo escola-fazenda. Embora este enfoque já tivesse sido considerado no âmbito da cooperação técnica bilateral desde os anos 60, o projeto do Banco Mundial visava reforçar o modelo norte-americano de desenvolvimento rural, que fundamentava o enfoque pedagógico da escola-fazenda.

A decisão sobre o primeiro projeto resultou de uma missão integrada pelo BIRD/FAO/UNESCO/Fundação Ford, com vistas à identificação de prioridades para investimento do Banco no Brasil. O projeto foi executado no âmbito de sete escolas agrícolas federais de 2º grau (além da construção de uma nova escola). Para o ensino industrial, o projeto previa a reforma de duas escolas técnicas de 2º grau e a construção de seis centros de ensino. O projeto previa, ainda, de acordo com recomendação do grupo internacional, a implantação, nas escolas industriais, de um modelo de ensino pós-secundário destinado à função de engenheiros de operação, por meio da adição de um quarto ano complementar ao curso técnico.

No que diz respeito ao tipo de financiamento, o primeiro projeto foi desenvolvido segundo a modalidade de empréstimo mais tradicional do Banco, denominada "crédito de investimento" (*investment loans*). Este modelo teve vigência até o final dos anos 70: os juros eram cobrados a taxas fixas, e a participação do Banco limitava-se à definição das condições do financiamento, à supervisão da execução das ações pelas instituições locais e à avaliação dos benefícios econômicos e sociais dos projetos. Assim, o crédito de investimento caracteriza-se pela rigidez entre as regras pré-estabelecidas e a execução das ações, cabendo ao tomador assumir o compromisso de seguir as cláusulas dos contratos, sob supervisão direta do Banco.

A execução do projeto foi marcada por dificuldades geradas pela incompatibilidade entre as exigências internacionais e as condições econômicas do país, determinadas principalmente pelo efeito da inflação e das oscilações do câmbio.

---

5. O primeiro projeto para a educação fundamental foi desenvolvido de 1980 a 1987 na Região Nordeste. O segundo foi executado na Região Norte e Centro-Oeste, de 1984 a 1990.

De acordo com o planejamento inicial, o projeto deveria beneficiar cerca de seis mil estudantes, ou 16% do total de alunos que freqüentavam cursos técnicos industriais e agrícolas no início da década de 70. No entanto, os resultados não corresponderam ao ideal de eficiência e de eficácia então preconizado pelo BIRD, tanto em relação ao cumprimento das metas físicas, quanto em relação ao tempo gasto para a execução das ações.[6]

As condições econômicas foram responsáveis pela falta de recursos para prover a contrapartida nacional do financiamento, o que provocou a diminuição do desembolso externo, o atraso na implantação do projeto e, conseqüentemente, o aumento dos custos.

Outras dificuldades surgiram das condições institucionais próprias ao setor educacional. Entre elas, destacam-se o rodízio na equipe de gestão e as freqüentes alterações no planejamento do projeto, em vista da inconsistência de alguns objetivos. Daí resultou, por exemplo, o abandono dos cursos pós-secundários, para os quais não havia demanda social identificada.

De outro lado, a falta de integração entre as ações do projeto e as atividades correntes do Ministério da Educação ocasionou a duplicação das ações referentes a esses cursos: na mesma ocasião, o Departamento de Ensino Superior desenvolvia experiência semelhante, voltada para a formação de engenheiros, em cursos de curta duração.[7]

Os resultados referentes aos objetivos físicos (construção, reformas e aquisição de equipamentos) não foram dos mais animadores: enquanto no caso do ensino técnico agrícola as metas relativas à reforma de instalações fosse cumprida, o alcance da meta de construção para os cursos pós-secundários não passou de 50%. A atividade de aquisição de equipamentos foi também limitada por sérias dificuldades, oriundas da inadequação das especificações do projeto e também das limitações impostas pelo governo brasileiro para a importação: daí decorreram atrasos na compra de equipamentos importados (que constituía uma das cláusulas do acordo) e as decorrentes dificuldades para o cumprimento de prazos do projeto.

Em relação às metas educacionais, a ineficiência ficou evidente: no caso do ensino agrícola, a meta de incrementar o número de vagas alcançou apenas 74% da previsão. No ensino industrial pós-secundário, a criação de

---

6. As informações sobre os projetos para o ensino técnico encontram-se nos documentos: MEC/PRODEM/BIRD (1978); MEC/SENETE (1990). MEC/CEDATE/PREMEN (1981); BRASIL, Relatório do segundo acordo (1983). MEC/CEDATE (1987).

7. Para informações, veja Nascimento (1987). Os cursos de curta duração destinavam-se à habilitação intermediária de grau superior para engenheiros de operação.

novas vagas chegou apenas a 56% da meta prevista. No caso do ensino industrial secundário, os relatórios não mencionam os dados quantitativos quanto à oferta de vagas.

O objetivo de formação de técnicos também foi superestimado: dos setecentos técnicos previstos para o ensino agrícola, 71% chegaram a ser diplomados. Nos cursos pós-secundários, apenas 37% da previsão foi cumprida.

No período de 1974 a 1979, foi executado um segundo projeto com o BIRD, segundo o modelo "crédito de investimento". Como objetivo, visava-se à prestação de cooperação técnica às Secretarias Estaduais de Educação do Norte e do Nordeste, para o desenvolvimento de sistema de planejamento e de gestão em reforço à implantação da reforma educativa nº 5692/71. O projeto previa também a melhoria do ensino básico vocacional através da construção e equipamento de mais de quarenta centros de ensino profissionalizante. A execução deste projeto deu continuidade às ações desenvolvidas pela USAID, a qual passa a colaborar com o projeto do Banco, na forma de uma organização tripartite: Ministério da Educação/USAID/BIRD.

A execução do segundo projeto, a exemplo do seu antecedente, sofreu conseqüências diretas da situação econômica do país, no tocante à destinação de recursos para a contrapartida nacional. Esta dificuldade deveu-se principalmente à inadimplência dos Estados, os quais se responsabilizavam por 20% dos recursos nacionais. Por esta razão o projeto sofreu atraso de quatro anos para sua conclusão, além de terem sido cancelados cerca de 2,6 milhões de dólares.

Outras dificuldades institucionais foram determinantes. Entre elas, algumas mudanças na legislação educacional no ano de 1975 afetaram profundamente o projeto, o qual havia sido concebido segundo o modelo da reforma de 1971. Assim, a descontinuidade da política educacional tornou obsoletos os objetivos do projeto, ainda no segundo ano de sua implantação. Outras alterações sucessivas na equipe de gestão também contribuíram para o retardamento das ações.[8]

---

8. Inicialmente de responsabilidade do PRODEM (Programa para o Desenvolvimento do Ensino Médio), a gestão do projeto foi transferida ao PREMEN (Programa para o Desenvolvimento do Ensino de Primeiro Grau) e posteriormente ao CEDATE (Centro de Desenvolvimento e Apoio Técnico à Educação). Estes órgãos foram criados, desde o final dos anos 60, especialmente para o gerenciamento de acordos internacionais.

Quanto a seus resultados físicos, o projeto não logrou alcançar as metas previstas. Embora o número de escolas construídas (51) tivesse ultrapassado a previsão (46), um número de sete escolas não apresentavam condições de funcionamento, no final de oito anos de execução do projeto. Conseqüentemente, o número estimado de oferta de vagas foi reduzido de 81 mil para 68 mil. Destas, apenas 57% foram realmente ocupadas. Quanto ao componente aquisição e instalação de equipamentos nas escolas, 70% da previsão foram cumpridos. No entanto, consta que apenas 25% destes equipamentos foram efetivamente utilizados.

Outras dificuldades impediram a eficácia do projeto. A meta de ampliar a oferta de ensino para a população mais pobre foi prejudicada pela localização inadequada das escolas, o que provocou significativa evasão de alunos, especialmente entre os mais necessitados.

No período de 1983 a 1990, foi executado outro acordo para o ensino técnico de nível médio, o quarto na ordem cronológica dos financiamentos do BIRD para a educação brasileira. O financiamento deu continuidade ao primeiro acordo, em vista do seu objetivo de contribuir para a melhoria dessa modalidade de ensino.

No início dos anos 80, o Banco adota novo modelo de financiamento denominado crédito de base política (*policy based loans*), destinado a promover políticas de ajustamento entre os países em desenvolvimento afetados pelo desequilíbrio econômico que caracterizou os anos 80. Estes créditos podem ser voltados para o ajuste dos diferentes setores socioeconômicos, sendo denominados "créditos de ajustamento setorial" (*sector loans*).

Embora o Brasil não tenha rigorosamente desenvolvido acordos de ajuste setorial, os dois últimos projetos combinaram cláusulas convencionais, próprias dos créditos de investimento, com algumas características setoriais. Essa nova modalidade de empréstimo tem sido apresentada pelo Banco como mais vantajosa para o tomador do ponto de vista técnico e financeiro, em relação aos financiamentos convencionais. Do ponto de vista técnico, a nova sistemática permitiria maior participação do usuário na definição das ações e também maior flexibilidade na sua execução.

Uma outra vantagem seria a possibilidade de estender ações específicas de um determinado elemento educacional, no limite de um projeto, ao conjunto do setor educativo. Em conseqüência, esta modalidade de empréstimos representa uma possibilidade de participação do Banco nas definições de objetivos políticos e institucionais para o setor como um todo.

Em virtude destas modificações introduzidas na estrutura dos financiamentos, contava-se com possibilidade de participação do quadro local na fase de planejamento, e também com condições mais flexíveis para a fixação da contrapartida nacional, o que significa que esta nova modalidade de empréstimo deveria permitir o ressarcimento mais rápido do BIRD e, portanto, captação mais substancial de recursos externos.

Assim, o projeto gozava, técnica e financeiramente, de situação favorável para o bom desempenho dos seus objetivos. Sem considerar que, sendo o quarto projeto na ordem dos financiamentos do BIRD, contava com a experiência desenvolvida anteriormente. Não obstante, o projeto sofreu as mesmas pressões administrativas que o seu antecedente, decorrentes da situação política e econômica que caracterizou os anos 80. Tendo sido prevista para o período de 1980 a 1984, a execução do projeto estendeu-se até 1990, o que significa um atraso de quatro anos para sua conclusão. Acresce ainda o fato de que o crédito sofreu um cancelamento de cerca de US$ 7 milhões, devido ao fraco desempenho físico e financeiro do projeto.

Alguns fatores relativos à situação econômica do País foram determinantes para o mau desempenho do acordo, como a intensificação inflacionária e a desvalorização da moeda nacional face ao dólar. Um outro fator foi determinante: a implantação de reforma administrativa do setor público, nos anos 80, gerou maior complexidade do sistema de transferência de recursos no âmbito do Ministério.

Estes fatores explicam a fraca captação de recursos externos do financiamento, assim como o atraso na execução de metas relativas à construção e aquisição de equipamentos e de material. Por outro lado, uma nova lei nacional de importações restringia a destinação de recursos para a contrapartida nacional dos financiamentos, assim como para a importação de equipamentos. Esta medida provocou atrasos, especialmente para compra de itens importados, o que constituía uma das exigências do acordo.

Outras razões de ordem política explicam as dificuldades do projeto. O início da discussão legislativa sobre os novos rumos da educação nacional, no curso da segunda metade da década de 80, certamente provocaram alterações nas decisões afetas aos acordos externos.

A descontinuidade administrativa que caracterizou o Ministério durante os anos 80 deslocou o foco de atenção do projeto internacional para um programa nacional de impacto para o ensino técnico (Programa de Expansão e Melhoria do Ensino Técnico — PROTEC). Este programa, criado em

1986, definia objetivos semelhantes aos do projeto internacional, à diferença que dispunha de recursos pelo menos cinco vezes mais vultosos.

Por esse motivo, o projeto BIRD sofreu, durante a sua execução, com a falta de interesse político. Esta dificuldade incidiu diretamente sobre a destinação de recursos de contrapartida e a conseqüente captação de divisas externas, o que explica em parte o fraco desempenho financeiro.

Ainda que a sua execução tenha sido estendida para três anos além da previsão, o projeto não logrou assegurar sua eficiência. Do total de recursos previstos, uma parte significativa, correspondente a 35% do crédito externo, foi cancelada em 1991. Em relação à previsão, o custo total foi aumentado em cerca de 35%. Dos US$ 45,4 milhões estimados, o projeto custou US$ 61,4 milhões ao país.

Embora o segundo acordo para o ensino técnico não conte ainda com a avaliação final no âmbito do Banco, devido ao prazo de cinco anos estipulado para a realização dessa avaliação, a observação dos relatórios internos do Ministério sobre o desempenho do segundo projeto para o ensino técnico mostra que as ações desenvolvidas não corresponderam às metas fixadas pelo planejamento.[9] De acordo com a estimativa, o objetivo de construção previa a realização de reformas e ampliações de 37 estabelecimentos de ensino industrial e de 49 do ensino agrícola, em benefício de, respectivamente, 70.736 e de 17.148 alunos de escolas federais e estaduais.

Os resultados obtidos quanto aos componentes físicos mostram que o projeto não alcançou o desempenho esperado. Considerando-se as previsões para o ensino industrial e agrícola, o componente construção atingiu 76% de suas metas. Os itens aquisição de materiais e equipamentos não chegaram a 60% das metas previstas.

Com base nos dados acima, é evidente que a experiência vivenciada no primeiro projeto do BIRD para o ensino técnico não contribuiu para o desempenho mais eficiente do segundo projeto. Tomando-se por base a realização dos componentes físicos dos dois acordos, no que concerne à totalidade dos componentes financiáveis, vê-se que o segundo projeto não logrou alcançar mais impacto que o seu antecedente.

A partir da década de 80, o Banco passa a privilegiar o ensino de nível fundamental, de acordo com as diretrizes políticas internas a essa

---

9. Os dados correspondem ao período de execução do acordo (1983-1990). Em virtude do cancelamento do acordo, em 1990, os dados referentes aos objetivos educacionais do projeto não se encontram disponíveis.

agência, já comentada anteriormente.[10] Assim, no período de 1980 a 1987, foi desenvolvido um projeto nos Estados do Nordeste (o terceiro na ordem cronológica dos acordos BIRD), com o objetivo de promover a melhoria e o acesso ao ensino primário, no âmbito de cerca de quatrocentos municípios do meio rural da região.

Outro crédito destinou-se à educação inicial das regiões Norte e Centro-Oeste, com duração de 1984 a 1992 (quinto acordo MEC/BIRD). Quanto a seus objetivos, este projeto para a educação fundamental assemelhava-se ao anterior. O critério para seleção das escolas a serem beneficiadas pelo projeto, além de incluir objetivos educacionais, reforçava também indicadores de demografia, como o estabelecimento de prioridades para os municípios onde o crescimento populacional atingisse a taxa de 4% ao ano. Embora o texto do Acordo não permita conclusões mais precisas, é possível a interpretação de que esse critério tenha sido enfatizado em atendimento à orientação central do BIRD, no que concerne à relação educação primária/demografia.

Os financiamentos para a educação primária, desenvolvidos durante os anos 80, gozavam de algumas condições favoráveis para sua execução. Primeiramente, esses projetos contaram com a experiência anterior de dois empréstimos do BIRD. Segundo, porque o projeto foi concebido segundo a nova sistemática de empréstimo que previa maior flexibilidade na fixação das cláusulas do contrato, assim como a possibilidade de maior participação local no planejamento.

Porém, igualmente aos financiamentos para o ensino profissional, a execução dos dois projetos para a educação fundamental não resistiu às dificuldades de ordem econômica (como o recrudescimento da inflação e a oscilação do câmbio) e de ordem institucional (incompatibilidades entre as exigências internacionais e as condições administrativas do setor educacional). Ambos os projetos sofreram atrasos significativos na sua execução, sendo que o último teve, como conseqüência, o cancelamento de cerca de US$ 7 milhões.[11]

---

10. Veja BIRD, (1980; 1983b; 1990a). Memorando, 1983; BIRD, Improving Primary Education, 1990.

11. As informações sobre o desempenho dos projetos de educação fundamental encontram-se em relatórios técnicos e financeiros, elaborados no âmbito do Ministério da Educação e da Fazenda: BIRD/BRASIL/Monhangara (1984). MEC, Brasil/Edurural (1980); MEC/SENEB (1991); MEC/CEDATE (1987); MEC/FJP (1987-89); MEC/UFC/FCPC (1987). Os dados referentes ao último projeto são ainda preliminares, em virtude de terem sido elaborados na fase de conclusão do acordo. A avaliação final, de responsabilidade do BIRD, é realizada somente depois de cinco anos após a conclusão dos projetos.

Os resultados alcançados nos dois projetos de educação primária deixaram a desejar em relação aos objetivos propostos. O primeiro projeto, desenvolvido na Região Nordeste, foi avaliado positivamente em termos do alcance de suas metas físicas (construção e reformas escolares). No entanto, apenas 70% das construções escolares atingiram nível aceitável de qualidade. Esta situação se repete em relação à aquisição de equipamentos para as escolas.

Em termos de sua contribuição para a melhoria do fluxo escolar e da aprendizagem dos alunos, como também da formação dos professores, a comparação realizada entre as escolas que foram assistidas pelo projeto e aquelas que contaram apenas com recursos ordinários do Estado mostrou que o financiamento internacional não logrou modificar os indicadores de eficácia educacional após a conclusão do projeto.

O segundo projeto de educação primária, desenvolvido nas regiões Norte e Centro-Oeste, repetiu a *performance* de seu antecedente. Embora não se conte ainda com avaliação final, em vista do recente cancelamento do projeto, os dados sobre o desempenho físico, no período de 1984 a 1990, mostram que o projeto não logrou alcançar suas metas de construção e de equipamentos para as escolas.

Alguns indicadores educacionais que o projeto previa modificar, como, por exemplo, as taxas de expansão escolar, de evasão e de repetência, não sofreram alterações por conta do projeto. Assinale-se que este incorporava apenas cerca de trinta localidades, enquanto o anterior atendeu a mais de trezentas.

De acordo com os resultados aqui esboçados, o desempenho dos cinco projetos co-financiados pelo BIRD mostrou-se aquém do limite esperado. Além de não ter alcançado o ideal de eficiência e de eficácia, a cooperação técnica do Banco, desenvolvida na forma de co-financiamento, mostrou-se financeiramente dispendiosa. Os dados levantados no âmbito deste estudo mostram que a participação financeira do Brasil tem sido bem maior do que a do Banco.

O atraso na execução dos projetos provocou significativo aumento dos custos finais dos empréstimos (à exceção do terceiro acordo). Além disso, é necessário lembrar que os dois últimos projetos sofreram cancelamentos de cerca de US$ 7 milhões cada um, em virtude do mau desempenho físico.

A tabela abaixo mostra o total de recursos (previstos e gastos) nos cinco projetos, apresentados na ordem cronológica de execução, assim como a participação financeira do BIRD e do Brasil.

Participação do Brasil e do BIRD de 1971 a 1990 (US$ mil)

Projetos previstos	Total de recursos gastos*	Total de recursos	Crédito BIRD (%)	Participação nacional (%)
1º	21.000	24.300	34,5	65,5
2º	58.200	63.600	32,5	67,5
3º	91.400	89.000	36,0	64,0
4º	45.400	61.425	22,0	78,0
5º	80.000	81.276	34,0	66,0

Fonte: MEC/BIRD/MEFP: Relatórios financeiros dos projetos.
Obs.: O segundo acordo sofreu cancelamento de US$ 2,8 milhões. O quarto e o quinto sofreram cancelamentos de cerca de US$ 7,0 milhões cada um.

Levando-se em conta as duas modalidades de financiamento, verifica-se que os três primeiros projetos, desenvolvidos pelo modelo de financiamento mais convencional, garantiram a participação média de 34,3% do financiamento do Banco. As duas experiências desenvolvidas durante os anos 80, contrariamente à expectativa gerada pela maior flexibilidade do financiamento, mostraram-se menos vantajosas: a participação do Banco limitou-se à taxa média de 28,0% do total de recursos gastos nos projetos.

A análise dos dados financeiros mostra ainda que os projetos tornaram-se caros para o Brasil. Neste período, o Brasil recebeu cerca de US$ 100 milhões para os cinco projetos de educação básica. Para fazer juz a esta soma, o Brasil investiu quantia maior do que o crédito externo, considerando-se apenas as despesas de contrapartida. A soma dos serviços da dívida representa também despesas pesadas para o setor educacional. Além desses encargos, o pagamento da dívida será acrescido de ajustes cambiais, em razão da utilização, pelo BIRD, dos fundos da cesta internacional de moedas, cujo risco é do país tomador.

Vale assinalar que essas despesas representam apenas os custos diretos do financiamento. Outros gastos são devidos aos custos indiretos, decorrentes do próprio processo de negociação dos projetos, cujas fases de identificação, preparação e definição podem exigir um período de três a oito anos para serem cumpridas. As despesas inerentes a essas atividades correm por conta do Ministério, incluindo-se aí a realização de diagnósticos, utilização de consultorias, viagens de reconhecimento aos estados, recepção às missões do Banco, entre outros. Considere-se também que a despesa dos projetos tem sido freqüentemente complementada com recursos dos estados e dos municípios, além de absorver recursos de outros projetos especiais financiados pelo MEC. Estas últimas despesas não são totalmente computadas no custo final dos projetos internacionais.

A definição do sexto projeto de financiamento do BIRD ao Ministério da Educação, assinado em 1993, pode ser observada sob esse ângulo.[12] As ações de identificação e de preparação do projeto iniciaram-se em 1982, ainda em plena fase de implantação do quarto e do quinto projetos, tendo-se estendido pelo período de nove anos. A negociação deste acordo desenrolou-se num clima de instabilidade administrativa, que alternou aceitação e recusa à assinatura do mesmo.

Durante esse longo período de negociação, pode-se perceber que, até o ano de 1990, antes mesmo da assinatura do acordo, o futuro financiamento já significava uma sobrecarga técnica e financeira para o Ministério e para os estados. Entre as atividades desenvolvidas, citamos:

- a realização de 21 estudos e diagnósticos no âmbito do MEC e dos Estados, alguns entre eles exigindo a contratação especial de consultores;
- a destinação de recursos adicionais do MEC para os estados para o desenvolvimento de ações preliminares à implantação do projeto;
- a elaboração de, no mínimo, cinco propostas de programação, envolvendo participantes de vários ministérios, dos estados e de órgãos regionais de desenvolvimento, entre outros;
- o trabalho de recepção a sucessivas missões do BIRD, que consomem significativos esforços técnicos tanto do Ministério quanto dos estados.

Conclusão

A receptividade que o Ministério da Educação demonstrou à cooperação técnica do BIRD, no início dos anos 70, devia-se à grande expectativa gerada pela possibilidade de correção de problemas estruturais da educação e também por outros benefícios técnicos e financeiros atribuídos à cooperação. Esperava-se que a experiência gerencial dos projetos pudesse ser repassada à administração como um todo, enquanto modelo de modernas gerências e de racionalidade técnica requeridas pelas ações de modernização administrativa do setor público, sob inspiração do Decreto-Lei 200/67.

---

12. Trata-se do Acordo de Educação Fundamental para o Nordeste, assinado em 1993 (Projeto Nordeste).

A realidade desses vinte anos vem mostrando que as pretensas vantagens acenadas pelos organismos internacionais não têm beneficiado o setor educacional brasileiro. O exame do desempenho dos projetos do ponto de vista de sua eficiência interna, isto é, em relação ao alcance das metas estabelecidas, ao tempo despendido para a execução e às despesas decorrentes, tem-se mostrado muito aquém do limite desejável.

Examinando-se os projetos do ponto de vista de sua eficácia para a correção de problemas estruturais da educação brasileira, conclui-se que apresentaram efeitos pouco significativos no que se refere ao desempenho escolar, especialmente no nível do ensino fundamental.

No que concerne à inserção dos projetos no âmbito do ensino técnico de 2º grau, vale lembrar que algumas inovações relevantes foram introduzidas, no começo dos anos 70, na estrutura das escolas industriais e agrotécnicas: essas inovações referem-se, respectivamente, à criação de cursos de curta duração de engenheiros de operação (hoje integrando os Centros Tecnológicos) e à adoção do modelo escola-fazenda.

Esses modelos não contaram com o devido trabalho de avaliação ao longo dos vinte anos de experiência: primeiro como verificação da efetividade de seus resultados em relação aos objetivos sociais e econômicos que lhes foram atribuídos; segundo porque, enquanto modelos experimentais, caberia considerar a sua extensão para outros centros de ensino do sistema estadual e municipal.

Se alguns resultados positivos ocorreram, foram restritos a um ou outro componente do programa, beneficiando limitadamente um município ou determinadas escolas. Ainda nestes casos, os benefícios não têm durado para além do tempo de execução dos projetos: esgotados os recursos adicionais, as ações voltam ao lugar comum da rotina educacional brasileira. Esta conclusão é especialmente significativa se atentarmos para o objetivo de impacto estrutural dos projetos internacionais, que constitui uma das argumentações mais utilizadas pelo Banco junto à administração local, para a aceitação de suas condições financeiras.

A verificação de outro objetivo da cooperação técnica, referente ao aproveitamento da experiência dos projetos para a melhoria da administração educacional como um todo, enquanto modelos de racionalidade técnica e de modernas gerências, mostra que o Ministério não alcançou aproveitar-se das experiências para a melhoria de seu processo de planejamento e de gestão.

Embora o quadro brasileiro, tanto no âmbito central do Ministério, como no âmbito estadual, guardasse grandes expectativas quanto ao benefício institucional que poderia advir da experiência do Banco, apenas reduzidos segmentos técnicos e do quadro dirigente beneficiaram-se do aperfeiçoamento.

A verificação dos resultados dos acordos do ponto de vista do desenvolvimento de técnicas de planejamento e de elaboração de projetos mostra que, até o momento, apenas um número pouco significativo de participantes entre o quadro técnico no âmbito do Ministério e das unidades da federação foi beneficiado. Caberia, pois, considerar a possibilidade de que este tipo de aperfeiçoamento possa ser alcançado por meio de outra modalidade de cooperação técnica que seja financeiramente menos comprometedora para a administração brasileira e que permita resultados mais abrangentes.

A análise dos resultados financeiros suscita a indagação sobre a real necessidade do financiamento externo à educação brasileira, tendo-se em conta as despesas decorrentes dos empréstimos e a fraca captação de recursos para o setor. Este tema vem sendo questionado por determinados segmentos técnicos e dirigentes do MEC, segundo os quais algumas ações decorrentes dos acordos externos, especialmente no nível do ensino básico, poderiam perfeitamente ser desenvolvidas com a parte nacional dos recursos.

As dificuldades financeiras dos projetos educacionais podem ser também atribuídas ao próprio modelo de financiamento, que segue as mesmas regras fixadas para os acordos comerciais: assim, as ações voltadas para a educação são caracterizadas pelo formalismo próprio aos acordos econômicos e a seus corolários de inflexibilidade financeira e técnica. Os acordos definem *a priori* uma racionalidade própria (modelos de gestão e de organização) que irá provocar incompatibilidades de ordem administrativa e financeira, no seu confronto com a organização local.

Entre outros problemas, incluem-se a questão dos prazos fixados para a execução das ações e de prestação de contas, a exigência de equipes especiais de gerência no âmbito central e estadual, a obrigatoriedade de elaboração de relatórios, entre outros. Além desses fatores, cabe assinalar também a dificuldade do controle de atividades disseminadas por inúmeros municípios, com diferenciada capacidade organizacional para a sua execução.

No curso de duas décadas de experiência, vários estudos específicos foram realizados no âmbito do Banco Mundial e dos órgãos executores dos projetos, os quais constituem um conjunto de considerável relevância para a compreensão das dificuldades que impediram o bom desempenho dos projetos e também de indicações para superação das mesmas.

No entanto, estes estudos não têm sido levados em conta para a correção de problemas ou para a decisão sobre futuros acordos. Por esta razão, o processo de negociação de novos projetos parte sempre de um recomeço, onde cada projeto constitui um fato em si, sem conexão com as experiências anteriores. Desta forma, o trabalho de identificação e de negociação dos projetos, que exige considerável esforço físico e financeiro do setor, constitui-se em instrumento para a auto-preservação do processo de cooperação.

Os estudos de pré-inversão constituem um exemplo ilustrativo do interesse do BIRD na continuidade do processo: por meio deste componente,[13] são realizados diagnósticos e levantamentos de informações, freqüentemente através de contratação de consultorias, que possibilitam a definição de futuros projetos do Banco. Embora esses estudos acarretem despesas consideráveis, não se tem notícia de que tenham sido utilizados fora do limite do processo de preparação dos projetos.

É de se notar também que, a despeito de que os resultados dos projetos não se tenham mostrado condizentes com as propostas de eficiência e de impacto que apresentavam, a expectativa do quadro técnico em relação a essas pretensas vantagens vem sendo renovada ao longo da negociação de sucessivos projetos de financiamento.

Desse modo, aqueles objetivos que não lograram impor-se na prática, ao longo de vinte anos de experiência, são acolhidos como propostas inovadoras. Merece ser lembrado que o segundo projeto, desenvolvido no início dos anos 70, já havia definido, como objetivo central, a orientação do BIRD e da USAID em reforço ao sistema de planejamento e de gestão das secretarias de educação de diversos estados. Esta diretriz foi também enfatizada na preparação do terceiro e do quinto projetos e vem sendo apresentada como proposta central para o sexto acordo, em fase de execução.

A explicação para tal continuísmo pode ser encontrada no desconhecimento da história dos financiamentos, por parte de dirigentes e de técnicos que participaram direta ou indiretamente dos projetos.

Para isso contribui o próprio modelo de administração dos financiamentos, que conta com unidades gestoras especiais. Ao serem encerradas as atividades de um determinado acordo, as unidades gerenciais são extintas e as informações se diluem na rotina administrativa, limitando-se ao co-

---

13. Os estudos de pré-inversão ou de pré-investimento, fazem parte dos itens financiáveis (ou componentes) de todos os projetos de financiamento do BIRD.

nhecimento de reduzido número de pessoas no âmbito do Ministério ou que já se deslocaram para outros órgãos, senão para o setor privado.

Por outro lado, a oscilação política do Ministério atinge também a organização dos quadros técnicos, provocando o rodízio de equipes e o deslocamento de centros de decisão de um setor para outro. Em decorrência, as informações vão-se fragmentando, o que explica que apenas alguns segmentos técnicos e decisórios, além do próprio Banco, mantenham o conhecimento sobre o processo como um todo.

Acresce ainda o fato de que a exigência de sigilo sobre a negociação de projetos, própria à natureza do modelo de cooperação do BIRD, impede a necessária divulgação de informações referentes aos financiamentos.

Seria oportuno, neste momento, que o setor educacional definisse diferentes formas de cooperação internacional, cujas condições fossem financeiramente mais brandas e que não trouxessem a complexidade operacional, própria aos projetos do BIRD. Além disso, a cooperação internacional não constitui um instrumento adequado para fazer funcionar o sistema de ensino como um todo, o que constitui papel precípuo do Estado. Caberia considerar, por exemplo, a concentração dos recursos da cooperação internacional em campos mais específicos do conhecimento educacional, de forma a permitir acompanhamento mais sistemático das ações e o seu posterior aproveitamento para o sistema.

Finalmente, julgamos que os resultados aqui apresentados possam ter o mérito de suscitar a atenção dos decisores quanto à necessidade de aprofundar a reflexão com respeito à continuidade da cooperação internacional. Este requisito será a garantia de que os benefícios dos projetos respondam menos aos interesses do BIRD e de determinados segmentos políticos locais e que voltem-se mais para o atendimento das necessidades do nosso sistema de ensino público.

Evolução do desembolso previsto e efetivo do 2º projeto do BIRD

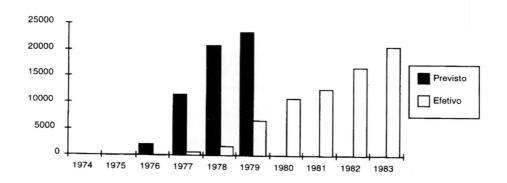

Despesas dos projetos de 1971 a 1990 – (US$ mil)

Projetos	Empréstimo externo	Contrapartida nacional	Serviços	Amortização	Ajust. de câmbio	Dívida corrigida[1]
755	8.4	15.9	7.3	2.6	3.6	9.4
1067	20.7	42.9	17.0	3.3	7.4	24.8
1867	32.0	57.0	11.6	20.0	5.6	17.6
2366	13.5	47.9	4.5	5.8	1.9	9.7
2412	27.5	53.7	7.9	10.0	3.3	20.8

Fonte: Brasil/MEFP/DTN/COAUD. BIRD: Statement of Loans.
1. Dívida corrigida = Empréstimo - amortização + ajustamento de câmbio.

Referências bibliográficas

BIRD. (1971). *Education, étude sectorielle*. Washington.

_____. (1974). *Education, politique sectorielle*. Washington.

_____. (1980). *Education, politique sectorielle*, 3ª ed. Washington.

_____. (1983a). *Focus on poverty: a report*. Washington.

_____. (1983b). *Memorando sobre o subsetor da educação básica. Problemas principais*.

_____. (1984). *Brasil/MONHANGARA: Relatório de avaliação técnica de um projeto de ensino básico no Norte e no Centro-Oeste*.

_____. (1986). *Brazil: Finance primary education: A World Bank country study*. Washington.

_____. (1988). "Protecting the poor during periods of adjustment". *World Bank News* VII (36), set.

_____. (1990a). *Improving Primary Education in Developping Countries. A review of Policy Options.* Prepared by Marlaine E. Lockead and Adrian M. Vespoor fov the participants at the Conference on Education for All, in Bangkok, mar., 1990. Washington.

_____. (1990b). *The dividends of Learning*. Washington.

BIRD/FMI. (1988). "Fund Supported Adjustment Programs and the poor". *Finance and Development*. Washington.

CLAUSEN, A. W. (1981). "Discurso pronunciado en la reunion de gobernadores del Banco Mondial". *Revista del Banco de la Republica*, 54 (647): 16-23, set.

CONABLE, Barbie. (1986). *Adress to the board of governors of the world Bank and FMI*. Washington.

McNAMARA, Robert, S. (1972). *Discours prononcé au Conseil de Gouverneurs à Nairobi*. Washington, Banco Mundial.

MEC. (1980). *Brasil/EDURURAL: Relatório de avaliação de um projeto de educação básica para o Nordeste*.

_____. (1983). *Relatório Final do Segundo Acordo MEC/BIRD — 1067/ /BR*. Rio de Janeiro.

MEC/CEDATE. (1987). *Levantamento de dados e análise estatística sobre a freqüência nas escolas construídas pelo EDURURAL*. Brasília.

MEC/CEDATE/PREMEN. (1981). *Relatório de Desenvolvimento do Projeto 1067/BR*. Rio de Janeiro.

MEC/FJP/Equipe Educação. (1987-1989). *Balanço preliminar do Programa Monhangara*. Belo Horizonte (vol. 1-11), Fundação João Pinheiro.

MEC/PRODEM/BIRD. (1978). *Esboço de Verificação de Conclusão do 1º Projeto de Educação no Brasil*. Brasília.

MEC/SENEB. (1991). *Relatório do Programa Monhangara*. Brasília.

MEC/SENETE. (1990). *Relatório do Programa de Melhoria do Ensino Técnico e Agrícola e Industrial (2366-EDUTEC)*. Brasília, MEC.

MEC/UFC/FCPC. (1987). *Avaliação da Educação rural básica no Nordeste Brasileiro*, vol. 1-5, Univ. Federal do Ceará.

NASCIMENTO, Osvaldo Vieira. (1987). *O Ensino Industrial no Brasil*. Rio de Janeiro, SENAI.

Anexo

*Debates realizados no seminário "O Banco Mundial e as políticas de educação no Brasil"**

1. Políticas e formas de atuação do Banco Mundial

— **Pedro Serra (Ministério de Educação do Chile):**

Quero pedir ao Prof. Coraggio para analisar algumas outras fontes de pensamento sobre políticas educativas, como aquelas de UNESCO e CEPAL, e sua relação com o Banco Mundial. Como ele vê essas diferentes vertentes? Elas são realmente distintas ou o Banco Mundial possui forte influência também sobre as políticas educativas destes centros de inteligência?

— **José Luis Coraggio:**

A pergunta é oportuna, pois no mundo dos organismos internacionais, há alguns próprios da região, como o Banco Interamericano de Desenvolvimento, a CEPAL, ou a UNESCO-OREALC. Eles fazem parte de uma inteligência internacional, mas que enfoca, sobretudo, a América Latina. A pergunta seria: o que se pensa, em nível internacional, quando se pensa na América Latina? Há uma coincidência efetiva: a prioridade para a educação. O documento de CEPAL-OREALC fala da educação e do conhecimento como eixo da transformação produtiva com eqüidade. Isto viria substituir o paradigma do crescimento e do desenvolvimento dominante

---

* Os debates, gravados e transcritos, foram editados por Madza Julita Nogueira e Livia De Tommasi.

na época anterior. A CEPAL coloca a necessidade da transformação produtiva, mas com eqüidade, uma vez que a transformação produtiva leva a uma polarização social. Assim, a educação é apresentada como intervenção fundamental.

Indo além desta coincidência, quais seriam as diferenças? A CEPAL quantificou os recursos que seriam necessários para dar conta, apenas, de expandir e melhorar a qualidade da educação básica, incluindo elementos como a educação de adultos, a permanência dos centros de tecnologia etc. O resultado é "imbancável". Não há crédito de nenhum banco que possa pagá-lo. Implicaria em duplicar os orçamentos educativos em geral. Os organismos internacionais de crédito participam com menos de 1% neste orçamento. Os recursos deveriam sair, talvez, dos gastos militares, uma fonte importante de verbas que poderiam ser transferidas.

Acredito que CEPAL e OREALC incorrem, eles também, em alguns dos problemas da argumentação do Banco e dos economistas. Fundamentando-se em estudos estatísticos mostram, por exemplo, que se você investe uma quantidade "x" para fazer com que uma pessoa que não sabe ler nem escrever aprenda a fazê-lo, o aumento na renda dessa pessoa será muito significativo. A mesma quantidade de recursos, empregada para melhorar a educação de alguém que vai fazer um pós-doutorado em Harvard, terá um impacto mínimo ou nulo sobre sua renda. Partindo deste argumento, chega-se à conclusão de que investir no ensino primário é o melhor meio de se aumentar a receita nacional. Mas não se resolve o problema de onde e como os conhecimentos e capacidades adquiridas na escola básica serão aplicados. Não se encara o problema dos rumos que o mercado irá tomar no futuro, como resultado do processo de estruturação econômica em curso. Embora não o digam com a mesma força do Banco Mundial, de fato admitem que o mercado mundial, em interação com as políticas estatais, irá determinar o tipo de demanda por qualificação que existirá.

Faz-se necessário um esclarecimento importante: o Banco Mundial estabelece a competitividade como relação fundamental para que exista eficiência e eqüidade. Não é pela solidariedade do Estado com a sociedade e os pobres, mas somente através da competição que os problemas serão resolvidos. Por parte dos organismos latino-americanos, ao invés, nota-se um desejo de que o Estado intervenha. Porém não se fala de algo que me parece fundamental: a massa de futuros trabalhadores com educação básica, terá de competir não apenas entre si, mas com os milhões de trabalhadores excedentes do mundo. Porque o mercado de trabalho também está sendo globalizado: os trabalhadores chilenos, os argentinos, os brasileiros, vão ter de competir com os trabalhadores de Cingapura, da China ou de qualquer outro lugar. Irão competir com os centros da mais alta tecnologia e com a mão-de-obra quase escrava que há em outras zonas do mundo.

Supõe-se que a educação básica irá se converter em maior renda para quem a recebe. Com um mercado desta natureza, não fica claro como mais educação poderá resultar em maior renda. Pelo contrário, parece que não.

A análise econômica está incompleta, não está terminada. O problema é que estas instituições colocam limites àquilo que seus funcionários podem dizer. A nossa responsabilidade é, portanto, completar o discurso, apontar conclusões que eles não podem tirar.

— **Pablo Gentile (Universidade Federal Fluminense):**

Quero discutir a perspectiva do Prof. José Luis, que é otimista a respeito da possibilidade de um diálogo com os intelectuais do Banco Mundial. Embora eu reconheça que eles não constituem uma unidade estruturada, um bloco claramente definido e uniforme, apresentam uma clara orientação comum, que constitui a política oficial do Banco Mundial. Qual a validade ou a vantagem que pode ter esse tipo de diálogo, tendo em vista que estudos da UNESCO, utilizando as mesmas categorias do Banco Mundial para medir a qualidade, mostram que os países que têm desenvolvido programas de ajuste econômico, não melhoraram a qualidade da educação.

Além disso, sabemos que o Banco Mundial empresta dinheiro em condições muito piores que as dos bancos privados. O dinheiro do Banco Mundial é um dinheiro caro. Se o dinheiro é caro, é emprestado em condições de controle ideológico, político e econômico, com esse ajuste econômico que não melhora as condições de eficiência e produtividade do sistema de ensino, medidas pelo próprio Banco Mundial, não haveria uma solução melhor do que tentar encontrar uma saída através do diálogo? Limitar ou suspender os créditos internacionais às políticas sociais, embora possa parecer mais radical, parece ser a única saída para se começar a pensar uma alternativa, a fim de se investir mais produtiva e democraticamente na educação.

Concluindo, embora o Banco Mundial não seja uma instituição conspirativa, é como diz o ditado espanhol: "yo no creo en brujas, pero que las hay, las hay".

— **Jorge da Rocha Gomes (Faculdade de Saúde Pública da USP):**

Como é feita a avaliação dos projetos do Banco Mundial?

— **Elba de Sá Barreto (Fundação Carlos Chagas e Faculdade de Educação da USP):**

Análises brasileiras sobre orientações neoliberais têm mostrado que, principalmente em educação, o corpo destas orientações é uma salada de frutas pouco consistente. Juntou-se um pouco de tudo o que existe num receituário que pretende ter efeitos práticos e que gera confusão. Propostas diferentes, que vinham sendo amadurecidas politicamente em várias fontes, em várias origens nacionais e internacionais, foram acopladas e sofreram uma redefinição. Muitas de nossas teses, de inspiração democrática progressista, pelas quais lutamos há anos, estão presentes, mas colocadas de uma outra maneira, dentro de um contexto diferente.

Isso ocasiona perplexidade, não quando nos limitamos ao trabalho acadêmico, mas quando enfrentamos as grandes redes de ensino, onde muitas das propostas do Banco encontram eco. A força destas propostas e, ao mesmo tempo, sua capacidade de desmobilização, reside no fato de absorverem demandas progressistas, como a priorização do ensino básico, e redefini-las em uma outra perspectiva. No caso do Brasil, esta e outras demandas, como a autonomia da escola, representam uma luta de segmentos democráticos com menor possibilidade de barganha e de expressão. Há, por outro lado, uma inconsistência interna muito grande nas propostas do próprio Banco: por exemplo, um discurso exacerbado sobre a autonomia da escola convive com a defesa de um currículo nacional absolutamente centralizador.

Uma análise mais acurada indica que mesmo os conceitos de eqüidade e de competitividade presentes nos documentos da CEPAL não podem coexistir harmoniosamente, sob o ponto de vista teórico.

— **Maria Clara Couto:**

Não utilizar os recursos do Banco seria uma forma de escapar do controle excessivo sobre as definições das políticas? Para responder esta questão é preciso levar em conta alguns aspectos. Primeiro, os bancos multilaterais têm uma importante diferença em relação aos bancos privados: a questão do prazo do financiamento. Os organismos multilaterais fornecem recursos de longo prazo, cuja importância não pode ser descartada. Na África e em alguns países da América Latina, esta é praticamente a única fonte de financiamento disponível. É muito difícil escapar da utilização desses recursos.

É preciso ainda agregar a este, um segundo aspecto: desde a crise do endividamento, o sistema financeiro internacional passou a atuar em bloco.

A importância do Banco Mundial não reside apenas nos empréstimos pontuais que realiza. Na realidade, o Banco Mundial e o FMI encarregam-se da avaliação sobre o país como um todo. Por exemplo, no início dos anos 90, o Brasil estava em atraso com os pagamentos externos e não fez acordo com o FMI. Em conseqüência, ele teve todas as fontes de crédito fechadas, até as mais tradicionais, que são os empréstimos destinados a financiar as importações brasileiras. Então, mesmo que não utilize diretamente os recursos dessas instituições, se o país não tiver o seu aval, perde o acesso aos recursos internacionais como um todo.

Não considero que o simples fato de se abrir mão dos recursos do Banco Mundial torne a gestão das políticas domésticas mais ou menos democrática. É um processo mais amplo, que passa pela democratização e pela conquista de espaços dentro da própria sociedade brasileira. Há casos em que movimentos sociais, no Brasil, pedem auxílio ao Banco Mundial para que pressione os governos estaduais no sentido de melhorar a implementação de projetos. Na realidade, essa articulação é muito complexa, pois também da parte do governo brasileiro há pouca transparência na divulgação de informações sobre projetos e um gerenciamento muito complicado.

Em relação ao tipo de avaliação que é feita dos projetos do Banco, o mecanismo é extremamente perverso, pois o Banco é muito segmentado. Existe um setor operacional responsável pela implementação dos programas e um outro setor, que é o departamento de avaliação, desvinculado do primeiro. A avaliação, dentro do Banco, só é feita *a posteriori* quando o projeto já terminou. Embora o departamento de avaliação seja, em alguns casos, bastante crítico, suas observações não influenciam o setor operacional.

Existe, ainda, um mecanismo dentro do Banco Mundial, chamado "prestige to lend". O prestígio, dentro do setor operacional, vai para quem consegue fazer muitos empréstimos. Assim, há uma pressão dentro do Banco para a realização de empréstimos. Com a crise da dívida, isso piorou mais ainda, porque os países em desenvolvimento começaram a fazer transferências líquidas de recursos para o Banco Mundial. Aumentou, portanto, a pressão para um maior desembolso de recursos para esses países. A orientação, dentro do Banco, é: "temos que emprestar", qualquer que seja a qualidade do projeto. O próprio Banco faz projetos para os países e tenta vendê-los independentemente do fato de incidirem sobre setores prioritários ou não dentro do país. O Banco, como o Coraggio falou, não perde nunca, porque não se pode deixar de pagar empréstimos que foram efetuados. Vários países chegaram a declarar moratória aos credores privados, mas ao Banco Mundial é inadmissível. Inclusive, se o governo não consegue dar andamento aos projetos, começa a haver atrasos, como é o caso do Brasil, onde quase 50% dos projetos estão atrasados. O Banco cobra multas em cima dos recursos não desembolsados. Por isso ele efetivamente não perde nunca. Mesmo que o projeto não seja implementado, o Banco recebe e ainda recebe com os acréscimos das multas. É muito complicado desenvolver um mínimo de autocrítica dentro do Banco, já que a possibilidade de perda não existe. Qualquer banco privado que tivesse, como foi demonstrado em relação ao Banco Mundial, 38% dos projetos que financiou fracassados, fecharia as portas, mas não o Banco Mundial.

— **José Luis Coraggio:**

Temos que fazer um esforço para não chegarmos a conclusões precipitadas nessas discussões, porque é difícil não pensar em conspirações e é fácil encontrar interesses que são beneficiados pela forma como operam esses organismos. A prepotência do poder, no mundo, hoje, se expressa com muita clareza. Por exemplo, na comissão do congresso norte-americano, há uma discussão sobre o que fazer com os aportes ao Banco Mundial e com a ajuda externa. Há pessoas que dizem explicitamente que é preciso acabar com a ajuda externa e colocar mais dinheiro no Banco Mundial. Afinal, a ajuda externa controla muito menos recursos do que controla o Banco Mundial. Cada dólar que os Estados Unidos colocam no capital do Banco, comanda mil dólares de recursos. É um lugar de potencialização, num momento em que os Estados Unidos têm cada vez menos dinheiro para investir no exterior e em que a sociedade nacional pressiona para não mais interferir nos problemas externos e concentrar-se nos internos. O tema da eficácia da utilização do dinheiro como "palanque" de poder internacional passa pelos organismos de Bretton Woods, como o Fundo Monetário Internacional e o Banco Mundial.

A reorganização destes organismos está sendo discutida e, no debate, dificilmente vão estar presentes os povos do mundo. Não sei, entretanto, se esta reorganização é o ponto central. Parece-me que o central são as bases da legitimidade dos nossos governos quando se encontram com o Banco Mundial. O Banco não negocia com as comunidades locais, mas com os governos. Se estes governos, ainda quando foram eleitos, são ilegítimos, não representam os interesses populares, não têm a força de serem realmente representativos, e se, além disso, são corruptos, não podemos esperar que façam outra coisa além de tirar vantagens para si próprios. Portanto, podemos enumerar os interesses do Banco Mundial, mas temos que fazer também uma enumeração dos interesses que estão do lado dos países que tomam empréstimos. Os agentes locais devem ser responsáveis, pois supõe-se que sejam eleitos democraticamente a cada quatro ou cinco anos. Eles devem responder às bases que os votaram, ao contrário do Banco Mundial que não tem eleitores, não precisa prestar contas a ninguém.

Assim, a questão da democracia, de quem participa na discussão das políticas, parece-me fundamental. Não podemos dizer que tudo se resolve democratizando o país e portanto não é necessário discutir educação. Parece-me que, em cada setor, por exemplo no campo da política educativa, temos que ver como se representam os interesses majoritários, como se representa a democracia. Se é um campo de construção de forças, ou apenas de exercício de forças.

Eu às vezes suspeito, buscando bruxas por todos os lados, que os próprios governos estão interessados em divulgar que o Banco Mundial é o único responsável pelas políticas que eles implementam. Ao invés de dizer "somos soberanos", lhes interessa que o responsável apareça como sendo de fora. No meu país essa manipulação é evidente. Não há apenas o Banco Mundial e suas "bruxas", há "bruxas" por todos os lados, ou seja, há interesses em jogo, há contradições por todos os lados. E o que fazer?

Sinto que há uma enorme debilidade do campo popular. Como comentava a Profa. Elba, estamos tão débeis que podem tomar nossas tradicionais bandeiras de luta, assumi-las e confundir, dessa forma, o campo popular. A confusão pode surgir se não houver leitura correta da realidade. Governo e organismos internacionais falam de participação na definição das políticas educativas, mas esta participação é fundamentalmente participar com recursos. Ou seja, a comunidade é incentivada a ajudar a construir a escola ou a fazer as cantinas escolares com a mão-de-obra gratuita das mães. Esse é o conceito de participação que eles têm. Falam também de descentralização, uma bandeira de muitas correntes progressistas. Mas ao lermos os documentos, percebemos que uma das conseqüências da descentralização é o desaparecimento de forças que incidem sobre a política educativa, como por exemplo, o sindicato nacional de professores. O sindicato encontra grande dificuldade em sobreviver num sistema descentralizado, o mesmo acontece com as organizações estudantis, cuja força vem do fato de serem nacionais. Quando se fragmentam, há um enfraquecimento do campo político.

Outra coisa: o Banco toma da educação popular a figura do "professor maldito". Na educação popular o professor sempre foi uma figura má. O professor da escola era considerado um representante do poder, que introjetava os valores da dominação, proletarizava os alunos, instaurava uma relação autoritária, sem diálogo, sem encontros. O Banco, por sua vez, diz que o principal obstáculo à modificação do *status quo* são os professores. Portanto, "não vamos investir nos professores", "não lhes aumentemos os salários". Ou seja, existem umas tantas coincidências paradoxais. Não estamos dizendo que hoje seja esse o discurso da educação popular. Mas o campo da educação popular deve repensar a escola, o professor, o sistema educativo formal. Este é seu desafio.

Depois de identificar problemas, contradições, tensões, inconsistências na política do Banco, qual seria o passo seguinte? De toda maneira, teremos que dialogar, contestar idéias e políticas. Para isso é preciso possuir uma proposta alternativa, melhor, com valores distintos, com uma fundamentação mais séria. Se houver possibilidade de discutir, com aqueles que fazem as políticas educativas, quais são seus fundamentos, se a sociedade puder organizar-se para essa discussão, com o auxílio de intelectuais, isso ajudará a desmontar uma das fontes do poder, que é o manto científico de que se reveste. Não vai, entretanto, desmontar o poder da dívida.

Se estivéssemos em condições de dizer "não se paga a dívida", estaríamos em condições de fazer muitas outras coisas, mas este não é o caso. Muitos dos créditos que recebemos, interessam não pelo aporte significativo que fazem à renda nacional, mas porque ajudam a pagar os interesses da dívida. A dívida com os organismos multilaterais está tendo um peso cada vez maior. Isso quer dizer que todos esses empréstimos representam dívida crescente e crescente fonte de interesse.

O dinheiro dos empréstimos está associado ao núcleo mais importante de qualquer transformação educativa possível, está relacionado com a mudança. O orçamento público tem uma certa inércia, está comprometido, por exemplo, com o pagamento de salários, com gastos recorrentes. É difícil conseguir que ele se converta em força de transformação. O recurso dos empréstimos, embora represente menos de 1% do orçamento público, é investido em mudanças, reforma, em descentralização, em novos textos. É ele que comanda o processo de educação. Com muito pouco dinheiro, se orienta um vasto processo, porque se focalizam as áreas de mudança. Desse ponto de vista, pode ser importante reverter o sentido das mudanças. A burguesia, os setores médios, não vêem muito claramente as alternativas de investimento para o desenvolvimento. A iniciativa se perdeu, e não se recupera apenas denunciando, mas colocando alternativas, analisando com seriedade todas as propostas, mesmo contestando, digamos, seu fundamento.

2. O Banco Mundial e a educação

— **Lívia De Tommasi:**

Pedro Serra falou da capacidade local dos intelectuais e dos educadores chilenos de discutir com o Banco e propor políticas de educação.* Por outro lado, parece que o resultado de toda essa discussão é o "clássico" pacote do Banco. Poderíamos dizer, então, que há um consenso fundamental entre o pessoal do Banco, que discute os projetos, e os intelectuais chilenos? No Brasil acontece a mesma coisa. Há questões de fundo, como a municipalização, a descentralização, a autonomia escolar que foram bandeira das reivindicações dos setores progressistas há muito tempo, e que estão presentes nas propostas do Banco. Existe realmente um consenso? Há outras propostas alternativas dentro do país?

Outra pergunta é sobre o salário dos professores. É possível melhorar a qualidade da educação sem aumentar o salário do magistério e o volume de recursos que vai para a educação?

— **Pedro Serra (Ministério de Educação do Chile):**

No caso do Chile, diria que há um consenso em relação a parte do pacote clássico do Banco, mas com algumas modificações. No que se refere aos livros didáticos, por exemplo, o Banco era muito claro e explícito em pedir o co-financiamento e nossa política, a tradição no meu país é que estes textos sejam gratuitos, independente de haver ou não a possibilidade de financiá-los. Não aceitamos o financiamento compartilhado dos livros didáticos que o Banco nos exigia. Foi uma negociação difícil. Ou seja, é o clássico pacote, mas com adaptações nossas, com incorporações nossas, e com consenso de que era o que queríamos. Não creio que no nosso caso houvesse algo no projeto que o Banco quisesse introduzir, e que não fosse do interesse dos chilenos. Outro exemplo: o Banco queria tornar externo o sistema de avaliação, que havia nascido na PUC de Santiago, e a partir de 90 foi integrado ao Ministério. O Banco estava totalmente em desacordo com isso, mas parte do financiamento do projeto foi para este fim.

Outro aspecto diz respeito às inovações que propusemos no Chile e que passaram a fazer parte do pacote clássico, mas que até o ano de 1990 eram inovações.

---

* Pedro Serra, representante do Ministério de Educação de Chile, fez no Seminário uma exposição sobre a reforma educativa chilena e o financiamento do Banco Mundial.

Com relação aos salários dos professores, melhoraram bastante, embora não o suficiente. Não se pode dizer que no Chile o professor seja bem pago. Melhorar a qualidade da educação sem melhorar os salários dos professores, quando são muito baixos, é impossível. Qualquer melhoria de qualidade precisa envolver os professores. Isso está fora de discussão. O Ministro da Fazenda fez um discurso no ano passado sobre o uso dos recursos, dizendo que o país tem duas grandes prioridades: a infra-estrutura e a educação, e anunciou que, dentro dos próximos sete anos, vamos aumentar a porcentagem de gastos do PIB com a educação de 3 a 7%. Portanto, existe uma indicação política de um maior aporte para educação, e grande parte desse aporte será destinada aos salários.

Mas o que desejamos como política no Ministério é que não haja um aumento de salários paritário que, a meu ver, beneficia os maus e prejudica os bons. É necessário um sistema de aumento do piso para todos, pois os salários mínimos são muito baixos. Mas deve haver um sistema de incentivos através do qual a escola ou unidade educativa que tenha um melhor desempenho, tenha mais recursos, receba melhores salários. Talvez seja um pouco neoliberal, mas há que se encontrar uma fórmula. É um sistema complexo, que neste momento estamos desenhando. É um tema que exige muita negociação com o sindicato, e isso é o que está ocorrendo agora.

— **Rosa María Torres:**

Há um pacote básico que o Banco efetivamente vem propondo ao conjunto de países em desenvolvimento. Mas esses pacotes vêm sendo interpretados e depois aplicados de maneira diversa e com graus diferentes de aprofundamento e êxito, nos vários países. Se levarmos em conta os critérios que o Banco estabelece para determinar o êxito dos programas, deveríamos dizer que há problemas muito sérios na forma como se executam os projetos que ele apóia. Depois de vinte anos de trabalho na área educativa, o Banco extraiu umas lições da sua própria ação, que dizem respeito às condições que determinam o fato de alguns projetos terem êxito e outros não. Vejamos quais são e até que ponto existem na prática.

Primeiro, a duração da intervenção. Não se pode esperar que haja impacto a curto prazo. É preciso tempo para que os projetos floresçam e mostrem resultados. O que acontece na América Latina, de fato, é que não existe esse tempo. Dificilmente podemos saber se algo funciona ou não, porque os dois, três, quatro anos de vida, que em geral se dá aos projetos e programas que montamos, representam muito pouco tempo. O programa da "Escola Nova" na Colômbia ou o das "900 escolas" do Chile, independente de que tenham ou não êxito no nível da aprendizagem, são excepcionais no contexto da América Latina pelo fato de terem durado mais que um governo.

Segundo, a especificidade do projeto. Diz o Banco, textualmente "a experiência educativa é própria de cada lugar e não é fácil transferir as inovações para o desenvolvimento escolar. A experimentação e adaptação locais são essenciais". O próprio Banco proscreve a cópia de um país para outro. Não se pode usar um molde. Entretanto, na maneira de se conceber os projetos, na forma de ouvir, de ler e executar esses projetos, percebe-se que subjaz a idéia de que efetivamente podemos copiar experiências.

Esse é um dos problemas sérios de se implementar inovações educativas na atualidade. A fase inicial e imprescindível da experimentação, muitas vezes não está presente. Eu diria mesmo que o próprio Banco oferece condições difíceis para tal experimentação, pois há uma grande pressão para massificar e acelerar os programas, justamente para se lidar com os tempos políticos que são muito curtos. Antes, o projeto piloto durava anos. Nunca chegava a se generalizar, a se massificar, e acabava morrendo. Hoje estamos vivendo uma tendência oposta, que é a de se iniciar os projetos como políticas massivas. Não se está dando o tempo necessário para experimentar, para provar, o que é essencial, pois estamos fazendo coisas novas e extremamente complexas no campo da educação.

A própria maneira de formular e negociar os projetos não conduz à necessidade de experimentá-los, que o Banco reconhece apenas no discurso. Quando eu estava no Equador, em 1988-89, meu país começou a negociar um projeto para melhorar a qualidade da educação básica, e participei das etapas iniciais da discussão desse projeto. Na ocasião, durante uma viagem ao Chile, para minha surpresa, descobri que este país estava discutindo e negociando um projeto muito semelhante de melhoria da qualidade da educação. Quando voltei ao Equador, falei com os organizadores desse projeto. Soube, então, que a pessoa do Banco Mundial que estava negociando e discutindo o projeto no Equador era a mesma que discutia o projeto no Chile. Apesar disso, não havia nenhuma comunicação entre as equipes dos dois países. Fica evidente, portanto, o hermetismo em que se elaboram essas políticas. É óbvio que as equipes nacionais deveriam reunir-se, socializar e compartilhar experiências, na linha de experimentações necessárias. Não se está fazendo isso. Cada país está, soberanamente, descobrindo a "pólvora". Em cada país, começamos de zero, sem saber o que faz o vizinho.

Continuando com os fatores de êxito, a terceira condição é a qualidade da execução ao nível da escola. É isto, justamente, o que não acontece.

As políticas ficam ao nível macro, e só com muita dificuldade conseguem transformar-se em propostas das escolas, e menos ainda das salas de aula.

A quarta condição é a avaliação do sucesso da aprendizagem dos alunos e da eficácia das intervenções. Numa avaliação que faz o Banco, no seu novo documento de política, esta é uma grande debilidade na maior parte dos projetos educativos que financia atualmente.

Finalmente, a quinta condição colocada é a necessidade de uma mudança global, de uma mudança sistêmica, envolvendo diversos fatores: infra-estrutura, livros, professores, alunos, oferta e demanda. É preciso levar em conta tudo isso para se conseguir uma mudança na educação. Isso faz também com que programas como a "Escola Nova" ou o das "900 escolas", se tornem experiências excepcionais no panorama educativo latino-americano. Elas apontam para uma mudança sistêmica, onde operam com vários componentes. Em geral, o que presenciamos no nível das macropolíticas educativas na América Latina é que se levam em conta um ou dois componentes, não o seu conjunto.

Lívia pergunta se há realmente consenso em relação a termos, que parecem dizer a mesma coisa, mas não dizem, como participação, descentralização e outros. A noção de participação, para nós, está vinculada ao movimento popular, às correntes progressistas. Quando se lê "participação" num documento do Banco, entretanto, é preciso ler basicamente, mão-de-obra, contribuição monetária das famílias e das comunidades. Quando o Banco fala em "descentralização", devemos ler delegação de funções. A idéia de "consenso", um dos grandes temas levantados nos últimos anos nas políticas educativas reduziu-se a uma idéia muito estática de assinar um acordo. Não existe a noção de um consenso ativo de forças sociais e políticas, com permanente possibilidade de participação, de retificação, de renovação. Estamos presenciando a fragilidade dos supostos consensos nacionais em vários de nossos países. O Equador é um exemplo claro. Estabeleceu-se, em 1993, um consenso sobre a continuidade das políticas educativas, sobre a continuidade da educação básica, e esse consenso hoje não existe. Ele era apenas um conjunto de assinaturas, e quem o assinou já não está mais nos cargos. O magistério, que deveria ser a primeira e uma das forças fundamentais com as quais se deveria contar, em geral fica de fora. Assim, a sociedade não herda esse consenso. Poderíamos continuar analisando vários desses termos, que dizem coisas diferentes, dependendo de quem os enuncia.

O tema dos professores e dos salários é crítico e, por isso mesmo, tabu. Disso não se fala, nem no discurso macro nem no micro. Simplesmente, não se toca no assunto, que é muito espinhoso. Nem os organismos internacionais, nem os governos, nem os intelectuais, nem os próprios professores, ninguém sabe como abordá-lo. A realidade é que, se a política se destina a melhorar a qualidade da educação, a melhorar a qualidade da aprendizagem, isso implica fundamentalmente em melhorar a qualidade dos docentes, em melhorar a qualidade de vida e trabalho do professor. Se não aceitarmos isso ao nível de governo, dos organismos internacionais, do sindicato de professores, de toda a sociedade, creio que não há nenhuma possibilidade de falarmos seriamente em melhorar a qualidade da educação. Esse é o grande tema, a meu ver, que deve estar presente na discussão de qualquer modelo de educação que se coloca neste momento. Se continuarmos com evasivas, tentando justificar porque não se pode aumentar o salário do professor, teremos de fechar as escolas. Se não se pode pagar os professores, então devemos esquecer a melhoria da qualidade do ensino, pois até agora não se inventou uma maneira de se ensinar sem professor. O Banco insiste na educação a distância, mas isso está longe das possibilidades reais de uma escola massiva. As tentativas realizadas até hoje, digam o que quiserem, não mostraram que esta é uma via adequada e válida para a educação básica. A educação a distância tem sido até agora explorada com êxito em experiências no nível da educação superior, ou para questões muito específicas. Não estamos em condições, nem nos países desenvolvidos, de afirmar que a educação a distância será a solução para o problema do magistério, que já se encontra no limite da sobrevivência. Estamos capacitando mal e os que capacitamos bem se vão. No Brasil já não há professores de física, química, matemática. Estamos capacitando professores que então se afastam do magistério. Esse é o problema central, o verdadeiro "beco sem saída" das políticas que estamos implementando.

— **José Luis Coraggio:**

Nesta questão do Banco Mundial, pode ser que conquistemos uma série de vitórias, ganhemos uma série de batalhas, mas acabemos por perder a guerra. Podemos, por exemplo, ser muito bons em compreender o Banco, prever o Banco, inclusive fazendo um conjunto de estudos sobre ele e suas políticas educativas. Mas, se começamos a girar ao redor do Banco, terminaremos sendo parte dele, seremos "para-Banco". Quer dizer, há uma possibilidade de tentar vencê-lo e terminar derrotados culturalmente, porque fomos absorvidos por essa máquina.

Da mesma maneira, poderíamos pensar que conseguimos impor ao Banco tais e tais condições numa negociação, mas na realidade o que está em jogo são as regras do jogo e essas regras não foram tocadas. Posso ter uma enorme quantidade de pistas para mostrar que o Banco está equivocado em suas análises econômicas, posso até ganhar a discussão, mas aceitei os termos em que a questão está sendo colocada. Por exemplo, posso dizer que sua análise de custos e benefícios está mal feita, mas aceito que essa análise é um instrumento para decidir.

A pergunta é: se quisermos, além de melhorar, corrigir, ir mais além, fazer as coisas bem, não da maneira como propõe o Banco, a partir de onde faríamos isso? Parece que o Banco possui um vazio claríssimo sobre o que é a pedagogia. Analisam tudo como um problema empresarial, tecnológico. Esse vazio talvez seja "o calcanhar de Aquiles" do Banco, mas também pode ser o nosso: temos uma proposta, a partir da pedagogia, sobre como deveria ser a educação, que seja outra coisa do que trocar o peso relativo dos fatores da produção, como quer o Banco? Minha pergunta é: como se pode pensar toda essa questão do ponto de vista da pedagogia?

— **Rosa María Torres:**

Vou pensar em voz alta as reflexões que José Luis me provoca. É um tema que trabalho: a necessidade de repensar o educativo a partir da sala de aula, a partir do pedagógico, daquilo que hoje nos dizem que importa, a aprendizagem. O grande mérito da Conferência Mundial de Educação para Todos, que aconteceu na Tailândia em março de 1990, foi a declaração de Jomtiem, onde todos os governos do mundo afirmaram com ênfase: é necessário concentrar a atenção na aprendizagem. Vimos nisso um momento de esperança, um chamado mundial a se repensar a educação, colocando a aprendizagem no centro. Infelizmente não é o que está acontecendo. No Brasil, ouço dizer que as políticas destinam-se a melhorar a qualidade do ensino. Mas, o que se quer é melhorar a qualidade do ensino, ou melhorar a qualidade da aprendizagem? Porque não é o mesmo. Posso até melhorar a qualidade do ensino e não tocar na qualidade da aprendizagem. É necessário focalizar a qualidade da aprendizagem, o que implica melhorar a qualidade do ensino. Isso parece elementar e óbvio, mas é no terreno do óbvio, do sentido comum pedagógico, que precisamos travar nossas principais batalhas.

A confusão histórica entre ensino e aprendizagem é parte do problema. Sempre temos acreditado que o que se ensina, se aprende. Quando se pergunta a um professor qual sua função, ele diz: "ensinar". Mas na realidade, sua função não é ensinar, ou melhor não deveria ser ensinar, mas conseguir fazer com que os alunos aprendam. Ensino e aprendizagem não são a mesma coisa. O ensino não conduz necessariamente à aprendizagem, prova disso são as avaliações de rendimento que estamos vendo em todo mundo. A escola ensina, o professor ensina, o único "pequeno" problema é que os alunos não aprendem. Isso implica repensar todo o processo educativo.

O que devemos pensar, hoje, é que a escola deve estar no centro, e portanto o que é preciso fazer é centralizar as atenções na escola. A noção de descentralização vincula-se ao esquema "em cima-embaixo" e "centro-periferia". Em cima está a instância central, o Ministério da Educação com seus vários níveis, e embaixo, em qualquer organograma, em qualquer gráfico, está a escola. O que hoje é periférico — a escola — deve ser o central.

"Descer para a sala de aula", essa frase tão comum, tão repetida nos documentos do mundo inteiro, é algo que também temos que repensar. Quando são feitas reformas educacionais, no mundo inteiro e na América Latina, diz-se que é preciso, em algum momento, descer para a sala de aula. A seqüência é a convencional: primeiro, prepara-se a proposta da reforma; segundo, informa-se; terceiro, os professores são capacitados e quarto, supõe-se que a proposta irá descer para a sala de aula. Algo me diz que esse esquema não funciona. O principal problema de todas as políticas educacionais é que realmente não afetam a sala de aula.

Avaliações internas de aprendizagem do programa chileno das "900 escolas" revelam que a sala de aula não apresenta modificações significativas. Continua havendo uma relação convencional entre o professor, o aluno e o livro de texto. A "Escola Nova" da Colômbia, com seus 25 anos, é considerada pelos organismos internacionais como um dos programas de maior êxito em relação à educação primária. No entanto, se visitarmos escolas deste programa, constataremos que as maiores inovações não se encontram na sala de aula, mas nas relações com a comunidade e no professor, que tem uma mística diferente. A pedagogia, essencialmente, não se modificou. Continuam existindo todos os vícios típicos do que chamamos educação tradicional: a memorização, o verticalismo, o autoritarismo. Existem, sem dúvida, algumas alterações importantes: maior respeito e flexibilidade no trato com os alunos, trabalho em grupo. Mas no nível da relação pedagógica, de como se ensina e de como se aprende, nem a "Escola Nova" pode indicar que aí a melhoria na qualidade da educação "aterrizou" na escola. O próprio Banco reconhece que é por aí que se deve julgar, em última instância, o sucesso das políticas. Se é assim, até hoje, podemos dizer que nenhuma dessas políticas, nenhum desses programas foi bem-sucedido.

Se repensarmos a educação a partir da sala de aula, a partir do que importa, a aprendizagem, teremos um modelo educativo diferente, perfis diferentes de professores, capacitações, textos escolares, espaços de organização da sala de aula diferentes.

Se faço o exercício de pensar a partir da aprendizagem tenho de me perguntar: "o que necessitam saber os professores para conseguir fazer com que os alunos alcancem essa aprendizagem"? O que se faz tradicionalmente é o contrário: uma equipe, de cima, decide o que os professores necessitam saber em abstrato, sem considerar suas necessidades concretas na prática. Análises dos currículos dos cursos de formação docente na América Latina mostram que 90% da formação do professor centra-se no conteúdo das matérias e apenas 10% refere-se a "como ensinar". E este "como ensinar" é o conhecimento específico do professor, não os conteúdos. Os professores deveriam, ao aprender os conteúdos, aprender ao mesmo tempo os métodos de transmiti-los.

Se penso a partir da aprendizagem, tenho que me perguntar o que os pais necessitam saber para apoiar os filhos nessa aprendizagem. Quantos programas educativos conhecemos que trabalham com os pais nessa perspectiva? Com certeza muito poucos.

Quando penso a partir da aprendizagem, preciso, também, me perguntar o que é essencial que o aluno aprenda. Recentemente, ao visitar uma escola em Buenos Aires, encontrei no quadro-negro de uma sala de 4ª série a pergunta: "quais são os fatores abióticos"? Indaguei à diretora porque uma criança de um bairro pobre, do 4º ano, precisava aprender quais são os fatores abióticos. Ela nunca havia pensado nisso, simplesmente assumia o currículo como um dado.

Esse é o tipo de reflexão que devemos começar a fazer. Digo começar porque este é um campo onde o abandono e a negligência são grandes. Até mesmo os educadores deixaram de se preocupar com a pedagogia.

— **Mirian Jorge Warde:**

Acho que nós não vivemos na América Latina, e no Brasil em particular, nenhum momento socialmente mais desastroso do que este atual. É um momento terrível do ponto de vista social e político e as medidas que estão sendo tomadas apontam para um horizonte muito negativo. Estamos assistindo à quebra de instituições, de valores, de tradições e práticas históricas, cujo resultado será, por certo, perverso do ponto de vista político-social. Um dos traços que mais me espanta, no caso da América Latina e do Brasil em particular, é como as nossas recentes ditaduras nos ensinaram a aceitar práticas autoritárias e tomá-las como outra coisa. Um dos efeitos mais graves das ditaduras foi nos ensinarem a passividade. Estamos vivendo práticas de extremo autoritarismo, em que setores sociais estão sendo quebrados, isolados da participação e chamamos a isso de criar consenso. Depois que setores sociais foram quebrados, isolados, negada a sua participação, restam dois e estes entram num consenso. Os dois concordam, depois que a maioria da população foi silenciada e isolada do debate.

No Brasil, estamos assistindo à produção do "consenso", como ocorreu no Chile e na Argentina. A maioria da população está fora do debate. No que tange à educação, setores fundamentais estão isolados do debate. O magistério está aquietado, quebrado, do ponto de vista da sua participação, das suas condições financeiras; a universidade está sendo quebrada, o projeto de reforma que está no horizonte a torna mais incapaz ainda de participar do debate. Produz-se, assim, o "consenso" dos dois ou três que restam.

O que mais me parece espantoso, assistindo ao que está acontecendo no nosso Ministério da Educação, é o isolamento do magistério, o isolamento da universidade, o isolamento dos intelectuais da educação que permanecem nos seus lugares de produção intelectual. São chamados a participar do Ministério intelectuais desvinculados de seus lugares de práticas intelectuais, desvinculados de seus interlocutores, a quem deveriam prestar contas do que estão oferecendo.

O segundo aspecto espantoso é a capacidade de se agregar uma massa de incompetência nunca vista antes. Isto se relaciona fortemente com a quebra do magistério, com o isolamento da universidade, contribuindo para que os quadros chamados ao Ministério não sejam necessariamente os mais competentes, mas os que têm mais poder, ou mais artimanhas e canais de acesso ao poder.

Este é um efeito produzido pela lógica das políticas do Banco. Não me parece que seja algo que se possa consertar ou remendar. Está na lógica das políticas do Banco: a relação com a escola básica tem uma série de implicações, dentre as quais se inclui o silenciamento do magistério, insisto, e o isolamento da universidade, que começamos a assistir no Brasil.

Outra questão que me parece importante é o fato de que, nesta lógica, as saídas pedagógicas estão privatizadas. Parece-me que hoje o interlocutor do Estado para as políticas educacionais é um interlocutor privado. Isso representa um prejuízo grave para se pensar as possibilidades da escola pública. Com isso quero dizer que as propostas pedagógicas que, no Brasil, estão em cima da mesa, são as que restam em cima da mesa no jogo do mercado. Prevalece quem vende melhor as propostas pedagógicas. Não quem possui a melhor proposta, mas quem possui a melhor capacidade de venda da proposta no mercado. Porque a lógica é privatista, não há interlocutores públicos, os interlocutores são privados, eles vendem na lógica do mercado. Isso faz parte do compósito das políticas do Banco Mundial. Considero esta uma questão de fundo: no jogo das políticas do Banco Mundial está o processo de privatização não só da escola, mas de suas regras pedagógicas. É no mercado que se decide. Não é por casualidade que encontramos em vários lugares a mesma proposta, defendida como a melhor proposta. Quem faz circular esta proposta é o mercado, não é o fato de ela ter a qualidade mais avançada.

3. Projetos educacionais financiados pelo Banco Mundial no Brasil

— **Edla Soares (Secretaria de Educação do Município do Recife):**

A minha questão é a respeito da capacidade propositiva que o país tem, tanto no nível da concepção, como no da execução dos projetos do Banco Mundial no Brasil. Qual é efetivamente esta capacidade? Gostaria de lembrar dois episódios muito interessantes. Um deles foi o seguinte: recentemente tivemos em Pernambuco, no Recife, uma reunião com o coordenador do projeto Nordeste, do MEC, e o representante do Banco Mundial que acompanha o projeto. Foram colocadas, claramente, muitas possibilidades de flexibilizar e reorientar o projeto. Estavam presentes todos os secretários estaduais do nordeste e, por incrível que pareça, nenhuma proposição foi feita. Isso me preocupa bastante, pois são governos que estão assumindo agora, com propostas bem definidas, aliás defendidas em praça pública, com as quais ganharam as eleições.

O segundo episódio, que também considero indicativo da fragilidade propositiva do país ocorreu durante uma reunião na Conferência Nacional de Educação. Naquele momento, o responsável pelo projeto Nordeste no Ministério da Educação falou publicamente, diante de representantes do Banco Mundial, que o projeto Nordeste havia sido importante para favorecer a melhoria do processo de escolha do livro didático. Colocava-se o Ministério como dependente de intervenções externas para melhorar o processo de escolha do livro didático no país. Esses episódios refletem a fragilidade propositiva do país. Não sei o que acontece entre o momento da discussão e o momento da execução dos projetos, que de fato nos deixa completamente submissos às interferências internacionais.

— **Manfio (Secretaria de Educação do Estado de Paraná):**

Participei do processo de definição do projeto do Banco Mundial no Paraná. Talvez interesse aos educadores saber como o Banco opera, que tipo de estratégia ele adota para poder internalizar a sua filosofia na região, onde depois irá operar o projeto específico. Há curiosidades para aqueles que não participam como atores, engajados no cotidiano do processo de elaboração. Inicialmente se coloca o recurso do Banco Mundial como alguma coisa absolutamente necessária. Argumenta-se que o Estado possui um orçamento limitado e sem um aporte de recursos externos não seria possível o governo atingir as metas políticas propostas. A chegada da missão do Banco Mundial é preparada por manchetes de jornal que reforçam sua dimensão salvacionista.

A primeira reunião é feita de maneira ampliada e a pessoa que coordena a missão procura enfatizar que, a partir de agora, a história da educação vai conhecer uma nova etapa. Existe a questão da simpatia inicial a ser construída. Numa burocracia governamental existem inúmeras divergências, que são apresentadas como positivas. A coordenadora da missão, no caso, estimulava ao máximo essas divergências, para depois contatar os escalões superiores, dizendo o seguinte: "a secretaria está uma bagunça; como vamos fazer um projeto se o seu pessoal não se entende, cada um diz uma coisa?".

Depois chegam os consultores. Numa primeira missão, vem um consultor que deixa uma "ajuda memória". As equipes ficam responsáveis para implementar as recomendações. Depois vem outro consultor, com outra ênfase, outras expectativas. Isso vai criando uma fadiga nas equipes. A discussão do projeto no Paraná durou três anos.

Há uma estratégia para fazer com que aqueles que, em princípio, teriam alguma divergência com o Banco Mundial, sejam marginalizados. Cria-se uma equipe de privilegiados, com os funcionários que vão aderindo ao processo. Eles passam a ter privilégios, como viajar para seminários e encontros. Começam a constituir um grupo, passam a se vestir diferente, passam a ter água mineral, que os outros não têm. É todo um ritual de criar a diferença, evidenciando que a estrutura da secretaria não serve. Cria-se uma estrutura *ad hoc*, com toda esta liturgia de prestígio e privilégios.

Concluindo, considero bom o desenho dos componentes que consubstanciou o projeto final, mas a estratégia adotada para implementá-lo é um fracasso, é péssima. Arrebenta com a estrutura formal da Secretaria, cria dualidades, rixa nas equipes e problemas políticos internos. Ao final, aquele dinheiro necessário, durante o governo não veio, o contrato foi assinado ao final do governo e o projeto será implementado pelo próximo.

Tudo é feito por objetivos, picotado em pequenos projetos, e a estrutura formal é ignorada. Pressinto que haverá problemas muito sérios pela frente, com relação à equipe, porque agora existem duas secretarias: uma para o cotidiano e outra para implementar o projeto financiado pelo Banco Mundial, que vai "salvar a educação do Paraná".

— **Antenor Naspolini (Secretário de Educação do Estado do Ceará):**

Herdei o projeto Nordeste e quero colocar como estamos administrando o problema hoje. Um fato existe: tradicionalmente, os governos que negociam os acordos com o Banco Mundial não os celebram e nem os executam. Além disso há o problema da descontinuidade administrativa das secretarias que ocorre mesmo na continuidade política do governo.

Outra questão é que, num acordo desses, incluem-se, às vezes, elementos que nunca deveriam fazer parte dele. No que se refere à rede física, por exemplo, prevê-se construção, ampliação e reforma de escolas. A reforma é casuística, pois cada escola deve ter uma reforma específica, deve ser feita sempre com participação local e nunca numa licitação internacional. Fazer uma licitação internacional para reforma de escola é jogar dinheiro fora.

Com relação ao problema das equipes especiais, elas se tornam imediatamente quistos dentro da Secretaria. Convidei a equipe do Banco Mundial do MEC para ficar no Ceará por quatro dias, para nos reunirmos internamente, definir o que queríamos e adaptar o projeto à nossa cara. Como o projeto foi assinado em 93, pouco foi executado e nenhum dólar foi repassado para o Estado. Nossa meta, em 95, será executar 93, 94 e 95, e, em 1996 avançar para 97, e concluir 97 antes de 98. Talvez seja uma grande ingenuidade, mas essa é nossa proposta discutida e aceita por toda a equipe. Não queremos um quisto na Secretaria. Se o componente é rede física, a pessoa que coordena isso na Secretaria vai coordenar também no projeto. As áreas específicas do projeto têm que ser afinadas com as áreas de atuação da Secretaria. Vamos aproveitar o projeto para fazer a Secretaria crescer institucionalmente.

Quanto às licitações, estamos em véspera de abrir algumas delas. Uma será para compra de equipamentos de informática que irão informatizar toda a secretaria: a escola, o órgão regional, o central e o município.

Discutimos com o Banco e não faremos uma concorrência internacional. Vamos dividir a compra em lotes, o que possibilita a concorrência nacional, com empresas locais participando.

Outro ponto é a participação do município, que sofre a ação e não participa dela. É a "sofrência" do nordeste, sofre com paciência. O município não foi consultado até agora, participa da divisão da conta e não do poder.

É importante colocar na mesa Estado, MEC e Banco Mundial, os três juntos, se não cada um fica enviando o projeto para o outro. Quando os três sentam-se juntos, discute-se e quando acabada a reunião, já todos têm cópia das decisões e do cronograma.

É importante ressaltar a diferença entre o empréstimo tendo o MEC como tomador e o estado como tomador. Em São Paulo é o estado, no Paraná o estado. A decisão então é tomada entre estado e Banco. No nosso caso a decisão envolve o estado, o MEC e o Banco. No Ceará foi feito um convênio com uma prefeitura para executar uma obra de recuperação de uma escola, e esse convênio teve que ser aprovado pelo MEC. A prefeitura não prestou contas em tempo hábil e o estado ficou inadimplente perante o MEC. Uma obra de 20 mil reais faz com que 21 milhões de dólares fiquem em suspenso, porque o município está inadimplente com o estado e, portanto, o estado com o Ministério. O compromisso deverá ser do município com o estado e não interferir em todo o sistema. Isso tem que ser corrigido.

— **Rosa María Torres:**

Vou apontar três pontos para a reflexão a partir das exposições ouvidas nesta manhã. O primeiro refere-se aos insumos educativos. Os insumos educativos são iguais em todas as partes do mundo, na escola boa e má, na pública e na privada: o professor, os alunos, o espaço físico, o tempo de instrução, materiais didáticos, um quadro-negro, giz, o livro didático. Os insumos são sempre os mesmos. O que faz a diferença entre a boa e a má escola, entre o bom e o mau ensino é a qualidade desses insumos, a forma particular como se relacionam entre si e o peso que cada um possui em relação ao outro.

No Brasil parece-me reveladora a importância que se dá aos insumos dentro do pacote. Quando percorremos os projetos financiados pelo Banco, no Brasil, em educação básica, fica evidente qual o peso específico que possui cada um desses empréstimos. Em primeiro lugar, a importância maior é dada à construção escolar. Em alguns estados, em alguns projetos, esse item carreia muito mais de 50% dos recursos. Em segundo lugar, vêm os livros e os materiais didáticos; em terceiro lugar, os professores.

Esse padrão que, no Brasil, é muito claro, é de fato o padrão que se vem aplicando ao nível mundial nos empréstimos do Banco. O Brasil é um bom exemplo do que são as políticas do Banco, aplicadas no nível mundial. Primeiro, o cimento; segundo, o livro; terceiro, o professor. É importante refletir sobre isso, pois, de fato, estamos comprando um modelo pedagógico e não apenas um conjunto de empréstimos. Quando a construção escolar e o livro didático são mais importantes que o professor, temos uma forma de pensar a educação e priorizar políticas, que levam à deterioração total da condição do magistério. Isto é o que vem sendo reforçado por esse padrão de crédito.

O segundo ponto para refletirmos é a grande confusão estabelecida ao nível mundial e no Brasil em particular, entre melhorar a aprendizagem e reduzir a repetência ou aumentar a taxa de conclusão. Os projetos do Banco medem com eficácia a redução das taxas de repetência e o aumento das taxas de conclusão. Estes dois indicadores não expressam necessariamente a melhoria da aprendizagem. A promoção automática certamente reduz a reprovação, e até mesmo pode eliminá-la por completo mas não garante a aprendizagem. Hoje, vários países na América Latina estão revertendo esse processo de promoção automática. Eles retornaram ao sistema graduado e estão revisando seus parâmetros de avaliação e de aprovação escolar.

Aumentar a taxa de conclusão do ciclo escolar também não equivale a melhorar a aprendizagem, pela mesma razão. Além disso a taxa de conclusão esconde a repetência. Ao dizer que um aluno terminou a escola primária, não sabemos quantas vezes repetiu uma ou várias séries. Há situações no Brasil e em muitos países da América Latina, em que alunos completam a escola primária em doze ou quatorze anos, utilizando duas vezes o tempo necessário para esse ciclo primário. Completar a escola primária não garante a aprendizagem.

O terceiro ponto se refere à afirmação sobre a absoluta necessidade de descentralizar e municipalizar. Parte-se do pressuposto de que se deve primeiro definir um modelo de gestão e, a partir daí, se define o modelo pedagógico. O caminho é exatamente o contrário. Primeiro deve-se ter claro qual o modelo pedagógico e a partir daí estabelecer qual o melhor modelo de gestão, se deve ser descentralizado, que tipo de descentralização, o que entendemos por autonomia escolar. O que fazemos atualmente, em geral, é colocar o carro adiante dos bois.

Outra questão é sobre financiamento. Não podemos aceitar a afirmação de que não há dinheiro para a educação, e somente o dinheiro fresco que trazem os organismos internacionais estaria disponível para melhorar e inovar a educação. Não é assim. É preciso reformular os gastos educativos atuais e como são distribuídos. Por poucos que sejam, o maior problema é que os recursos para educação estão sendo mal utilizados. A ineficiência do sistema educativo é grande. Na Argentina está se desenvolvendo um processo chamado de transformação da educação (não quiseram chamar nem reforma educativa, nem melhoria da qualidade). Eles acabam de fazer um cálculo de quanto ganharia o país se conseguissem eliminar a repetência, e esse cálculo indicou que poderiam melhorar substancialmente os salários dos professores. Um cálculo semelhante feito no Brasil, nos daria números maiores. O Brasil é o campeão latino-americano da repetência. Estamos investindo em repetência, em evasão escolar. Em muitos países da América Latina, há mais professores fora da sala de aula do que professores dentro, com um crescimento enorme do aparato burocrático em todos os níveis, não somente no nível central mas no nível da própria escola. Rever a fundo os gastos educativos é uma primeira prioridade antes de afirmar que não temos dinheiro para educação. A segunda alternativa é incrementar o orçamento da educação. Na América Latina sempre se gasta com a educação abaixo do que oficialmente é estipulado. Não apenas as ONGs, mas o conjunto dos movimentos sociais, os próprios sindicatos de professores, as associações de pais, de estudantes, a sociedade em seu conjunto, deve continuar lutando para que o orçamento da educação chegue, pelo menos, ao oficialmente estabelecido. Não podemos simplesmente aceitar a afirmação de que não há dinheiro para a educação.

4. Banco Mundial, governos e sociedade civil

— **Evaldo Vieira (Faculdade de Educação da USP):**

Será que esses empréstimos às ONGs, às organizações sociais públicas não estatais, não acabam eliminando as políticas sociais e sobretudo a responsabilidade governamental com relação à implementação destas políticas? Será que o que irá acontecer é uma política econômica sem política social, que é o que está acontecendo nos últimos tempos em vários países?

— **José Luis Coraggio:**

Gostaria de colocar alguns pontos para discussão. Primeiro a constatação de que existe uma circulação das elites. Há intelectuais que hoje estão nos organismos internacionais, depois estão nas ONGs, depois no governo, depois na universidade. É muito difícil colar pessoas a instituições. O que fica claro é que cada instituição possui uma lógica que configura o discurso. No Banco Mundial não se pode dizer certas coisas, nas ONGs e nas universidades não se pode dizer outras. Há uma contraposição de discursos que não se relaciona apenas com as pessoas, mas com as instituições. Parece-me importante, portanto, não estigmatizar ou qualificar ninguém, nem mesmo as instituições. Por exemplo, não se pode dizer que uma ONG é sempre melhor que um organismo internacional; nem que o mundo das ONGs é isento de interesses mesquinhos ou ocultos, ou inconfessáveis. A análise de situações concretas mostra que muitas vezes uma instituição tem comportamentos cujos efeito não coincidem com a lógica geral que a distingue. Por exemplo, há pouco tempo, na Argentina, o governo negava que existissem os pobres, pois se tratava de um país de primeiro mundo, por definição do presidente. Chegou o UNICEF e colocou o tema da pobreza; chegou o Banco Mundial e colocou também em público o tema da pobreza, e o presidente não pôde mais continuar com seu discurso. A intervenção daqueles organismos teve uma eficácia que não tem a ver com aquilo que se espera da lógica do Banco Mundial, ou do UNICEF. Mas o contrário também é verdade: ONGs que lutam por causas que parecem ser extraordinárias, às vezes chegam a resultados muito negativos, sobretudo as ONGs internacionais que têm uma agenda muito específica. A defesa de determinada espécie biológica, ou de determinado interesse particular podem, às vezes, ter efeitos que vão contra o que se esperaria de um projeto realmente progressista. Por exemplo, pode-se usar o poder do governo americano para bloquear o comércio de um país do terceiro mundo porque as redes de pesca não são suficientemente pequenas para salvar não sei que espécie. E isso vai prejudicar os pobres nesse país. Quero lembrar, portanto, que há contradições e gostaria que se analisasse um pouco o universo das ONGs, que também pode ser perverso, e produzir efeitos negativos, não desejados. E ao contrário, organismos como o Banco Mundial podem fazer uma intervenção que pode ser progressista, numa conjuntura particular.

Com relação aos ausentes nesta reunião: o grande ausente não é o Banco Mundial. Há três meses estive no Chile numa reunião onde esteve o Banco Mundial e o tema era o mesmo que este. Teria sido melhor que não estivesse, pois o discurso do representante do Banco Mundial foi tão tímido que nem sequer mencionou o que diziam os documentos. Foi embora sem enfrentar uma pergunta, porque não lhe permitem enfrentar. O Banco Mundial não estar representado aqui, não me preocupa. Mas o capital financeiro internacional é um ator do qual quase não falamos, e creio que é um sujeito que está determinando nossas vidas e o que fazemos. Parece-me que, como tema, deveria ser incorporado, inclusive porque o Banco Mundial está condicionado pelas suas regras neste momento.

E o outro sujeito que não está aqui, nem tampouco na reunião do Chile, são os professores organizados, os sindicatos de professores e a associação de estudantes. Pode-se dizer que com eles não se pode falar, pois são muito radicais ou porque não aceitam a agenda de discussão ou por qualquer outro motivo. Mas, mesmo assim, isso nos está dizendo alguma coisa sobre a situação educacional.

— **Sônia Wright (Centro Luís Freire, Olinda, Pernambuco):**

A minha questão vai tratar de um outro ausente, que é o governo federal. Gostaria que o Marcos Arruda explorasse mais a relação das ONGs com o governo federal, a representação do governo federal no conselho do Banco e a posição dessa representação face à participação das ONGs no processo político. Refiro-me a um fato conhecido sobre o atual ministro da Fazenda, que enquanto diretor do Banco, representando nove países, não só o Brasil, foi o único dos 24 diretores a se posicionar claramente contra a política de acesso à informação para as ONGs. Geralmente, nesse conselho diretor, todas as decisões são tomadas por consenso e, no entanto, o atual ministro da Fazenda teve esse posicionamento contra a participação das ONGs. Temos que analisar essa relação complexa: Banco, governo, sociedade civil.

— **Marcos Arruda:**

Por que é tão importante transformar a educação do nosso país, e por meio de financiamentos que permitam que essa transformação ocorra no melhor sentido? Porque a educação é a pedra fundamental de um outro desenvolvimento. É da educação que parte a construção de novos sujeitos sociais, e não só a perpetuação do sistema dominante. Portanto, temos um projeto político de educação que não é o mesmo do Banco Mundial. Como colocar na mesa de negociações com o governo brasileiro e com o Banco Mundial essa outra abordagem e extrair dela uma reflexão sobre como fazer a reforma da educação para atender ao objetivo de criar novos sujeitos para um novo desenvolvimento do país? Isso é trazer a discussão do desenvolvimento do eixo da globalização e dos agentes globais, que são os atuais dirigentes do desenvolvimento mundial, para o eixo dos atores locais. Acredito que há espaço para debater e negociar. Depende da nossa força, do nosso poder de barganha.

Isso nos remete à pergunta da Sônia, sobre a relação das ONGs com o governo brasileiro. É uma relação que nunca foi explorada. O Brasil tem um representante que está no conselho diretor do FMI há mais de trinta anos, passou por todos os governos que o Brasil teve. Jamais a sociedade se levantou para questionar isso. Nunca fizemos um trabalho de pressão junto ao Itamarati por ele fazer uma política externa de financiamento completamente desvinculada do congresso, onde estão os representantes da sociedade civil. A política externa brasileira tem sido, historicamente, monopólio do Itamarati e, em parte, dos ministérios de economia, finanças e planejamento. Nunca pressionamos pela democratização da política internacional. São falhas da sociedade que somos responsáveis por pagar e corrigir.

Estamos ganhando consciência e criando espaços para fazer isso. A Rede Brasil sobre Instituições Financeiras Multilaterais está produzindo uma carta, dirigida ao governo brasileiro, propondo a criação de uma instância de trabalho e debate permanente sobre a relação com as instituições multilaterais, que envolva entidades da sociedade, ONGs e governo. Ao mesmo tempo queremos aprofundar uma relação sistemática com os representantes do Banco no Brasil, em Brasília, nos estados onde já está presente e em Washington. Temos aí um outro veio de ação política para desenvolver.

A respeito da questão dos financiamentos às ONGs: o Banco está considerando o financiamento na forma de doações para as ONGs. Nesse caso não haveria tanto o risco de criar mais dívida. Por outro lado, isso revela quanto é importante para o Banco essa aliança com as ONGs. Precisamos ficar atentos e saber ao certo onde estamos entrando e em que condições.

A experiência que já está ocorrendo nas Filipinas é muito ruim. Criou-se uma divisão entre as ONGs fantástica. Elas competem umas com as outras em busca desses fundos.

De fato, as ONGs são um universo muito dúbio e sempre redefinido. Eu trabalho no sentido de fazer com que as ONGs desempenhem um serviço real, realizando uma articulação concreta com o ator principal que gostaríamos que se tornasse hegemônico, as organizações da sociedade. Isso está longe de acontecer, mas estamos conseguindo criar espaços que vão além das divergências e que criam um trabalho comum, colaboração e laços com os movimentos sociais. É importante aprofundar essa tendência e é para isso que estamos trabalhando.

Outra observação é a respeito da dependência do projeto em relação à transitoriedade dos governos e dos quadros ligados aos projetos. Temos que reconhecer que o Banco é o ator mais permanente no quadro dos projetos que ele próprio financia, os governos se vão e o Banco permanece. Ele descobriu que um outro ator que também permanece são as ONGs, e por isso ele começou a dizer: "quem sabe, a implementação dos projetos, a produção de resultados, vão melhorar se o Banco se alia com as ONGs". Isso significa que o Banco é vulnerável e que temos um fator de barganha na relação com ele que precisamos aproveitar.

— **Sérgio Haddad (Ação Educativa):**
Queria comentar o conceito de ONG. Na verdade, dentro desse conceito mais global está contida uma quantidade de entidades muito diferenciadas, que vão desde as entidades filantrópicas que sempre cumpriram um papel assistencial, até entidades associativas, do tipo Rotary Clube. Existe um setor das ONGs, que poderiam ser chamadas de organizações não-governamentais de desenvolvimento, que nasceu basicamente na década de 70, por pessoas vindas das universidades, de partidos políticos ou dos setores das igrejas que se dispuseram a fazer um trabalho social, como alternativa aos espaços políticos onde era muito difícil de realizá-lo. Esse grupo, de uma certa forma, durante as décadas de 70 e 80, se negava enquanto ator social. Viviam em função da construção de outros atores: movimentos sociais, sindicatos, setores das igrejas progressistas organizados. O momento de mudança vai ocorrer no início da década de 90, particularmente depois da Conferência sobre meio ambiente no Rio de Janeiro, onde houve uma exposição muito grande das ONGs. Esta exposição ocorreu no mesmo momento em que apareceu a chamada "crise" dos movimentos sociais.

A supervalorização das ONGs se dá em todos os sentidos, pelo bem ou pelo mal. Há um sentido muito positivo porque qualquer ONG se define como entidade privada com função pública, e portanto tem que estar exposta a uma discussão de caráter público sobre seu papel e sua presença. O que considero problemática é a supervalorização, dentro da sociedade civil, do papel das ONGs em detrimento de outros setores.

Com relação específica ao Banco Mundial, os diferentes atores da sociedade civil têm discutido pouco esta questão, e as ONGs estão abrindo esta discussão sobre os organismos multilaterais, permitindo uma maior democratização das informações.

Impresso nas oficinas da
EDITORA PARMA LTDA.
Telefone: (011) 6462-4000
Av.Antonio Bardella, 280
Guarulhos – São Paulo – Brasil
Com filmes fornecidos pelo editor